W0329917

# La France Big Brother

Laurent Obertone

# La France Big Brother

*Document*

MAGNUS

# PRÉFACE DE L'AUTEUR

Un artisan exigeant peut-il s'autoriser la satisfaction ? En terminant la relecture de ce livre, c'est bien le sentiment que j'éprouve. Chose rare et suspecte.

Bien sûr, ce texte incendiaire, publié en 2015, après de longues années de notes, ne manque pas de défauts. Mais sur le fond il accomplit toujours – et je crois un peu plus chaque jour – la mission qu'il s'est fixé : suspendre notre course domestique, faire réfléchir. Mener les esprits à des voies nouvelles. Poser le monde tel qu'il est, dans tout le drame de notre situation.

Les personnages changent, il y manque par exemple le sublime avènement d'Emmanuel Macron, le portrait d'Ursula von der Leyen. Mais ce livre si direct et les principes qu'il contient restent terriblement d'actualité, illustrés chaque jour de mille exemples. Je suis particulièrement fier d'y avoir développé la notion centrale de domestication, fil rouge de mes vieilles obsessions – oui, nous sommes des animaux dressés, ombre de nos chiens. Et ce dressage impensé a d'immenses conséquences.

J'ai coutume de le dire : *La France Big Brother* est mon livre favori. Pas le plus joyeux, mais celui qu'entre tous il faudrait lire, et relire. Le plus *important*, si tant est que mes écrits aient la moindre importance. Il est en tout cas le plus apprécié des obsédés de la nature humaine, de la dissection de cette machine qui nous gouverne. Il ne se contente pas de *faits*, il fournit des *explications*.

C'est ce livre qui m'a permis de passer le plus de messages, de synthétiser mes réflexions sur le naufrage français, bien au-delà de ses essais frères, si factuels, que sont *La France Orange Mécanique* (2013) et *La France Interdite* (2018). C'est lui le véritable père de mon *Éloge de la force* (2020), de mon *Game Over* (2022). Il est aussi partout dans ma saga *Guerilla* (2016, 2019, 2022).

Ce livre revisite Orwell, dépeint le tableau d'une réalité terrifiante dont nous sommes les captifs. Une machinerie massive autant qu'invisible, une faiblesse aveugle qui est notre perte. Et puis ce livre désigne le coupable ultime. Il met enfin un nom sur le véritable responsable de notre situation.

*1984*, chef-d'œuvre immortel, incidemment l'année de ma naissance. Quatre décennies plus tard, nous pataugeons dans la dystopie jusqu'aux coudes. Bien sûr, comme il est traditionnel avec mes livres, la réception médiatique fut à la hauteur. Un papier dans *L'Express*, par un futur « décodeur » du *Monde*, assurant que vous tenez entre les mains un pamphlet « réactionnaire », « sexiste » et quand même un peu trop « intelligent » – pour le malheureux décodeur sans doute.

Il y eut aussi une « invitation » de Ruth Elkrief sur BFMTV, suite à un coup de fil de son ami, le regretté Raphaël Sorin – c'est comme ça que ça se passe. Ruth ne comprenait pas bien ce que je voulais, dans ce livre si violent et assassin. Quelques miettes, imaginait-elle. Une place au « festin médiatique ».

Je ne sais si elle a lu mon livre, mais cette sortie le synthétisait excellement.

Cet essai si frontal a signé ma rupture définitive avec ce monde-là. « Vous attaquez le système médiatique », on n'a pas le droit de faire ça. Voilà signé mon véritable arrêt de mort sociale. Alors oui, je ne suis pas du festin et n'en serai jamais, mais je le vis très bien, loin de cette cour et des officiels du Parti, avec ma fierté de n'avoir pas transigé, de savoir ce livre remuant tant de consciences, de le voir connaître malgré les médias et sans leur permission un tel succès. À eux le mensonge et la gloire, à moi la clandestinité et l'exil intérieur.

À vous maintenant l'épreuve de ce coup de poing.

Laurent Obertone – Octobre 2022

*Vous êtes un cas difficile. Mais ne désespérez pas. Tout le monde est guéri tôt ou tard. À la fin nous vous fusillerons.*

**Orwell, *1984***

*Jadis, les écrivains s'efforçaient d'arracher les gens à leur réalité, pour les mener dans un monde fictif. Aujourd'hui, ils doivent faire exactement le contraire.*

**Obertone, 2014**

*La stupidité était aussi nécessaire*
*que l'intelligence.*

**Orwell, *1984***

# PARTIE I

# LE FABULEUX DESTIN DE MONSIEUR MOYEN

# 1

# HOMO DOMESTICUS

*Perdre tout espoir, c'était cela la liberté.*

**Chuck Palahniuk**

Expéditeur : Big Brother

Destinataire : Monsieur Moyen.

C'est arrivé.

J'ai décidé de te parler, et d'autoriser les miens à te parler. Nous pouvons nous le permettre, nous savons que tu ne réagiras plus. Tout ce que je te dirai sera oublié, comme le reste, dans le bruit de ta petite vie monotone et angoissée.

Qui je suis ?

Celui qui te parle, tout le temps, tous les jours. Tu ne subis et n'entends que Moi. Je suis tes médias, tes marchands, tes écrans, tes publicitaires, tes politiciens, tes références, ta mode et ton identité, ton travail et ton savoir, tes loisirs et tes jeux, tes désirs et tes peurs.

Tu crois penser ?

Tu crois décider ?

Tu crois choisir ?

Rien de ce que tu fais ne t'appartient. Et tu n'appartiens qu'à Moi.

Je conditionne tout. Je contrôle tout. Je t'ai tout appris.

C'est Moi qui t'ai dressé. Je suis ton maître.

Je suis Big Brother.

Je vais t'expliquer ce qui va advenir de toi et des tiens.

Je vais te dire toute la vérité et nous allons faire éclater ton cerveau.

Maintenant, écoute-Moi.

C'est fini. Partout où tu iras, tu entendras ma voix, mes journaux télévisés, mes informations, mes écrans, mes radios, mes agents civils, mes artistes, mes publicités. Il n'est pas un endroit où tu échapperas aux braquages émotionnels de mes refourgueurs de camelote.

Quand tu crois choisir quelque chose, c'est Moi qui te l'ai suggéré. Tes évènements, tes informations, tes émotions, ta lessive et ton poulet frit, c'est Moi. Tes vitamines, tes onguents, tes déodorants, ton accoutrement, ton dentifrice, c'est Moi. Elle te plaît, ma course à la consommation ? Tu ne peux pas lui être indifférent. Ta misérable identité s'y résume.

Quand tu achètes, quand tu agis, tu crois que tu t'affirmes, tu crois être « conscient », tu crois être « citoyen ». C'est Moi qui t'ai appris ça. Tout ce que tu crois avoir inventé vient de Moi.

C'est pour Moi que tu cours. Le monde t'est inconfortable, pas vrai ?

C'est Moi qui t'ai habitué à ta vie sans espace ni liberté, de ton lit au métro, de ton bureau au centre commercial, dans les couloirs, les rues, sur les rails et les voies. C'est Moi qui ai fait ton environnement, qui te fais chaque jour avaler des goulées d'air saturé de polluants et d'odeurs organiques. C'est Moi qui contrôle la dilution des âmes dans le grondement des rames, les portes automatiques, les respirations métalliques, les grincements pneumatiques, l'air chaud chassé dans les tunnels où tu croises, dans ta solitude pressée, le flux de tes frères damnés, ces milliers de visages incohérents que je te condamne chaque jour à affronter. C'est Moi qui te pousse dans ce grouillement malodorant, parmi ces corps infâmes et répugnants, ces chairs exhibées et ces visages défaits. Identités morbides et stratifiées de tes semblables, multitude dégénérée que je t'ai appris à nommer *tissu social*, qui se mortifie dans le stress bruyant et perpétuel, dans cet univers angoissant où rien ne te paraît stable et logique. Où rien n'a vraiment de sens.

Et, malgré tout, tu continues à faire exactement ce que je t'ordonne de faire. Tu respectes mes lois, tu obéis à mes commandements. Tu vas passer ta vie entière à travailler pour Moi. Tout ce que tu vas gagner et tout ce que tu vas dépenser, d'une manière ou d'une autre, me reviendra.

Tu crois m'échapper ? Tu crois que tu as une vie privée, un chez-toi ? Imbécile. C'est l'inconscient qui allume l'écran. Et ton inconscient, c'est Moi. Plutôt que te laisser subir le silence, et ton reflet, je t'ai conditionné à ouvrir tes écrans en permanence, écrans que tu as payés cher pour m'emmener partout avec toi. C'est Moi qui t'oblige à les regarder, à me regarder, onze heures par jour. Plutôt que le silence accusateur, tu te condamnes à ingérer mes leçons de morale, à endurer ma publicité qui se met désormais sur pause si tu tentes de lui échapper. Tu ne veux pas, surtout pas, que *l'ambiance retombe*. Ambiance, « qualité du milieu qui *conditionne* la vie quotidienne d'une personne ». Au cinéma, « ensemble des bruitages créant l'illusion de la réalité ».

Tu te rends compte, je l'espère, que tes fiers ancêtres jouaient leur vie tous les jours ?

As-tu une idée de ce qu'ils penseraient de toi, s'ils te voyaient, avec tes cafés, tes clopes, ton clavier, ton acharnement stérile, ton événementiel, tes petites tâches idiotes, ta vie sans risque, sans enjeu, sans conséquence ? Et de la lâcheté que je t'ai enseignée, qu'en penseraient-ils, dis-moi ? Te rends-tu compte que dans ta lignée, des hommes ont tué pour que toi, misérable cloporte raseur de murs, aies le droit de vivre ?

Crois-tu être quelqu'un parce que tu vas hurler au stade ? Parce que tu joues au soldat virtuel ? Pour toi, *liker*, c'est militer ? Voilà bien toute la virilité que je daigne t'accorder, mon pauvre petit Monsieur Moyen.

As-tu vu ce que j'ai fait de toi ?

Dans ta rue, dans ce que tu nommes encore « la vraie vie », là où tu croises mes humanitaires et leurs pétitions, mes schizophrènes délirants, mes mendiants agressifs, mes artistes de rue et mes clowns, sens-tu cette peur quand tu aperçois sur le trottoir un groupe de jeunes venant à ta rencontre ?

C'est Moi qui les ai fait venir dans ta ville. La peur que tu as ressentie en les croisant, c'est Moi. Ce réflexe qui t'a traversé l'esprit, « ne pas stigmatiser, ne pas avoir de préjugé », c'est Moi qui te l'ai inculqué. C'est Moi qui t'ai empêché de changer de trottoir. Tu dois les croiser, tu ne dois pas fuir. Et s'ils décident de te tabasser, tu t'effondreras sous leurs coups, sans répliquer, parce que c'est ce que je t'ai enseigné.

Tu es à ma merci.

Tu n'es qu'une cible. Celle de mes annonceurs, de mes journalistes, de mes politiciens, du monde que j'ai créé.

C'est Moi qui t'ai isolé jusque dans la foule, avec tes écrans goulags et tes amis imaginaires, c'est Moi qui ai brisé ta famille, ta nation et ta fierté, qui t'ai soumis entièrement à mon service.

Tout ce qui sort de ta bouche, tout ce que tu crois penser vient de Moi. Tes expressions, tes jugements, ce sont mes hommes qui les ont mis dans ton crâne. Tu n'as jamais rien pensé. Tu n'as toujours fait qu'imiter mes agents.

Ah, tu veux te rebeller ? Tu penses pouvoir y arriver ? Vas-y, je les adore, les rebelles. Ce sont mes préférés.

Je peux te dire les choses en face, puisque tu n'as plus la moindre chance.

Si tu crois le contraire, c'est qu'alors tu n'as vraiment rien compris.

Regarde-toi. Tu crois que tu existes ?

Ta dérision, c'est Moi. Tes engagements, c'est Moi. Tes postures, c'est Moi. Cette pauvre ironie que tu opposes à la décadence, censée faire oublier ta peur et ta perdition, c'est encore Moi. Ton nihilisme arrogant est le masque de ta défaite, parce que tu as perdu, parce que tu es perdu.

Si je décidais de te couper l'eau, l'électricité, ta médecine, tes approvisionnements de nourriture, que ferais-tu ? Je n'ai qu'à souffler, et tu t'éteindras.

Comment crois-tu t'en sortir, seul, dis-moi ?

Tu n'es rien sans Moi. Tu ne sais rien faire sans Moi. À quoi bon ? Je m'occupe de tout. Avec ton écran tactile et tes applications, je t'ai fait maître du monde. C'est ce que j'ai voulu. Or, tu ne sais rien faire de tes mains. Tu ne saurais pas fabriquer un seul de ces objets qui te paraissent indispensables. Ma technologie te pousse à surestimer ton intelligence. La réalité c'est que tu ne comprends rien aux machines dont tu dépends. Tu ne sais pas comment marche ta télévision, tu ne sais pas au juste ce qu'est l'électricité, tu ne te demanderas jamais ce qu'est une onde électromagnétique, la gravité ou l'évolution. Tu ignores pourquoi tu te reproduis, comment bat ton cœur, tu ne sais rien de tes fonctions vitales, de ton histoire et de ta science, rien de cela ne t'est utile pour te gaver de mes produits et obéir à mes ordres.

Je t'ai appris à ne plus penser. Ça t'arrange et ça me profite. Toi, le sommet de la chaîne alimentaire, tu peux te permettre de ne pas savoir chasser. Ton ignorance fait de toi un être d'une docilité remarquable.

Tu n'as aucun moyen de pression sur Moi, parce que je contrôle tout ce qui te maintient en vie, parce que si tu tombes, tu seras remplacé. Tu n'es rien. Une virgule dans un registre.

Tu n'as pas une seconde de liberté. Tu n'as rien à toi.

Ta vie, c'est Moi.

Allons, ne pleure pas. N'oublie pas de fêter sans faute et sans retenue les années de vie qui passent et t'emmènent plus vite du vide au néant. Je te donnerai des vacances. Tu auras du pouvoir d'achat, pour « te faire plaisir », « profiter », « combler » les tiens comme des lézardes avec du mortier, améliorer ton quotidien en le garnissant d'ustensiles en perpétuelle évolution, de moins en moins dispensables. Tu n'as que les plaisirs que je décide de t'octroyer.

Je suis trop bon. Après tes errances vespérales et ton porno narcotique, je t'accorde le droit d'oublier jusqu'au lendemain ta vie artificielle, tes angoisses, derrière lesquelles il y a l'inconnu, la mort.

Va vite te coucher, cher petit Monsieur Moyen, en attendant ton prochain quotidien.

Voilà ton jour sans fin.

Oh tu n'es pas seul. Ou plutôt si, tu l'es. Mais il y en a des millions comme toi, exactement comme toi. De près ou de loin, ils sont tous Monsieur Moyen.

Comment peux-tu supporter ça ?

De par ta nature d'*animal domestique,* dressé justement pour tout supporter. La promiscuité et l'insanité, le bruit et la folie, les odeurs et les ordres, la pression sociale, l'ineptie de la société et l'inertie de l'existence, ses humiliations et ses manipulations, et bien plus encore.

Toi, tes frères humains, présentez toutes les caractéristiques de la domestication.

Pour une fois je n'y suis pour rien – je ne fais que rentabiliser la situation.

Je vais te raconter comment ça s'est passé.

Dans la nature, l'animal suit son instinct pour satisfaire ses besoins, comme la reproduction, la survie et l'alimentation. Si un dresseur intervient, s'il protège l'animal, le nourrit et contrôle sa reproduction, il rend son instinct inutile.

L'instinct est écrit dans un programme génétique, qu'on nomme l'ADN. Pour simplifier, ce programme, c'est le mode d'emploi de chaque être vivant. Il compte des dizaines de milliers de paragraphes, que nous appelons les gènes. L'ADN fait des copies de lui-même en permanence. Et comme dans toutes les copies, il arrive qu'une erreur se produise – une sorte de faute de frappe chimique. On appelle ça une mutation. Dans ta vie, il s'en produit une soixantaine, qui modifient des séquences de ton ADN. Même toi tu peux imaginer ce qui va se passer si tu changes au hasard les lettres d'un paragraphe : peut-être que tu auras un meilleur texte que l'original, ce qu'on appelle une mutation favorable, mais il y a plus de 99,99 % de chances pour qu'il se transforme en un charabia indéchiffrable. La mutation est alors *défavorable*.

Par exemple, l'instinct maternel, qui est géré par plusieurs paragraphes, peut être mis hors service si la mutation tombe au mauvais endroit.

Mettons que la mutation soit favorable, et qu'elle renforce l'instinct maternel d'une femelle sauvage. Les descendants de cette dernière, qui héritent de son ADN, auront de meilleures chances de survie, et offriront à leur tour de meilleures chances de survie à leurs propres descendants, etc. En revanche, si la mutation est défavorable, la femelle ne protègera pas ses petits : ils mourront et la mutation sera éliminée avec eux.

C'est l'évolution. Dans la nature, le plus petit handicap est souvent fatal.

Pour l'animal domestique, la mutation peut être favorable ou défavorable : ça ne changera rien à l'avenir de ses descendants, puisque l'instinct maternel ne leur sert plus à rien – l'éleveur s'occupe de tout. Et comme les animaux domestiques n'ont pas de prédateurs, leurs mutations défavorables ne seront pas éliminées. Leur espèce va les accumuler, et perdre au fil des générations son instinct maternel, et tous les autres. Le mode d'emploi va devenir illisible et les individus en seront complètement déglingués.

Ça explique non seulement pourquoi les animaux domestiques souffrent de tant de problèmes comportementaux et génétiques, mais aussi pourquoi ils perdent toutes leurs aptitudes. Les oiseaux domestiques n'ont plus un besoin vital de voler, donc ils ne savent plus voler. Les chiens n'ont plus un besoin vital de chasser, donc ils courent moins vite, moins longtemps et chassent moins bien que les loups. Le chien a perdu tout ce qui fait du loup un prédateur redoutable et endurant : volume thoracique, musculature, pattes et épaules puissantes, etc. Un sanglier court deux à trois fois plus vite qu'un cochon. Les exemples de ce genre sont infinis.

Comme les autres animaux domestiques, comme les rats de laboratoire, l'homme a interrompu le développement de ses organes locomoteurs. En trente-mille ans, il a subi un accroissement de ses tissus mous et une importante atrophie morphologique, musculaire, cérébrale et osseuse. Tu crois que François Hollande aurait eu une chance, face à un tigre à dents de sabre du paléolithique supérieur ?

Cro-Magnon, dont tu es le résidu, a survécu aux impitoyables glaciations. Crois-moi, à son époque, la sélection naturelle et l'instinct maternel, ça voulait dire quelque chose.

Depuis, l'Homme a été sévèrement domestiqué. Ses instincts en ont payé le prix.

Pardon ? Tu n'as pas d'éleveur ? C'est peut-être toi qui te nourris ? C'est toi qui chasses ? C'est toi qui te soignes ? Et si ta mère n'avait pas eu d'instinct maternel, tu crois que ta société t'aurait laissé mourir ? Bien sûr que non. Elle t'aurait sauvé, torché, formaté. Dressé. Ta société a annihilé la sélection naturelle. Elle a domestiqué l'Homme. Elle a détraqué ses instincts. Tu me suis ? C'est ça, la genèse de ta domestication.

Vous êtes tous des *dégénérés.*

Sans ta médecine, 90 % de tes proches seraient morts. Penses-tu que j'exagère ?

Une poussée dentaire, un ulcère, un abcès, un herpès, une plaie qui s'infecte, un accouchement hémorragique, une grippe, une pneumonie, un cancer, une appendicite, une angine à streptocoques, une méningite, une diarrhée, une hépatite, une allergie, un rhumatisme articulaire, la diphtérie, la tuberculose, la coqueluche, les oreillons, la variole, la rubéole, la peste, la lèpre, l'asthme, la rougeole, la polio, la typhoïde, le choléra, le tétanos, le diabète, un méningiome, une infime malformation cardiaque, une mauvaise fracture, un banal traumatisme, une simple intoxication alimentaire, la *moindre piqûre d'épingle* était une porte ouverte à la mort.

Sans tes vaccins, tes médicaments, ta médecine, tout ça t'aurait tué. Toi et les tiens, vous êtes, d'une certaine manière, tous morts. La société permet à quantité de mutations défavorables de se transmettre et de contaminer l'espèce. Comme les animaux domestiques, les humains sont *détraqués*, physiquement, nerveusement, mentalement.

Au début du siècle dernier, le physiologiste et prix Nobel Alexis Carrel notait déjà une « augmentation du nervosisme » et des désordres mentaux chez des générations de races pures de chiens. La prévalence des désordres héréditaires atteint chez eux des taux élevés, de l'ordre de 1 à 10 %. Je ne parle pas de petites affections, mais de vices rédhibitoires. Ectopie testiculaire, atrophie rétinienne, surdité, myasthénie, dysplasie coxofémorale, etc. Le loup ne souffre d'aucune de ces pathologies.

Les vétérinaires peuvent corriger le tir, à court terme. Comme ta médecine, qui déploie tout son savoir pour soigner les porteurs de maladies… ce qui revient à les pérenniser, par l'hérédité, puisque les malades se reproduisent alors que la vie sauvage les aurait condamnés. Tout ce que fait ta science, c'est maquiller des morts-vivants.

Tiens, un exemple. La luxation congénitale de la hanche. Dans les années 60, elle touchait 0,5 à 0,7 % des nouveau-nés français. Cette fréquence montait à 6 ou 7 % en Bretagne, et atteignait les 20 % en Pays Bigouden. La maladie est depuis bien dépistée, on ne voit que peu, voire plus du tout de boiteux en Bretagne. Mais tes médecins ne soignent que les symptômes, jamais l'erreur de copie héréditaire. Pire : les tares se répandent massivement, car les porteurs d'une maladie rendue invisible se reproduisent mieux que leurs ancêtres boiteux. C'est un exemple sans conséquence, pour ne pas t'affoler, mais crois-moi il y a plus grave que ça.

Les tares génétiques orthopédiques, oculaires et neurologiques des chiens, sont celles que l'on retrouve chez l'homme. Il te ressemble, ton meilleur ami. Et pour cause, sa domestication est presque aussi ancienne que la tienne : il s'est séparé du loup il y a cent-cinquante-mille ans environ et a été domestiqué vers la fin du paléolithique moyen – il y a plus de trente-mille ans.

Ta dégénérescence ne s'arrête pas là.

J'ai dit que les animaux domestiques perdaient leurs instincts. L'instinct de survie, ça te dit quelque chose ? Si n'importe quel animal sauvage se défendra face à une menace, il n'est pas rare que les animaux domestiques ainsi que tes frères humains restent totalement passifs face à un agresseur, se laissant battre et même tuer en refusant d'admettre la réalité de leur agression. Ils ont pris l'habitude d'être protégés par un maître. Ils attendent les pompiers, la police, les médecins, et ils espèrent que la justice fera son travail.

Les animaux sauvages et récemment domestiqués anticipent les catastrophes naturelles, les hommes restent amorphes face au danger. À l'inverse des loups, les chiens ont une méfiance basse et une tolérance forte, une distance de fuite nulle, une inconscience du danger remarquable. Relâchés dans la nature ou confrontés à des animaux sauvages, la plupart des animaux domestiques ont ainsi peu de chances de survivre. Les poules se jettent sous tes roues, mais tu n'auras jamais la peau d'un corbeau en bonne santé. Certains animaux comme le mouton ont la fâcheuse tendance domestique à sauter du haut des falaises, pour faire comme tout le monde. Et toute ressemblance avec les troupeaux humains n'est pas fortuite.

Les comportements à risque observés chez tes semblables sont sans équivalent dans le règne animal, à tel point que certains trépas ont de quoi entrer dans la légende, comme celui de ce jeune, en 2013, qui voulait se filmer sur le toit du métro, et qui a percuté de plein fouet un tunnel.

Quoiqu'en disent les statistiques, tu dois être bien dépourvu d'instinct pour prendre place à bord d'un avion sans appréhension. Tu ne te méfies plus de rien, Monsieur Moyen. Ton empathie, tu crois qu'elle est normale ? Elle est très restreinte à l'état sauvage. Chez les tiens et les animaux domestiques, elle est soit totalement inexistante – on appelle ça psychopathie, et c'est de moins en moins rare –, soit exacerbée, et confine à la sympathie (étym. : souffrir avec). Toi pour qui tout doit être « sympa », tu peux comme un chien éprouver une empathie maladive envers ton maître. Tu es capable de t'attacher à des étrangers, à des animaux, à des objets, et même à des robots. Ce qui explique sans doute au passage tes choix électoraux.

Et une fois que ton maître sera mort, tu te laisseras mourir en couinant sur sa tombe.

D'autres instincts de base, comme l'alimentation ou la sexualité, sont déréglés par la domestication. Sans parler de troubles comme l'anorexie ou la boulimie, le tiers de l'humanité est en surpoids.

Il y a beaucoup plus d'obèses que de sous-alimentés sur Terre.

Un chat et un chien sur deux sont en surpoids. Un propriétaire sur quatre considère même que son animal est obèse.

L'abondance de la nourriture n'est pas seule en cause : c'est l'accumulation de mutations défavorables qui empêche l'individu de se réguler et d'assimiler correctement la nourriture.

Quant à la sexualité… Les animaux domestiques forniquent à tout va avec les premiers venus, les chiens sont attirés par des traversins aussi bien que par la jambe de leur maître. Chez les humains, les « déviations » sont aussi nombreuses que l'imagination le permet. Certains des tiens peuvent ressentir de l'excitation sexuelle envers à peu près n'importe quoi. Images, lingeries, animaux, cadavres, etc.

Le « tabou » de l'inceste est un interdit biologique chez tous les êtres vivants, parce que la sélection naturelle a éliminé les rejetons des dégénérés qui se reproduisaient avec leurs parents. Cet interdit a perdu de sa vigueur chez les animaux domestiques. Inexistant chez les loups, l'inceste n'est pas rare chez les chiens. Deux millions de Français s'en déclarent victimes. Tu peux te le permettre, Monsieur Moyen, tu n'es plus à une monstruosité près. Les tiens ont bien inventé l'échangisme, la pornographie, l'exhibition, et un catalogue de perversions si volumineux qu'il ne tiendrait pas dans ce livre.

La reproduction des animaux domestiques n'est plus strictement saisonnière : la chienne a deux chaleurs dans l'année, contre une pour la louve. Le chien n'a plus de pic hormonal lié à une période de reproduction. Toi, tu n'as plus du tout de période de reproduction. Chez les chimpanzés et les loups, seul le mâle alpha se reproduit. La plupart des chiens et des hommes peuvent se reproduire, pour le meilleur et pour le pire.

Et tout ça, ce n'est rien.

Sais-tu ce qui m'est le plus utile, dans ta domestication ?

Puisqu'un maître le satisfait en tout, l'animal domestique n'a jamais besoin d'apprendre à se défendre, à chasser, à faire des réserves. Il n'a jamais besoin d'apprendre la tempérance, la méfiance, l'indépendance. Il n'a jamais besoin d'apprendre, *tout court*.

Bref, il n'a jamais besoin de grandir.

La juvénilité prolongée est sans doute la caractéristique la plus spectaculaire de ta domestication.

Les chiens sont en fait des loups avec une morphologie et un caractère juvéniles permanents. Les loups arrêtent de jouer à l'âge adulte, les chiens jamais. D'où viennent, selon toi, ta curiosité et ton insatiable désir de jeu ?

Crois-tu que pour conquérir Paris, Anne Hidalgo et Nathalie Kosciusko-Morizet faisaient appel à la maturité de leurs électeurs ? La première voulait organiser des fêtes sur le périphérique, la seconde dans les stations de métro désaffectées.

Et l'amour, d'où penses-tu qu'il vient? Les amoureux se comportent comme des enfants. Et tu es un enfant. Tu veux continuer à jouir des sollicitudes qui ne reviennent qu'à l'enfant. Tu veux qu'on te « remarque ». Tu veux qu'on « t'accepte comme tu es », sous-entendu qu'on t'admire sans raison particulière. Tu n'as pas compris qu'un statut social n'était pas un droit de l'Homme.

Tu es l'être de l'irresponsabilité. Tu refuses d'assumer tes actes et de t'assumer. Rien n'est jamais de ta faute. L'État, la police, les autorités, les parents, le petit camarade. L'autre, toujours.

Tu es l'être de l'imitation. Des parents américains voulaient voir si un chimpanzé élevé à leur domicile, dans les mêmes conditions que leur fils, se mettrait à se comporter comme un être humain. C'est l'enfant qui s'est mis à se comporter comme le chimpanzé. Le désir mimétique est une caractéristique fondamentale de l'Homme.

Tu es l'être de l'ignorance, qui répète et affirme des « vérités » entendues à la télé pour exister dans la rue, comme un enfant dans la cour de récréation.

Tu nies le réel, refuses ses contrariétés et ses épreuves. L'envie est le propre de l'enfant. Lorgner la part de gâteau de son congénère et voter pour l'égalité, c'est une seule et même démarche.

Tu es l'être de l'immédiateté. Comme un enfant, tu veux tout, et tout de suite.

Mais avant tout, tu es l'être de la *dépendance*. Ton ancêtre Cro-Magnon avait ses outils, ses muscles, son courage, sa solidarité pour gérer des conditions de vie auxquelles tu ne survivrais pas deux jours. Tu as ton ostéoporose, ton diabète, tes livreurs, ton cholestérol, ta pendule de bureau, tes crèches, tes promotions, tes plaintes, ton Monoprix, tes réclamations, ta boîte vocale et tes lettres recommandées avec accusé de réception. Tu hurles lorsque tu patientes plus de quinze minutes au restaurant. Tu n'imagines pas pouvoir te dispenser de brosse à dents, ou passer une nuit à la belle étoile. Rien ne t'irrite tant que l'achat d'un gadget défectueux, qu'un retard dans le ramassage de tes ordures ou qu'une panne de téléviseur. Tu ne connais que la satiété, une température constante, des assises confortables. Ton premier réflexe en cas d'imprévu est d'appeler à ton secours une « autorité compétente ». Tu as abdiqué ton autonomie et ton intelligence à un assistanat fait de directives, de notices et de règlements. Ta capacité à admettre sans réserve l'autorité d'autres personnes, de « spécialistes », laisse à tes maîtres toute latitude pour faire de toi ce qu'ils veulent.

Toute ta vie, tel un nourrisson, tu voudras un maître serviteur, que tu as nommé État, auquel tu as abandonné ton âme. Toute ta vie, tu rechercheras l'attachement. Toi et les chiens présentez les mêmes symptômes de fidélité fanatique allant jusqu'à la dépression, au dépérissement et au sacrifice. Ton suivisme, ta peur d'être exclu du groupe, c'est tout simplement la crainte de l'abandon. Celle qui anime le chien, l'enfant ou l'amoureux. Celle qui te noue les tripes à chaque confrontation.

Tu n'as plus peur de manquer de gibier, d'être dévoré, tué par l'ennemi, de perdre tes enfants et tes ressources vitales. Tu as peur d'être humilié à la machine à café.

Tu as peur, parce que tu dépends complètement de ta société. Si l'éleveur disparaît, son troupeau disparaîtra. Essaie de deviner ce qui se passera quand ta société disparaîtra.

Mais ne t'inquiète pas, je suis là. Tes ancêtres ont eu beaucoup de maîtres et de dieux, désormais il n'y a plus que Moi. Je serai le dernier. Privé de tes instincts vitaux, confiné à ta juvénilité, tu es extrêmement dépendant. Tu ne peux échapper à la sourde angoisse qui rythme ton existence. Tu as peur, comme un enfant dans le noir, parce que ta vie dépend de quelque chose que tu ne peux pas maîtriser. Moi.

As-tu déjà observé des animaux en cage ? La façon dont ils tournent en rond, leurs comportements stéréotypés, cycliques, invariants, qui n'ont aucun but ni fonction ? Stupide, répétitif et inutile, ton travail l'est presque toujours. Dans les sociétés développées, l'essentiel des emplois sont des « services ». Tout le monde au service de tout le monde, et vous avez l'impression d'avancer, comme des enfants qui font la ronde. Mais je te comprends : le travail est un bon refuge. Les chiens adorent « travailler », jouer, quitte à effectuer éternellement les mêmes tâches. Le jeu, le travail et la routine t'occupent corps et esprit, ça te permet de tenir le coup. Tu t'amuses d'un bébé qui ne se lasse pas d'un même jeu, d'un chien jamais fatigué de te rapporter indéfiniment le même bâton. As-tu déjà pensé que tu faisais à peu près la même chose tous les jours ? Crois-tu que ta pratique régulière du sport, tes collections, ton travail, crois-tu que tes jeux, tes sorties et tes soirées soient autre chose que des compulsions domestiques ?

Combien des tiens accomplissent chaque jour exactement la même promenade, et seraient très perturbés d'en devoir modifier l'itinéraire, de manquer un jour de travail, de bouleverser si peu que ce soit leurs petites habitudes ?

Pour supporter ta vie de cinglé, pour ne pas être rattrapé par le silence et la solitude, tu t'occupes, cumules des habitudes et dépendances, des substituts de travaux nommés « loisirs », dont tu ne peux te défaire tant ils sont devenus la béquille de ton équilibre psychique. Dès que tu parviens, par une planification de stratège, à te dégager un peu de temps entre tes ablutions, tes repas, ton travail, tes déplacements, l'administratif et le nécessaire, ta vie de couple et de famille, tu t'empresses de t'assourdir de musique, de t'aveugler de télévision, de t'abrutir en boîte de nuit, aux concerts et aux fêtes. Tu assommes ton âme par le bruit permanent, celui de la masse, de mon verbiage médiatique, de ma publicité, de mes spectacles, de ma propagande, de mon divertissement, de tout ce que l'on nomme *prolealiment* en novlangue.

T'éclater, te vider la tête, te déchirer… plutôt que te regarder en face. Vomir et oublier. Accélérer le processus.

Travail et divertissement sont des comportements d'évitement, de fuite.

Tu sais comment fonctionne un animal ? Désir de récompense et peur de la punition. Tous ses instincts tiennent à ça. Dans la société que j'ai voulue, ta course au conformisme est motivée par l'angoisse de la sanction. De la même manière que la récompense du loup qui tue et dévore enfin sa proie n'est pour lui qu'un sursis, échapper brièvement à l'angoisse de la relégation devient ta récompense. Une caresse, une friandise, un succès social, une prime, l'achat d'une nouvelle voiture, tout ce qui te conforte dans ton statut est un sursis avant d'être un plaisir.

Voilà pourquoi tu es un gros consommateur, une solide base électorale, une fidèle ménagère, un *bon client*. Mes « agents Smith » ont bien compris comment tirer profit de la situation. Politiciens, marchands et communicants se livrent une course à l'armement émotionnelle, pour mieux rentabiliser tes désirs d'enfant irréfléchi, crédule, envieux, dépendant, conformiste, intempérant et terrorisé. Une publicité n'a pas à être rationnelle. Elle doit frapper tes émotions au bon endroit. Exciter en toi la perspective du plaisir, attiser ta peur du déclassement, comme Ivan Pavlov dressait ses chiens. Mes agents te promettent une vie de désirs comblés, dépourvue de souffrance. Tu passeras la tienne à courir derrière mes promesses, et tu n'y trouveras jamais que dépendances et implacable angoisse. Ta compétition sociale est une terreur sans plaisir. Courir avec la foule, c'est ménager l'illusion vitale. Si tu étais rattrapé par le silence, toi, ton travail inutile, tes émotions fantoches, ton identité zéro, tu ne serais sans doute pas loin de penser que ta vie ne sert à rien. Pour trouver la force de continuer à courir, tu dois croire que tu es maître de ton destin, que ton existence est non nulle, que je ne te détruis pas pour rien.

Tu crois dépasser tes innombrables semblables, tu crois te démarquer de la masse.

En réalité, tu cours pour rester à la même place.

75 % des Français pensent que les écrans nuisent à la qualité des relations humaines. Comment expliquer qu'ils en possèdent tous ? « Les bienfaits sont agréables tant qu'il semble qu'on peut s'en acquitter », disait Tacite. Tu es tellement dépendant. Tu entres dans un état d'angoisse panique quand tu perds ton téléphone. Tu joues le jeu des files d'attente pour être parmi les premiers à te payer le dernier gadget de marque censé prouver que tu appartiens à une race supérieure. Tu y résumes ton identité. Tu te bats pour les produits soldés, tu fais des crises dans les magasins, tu te fais suivre pour réfréner tes achats compulsifs. Tu es prêt à tout pour défendre tes droits, ou plutôt tes aliénations. Tu es parfait. Il te va comme un gant, ce monde décrit par Henry Miller, ce monde fait pour des monomaniaques obsédés par l'idée de progrès, mais d'un faux progrès qui pue, ce monde encombré d'objets inutiles qu'on t'a

appris à considérer comme utiles, pour mieux t'exploiter et te dégrader.

Ton « pouvoir d'achat » révèle ta médiocrité domestique. Ceux que l'INSEE appelle des « pauvres » ont des droits, des revenus, un toit, un chauffage, une couverture santé, de la nourriture, des loisirs, des véhicules, des tablettes et smartphones, la télévision, un ordinateur. On leur interdit de travailler trop et on paye leur chômage. Tout individu, si stupide et intempérant qu'il soit, a les moyens d'aller au bout de sa bêtise, de son animalité déglinguée, de sa folie domestique. La société de consommation en est le parfait synonyme. Tu es un porc qui s'habille en Prada.

John Stuart Mill pensait que peu d'êtres humains accepteraient d'être réduits au statut de vil animal contre la promesse d'une vie entière vouée au plaisir bestial. Il disait, pour sa part, préférer sa condition d'être humain insatisfait à celle de porc comblé. Il se sentirait bien seul aujourd'hui. L'idéal du porc, consommer et se vautrer sans penser, est devenu ton rêve, Monsieur Moyen. Ton rêve, si ton jour était vraiment sans fin ni conséquences, serait de t'empiffrer, de forniquer, d'être admiré, d'aller au centre commercial prendre tout ce que tu pourrais emporter, ne plus souffrir aucune contrainte et envoyer balader ta hiérarchie. C'est pour ça que tu votes socialiste.

Parce que tu as renoncé à l'insatisfaction motrice, pour sombrer dans l'inerte abondance. Tu t'es persuadé que tu avais beaucoup de chance, parce que ta bonne société te vendait tout ce dont tu avais besoin. On s'occupait de toi, on veillait sur toi. Tout allait bien. « Relancez-là, cette fichue croissance, donnez-moi encore de la télévision, du portable et des burgers, et fichez-moi la paix avec votre responsabilité et votre liberté », proclamais-tu en rotant.

Je n'avais plus qu'à surenchérir. C'était presque trop facile.

Oui, Monsieur Moyen, je te donnerai tout, je ne m'intéresserai qu'à toi, rien qu'à toi ; tu auras tes réjouissances, ma protection, moins de responsabilités, de quoi tout acheter. Je prônerai l'égalité pour satisfaire ton envie. Je fabriquerai du neuf, pour contenter ta curiosité. Et compte sur Moi : je m'adonnerai sans relâche à la promotion active de ta juvénilité et de tout ce qui s'y rapporte, en particulier les fêtes, le divertissement, le plaisir immédiat, le plaisir comme un dû. Ce que tu appelles tes *droits*.

Tu n'en seras que plus frustré et exigeant, parce que le bonheur n'est pas dans la satisfaction mais dans le désir. Ça, tu ne le sais pas. Tu ne sais pas qu'on aime mieux la chasse que la prise : tu n'as jamais été un chasseur. Par transfert, tu offres à tes enfants « tout ce que tu n'as pas pu avoir quand tu étais gosse ». Dommage pour eux, c'est justement le manque qui crée leur désir, comme la faim pousse le loup à se mettre en chasse. C'est justement parce que je satisfais les désirs, avant même qu'ils ne soient éprouvés, que les gens comme toi perdent pied. Les gens qui ont toujours tout ce qu'ils veulent demeurent toute leur vie des enfants capricieux.

Mon enfant, tu es l'être de l'inconséquence. Ce que tu veux n'est pas bon pour toi. Par exemple, tu ne supportes pas l'idée de souffrance. Tu as donc mandaté d'autres enfants, tes élus et gouvernants, pour qu'ils suppriment tout échec, toute contrainte, toute guerre, toute douleur. L'euthanasie est la négation finale de cette souffrance qui n'a plus le droit d'exister, qui n'est plus admissible. Tu lui préfères la mort. « Il n'a pas souffert », voilà comment tu te réconfortes de la perte d'un proche. Il est mort mais c'est un détail, puisqu'on vous dit qu'il n'a pas souffert. Son corps a rendu les armes sans même lutter pour la vie, et tu trouves ça formidable. L'animal domestique peut bien crever ou même oublier de vivre, pourvu qu'il soit bien installé.

La souffrance n'est pourtant pas une anomalie. Elle t'est utile. Elle est un guide, une garantie d'évoluer. Le loup est programmé pour vivre dans la nature, pour s'en nourrir, pour éprouver du plaisir à la contempler, mais aussi pour en essuyer la douleur et la cruauté, et c'est à ce prix seul qu'il sauvera sa peau.

Tu as vendu la tienne au plus offrant. Mais, tu vois, nous ne t'avons pas tué, pas encore.

Nous, tes maîtres, avons nos raisons, pour avoir fait de ton angoisse le moteur de la société. Un animal domestique correctement terrorisé, gavé, diverti et promené à heures fixes ne se rebellera jamais plus. Les sociétés n'ont « amélioré » l'homme qu'en le rendant plus docile. Il défend un peu moins ses intérêts, et un peu plus ceux de la société.

Si tu achètes la domestication, tu hérites aussi de ses dépendances. Tous les animaux sauvages dépendent de leur environnement. Les fleurs dépendant des insectes butineurs et de certains oiseaux. Les animaux domestiques de l'homme. Tu dépends de ta société. Dans la nature, un animal domestique ne peut pas survivre, comme un enfant ne pourrait survivre sans adultes. Une panne d'électricité de trois jours prend l'ampleur d'un état de guerre. Tu dépends à un point tel de ta condition, de ta société et de sa technologie, que tu n'en as même plus conscience.

Seuls, les hommes sont des incapables. Ils s'en remettent totalement à Moi. Tu espères tout d'une élection, attends tout du Président de la République. Tu veux que l'on prenne ta vie en main. Homme domestique, tu es devenu le *client.* Tu crois dominer par ton argent ? Dans la Rome antique, le « client » était le citoyen se dévouant corps et biens à un patron, celui-ci lui assurant en retour subsistance et protection. La définition du rapport entre l'animal domestique et son maître. Entre toi et Moi.

Tu es en quête perpétuelle de ma *reconnaissance*, cette dépendance affective que les vétérinaires nomment « hyper-attachement ». Les animaux domestiques sont condamnés à l'espérance. Tu veux de l'espoir, qu'il soit cosmétique, religieux, numérique ou politique. Les publicités, comme les clips des campagnes électorales, mettent en scène des clients idiots, serviles, stupéfiés par les bonnes affaires qu'on leur propose. On te promet la même béatitude grégaire que ces crétins, si tu achètes la bonne lessive, si tu votes pour le bon parti. L'espérance est la seule chose à laquelle tu peux te raccrocher, toi qui n'aimes pas ta vie mais qui n'as ni le courage ni la volonté d'agir pour la modifier. Les chiens, qui ont horreur de la solitude, espèrent après leur maître jusqu'à en mourir. L'espérance est un symptôme de la dépendance. C'est elle qui t'empêche d'agir. Dieu, la société, l'homme providentiel, le genre humain, le progressisme, l'argent… Peu importe le nom que tu m'as donné. La quête de « confiance » est le leitmotiv des amoureux et des parents, mais aussi de mes politiciens, de mes médias et de mes marchands. Confiance, étym. « espérance ferme en quelqu'un, en quelque chose ».

Croire te permet aussi de fuir. De te bâtir quelques certitudes au milieu du vide.

Rien n'a jamais fait reculer les ténèbres de l'ignorance. La domestication condamne à l'occultisme. Le chien veut croire en ses maîtres, en l'univers qu'on lui impose. Son obéissance et son attachement inconditionnels sont des caractères désormais innés. Pavlov a observé qu'au fil des générations, ses chiens salivaient plus rapidement sur commande. Ils ont acquis leur soumission à l'homme, comme l'homme a acquis sa soumission à la société. La domestication a sélectionné les individus les plus aptes… à la domestication. Rebelle, disais-tu ? Mais tu ne te rebelles jamais contre la société, seulement contre les autres humains domestiques qui la composent. Voilà des milliers d'années que la sélection sociale élimine ceux qui n'ont pas ce qu'il faut, comme l'acceptation, l'obéissance, la résignation, l'abnégation, la soumission, la réceptivité au conditionnement, tout ce qui fait d'eux de bons citoyens.

La domestication est un esclavagisme.

Tu es l'esclave rêvé.

Mes agents n'ont qu'un but avoué : appâter et *fidéliser* l'électeur, le client, le téléspectateur, bref, TOI, Monsieur Moyen, mon brave toutou. Nous avons encore beaucoup de tours à t'enseigner, mais tu as fait l'essentiel. Tu as tendu les poignets, ou plutôt donné la patte, aux menottes du conditionnement. Tu t'es ouvert l'esprit, comme d'autres s'ouvrent les veines.

# 2
# LE MONDE PERDU

*Il n'y aura plus de loyauté qu'envers le Parti,*
*il n'y aura plus d'amour*
*que l'amour éprouvé pour Big Brother.*

**Orwell, *1984***

Expéditeur : Bâtiment 102

Destinataire : Monsieur Moyen.

Je m'appelle… peu importe mon nom, pour vous ce sera… Smith.

J'ai su très tôt qu'un jour j'atteindrais le sommet de cette grande et belle pyramide qu'est le Parti.

J'ai toujours voulu en être, entrer dans le Saint des saints.

Au début sans savoir, par « idéalisme ». Puis mes raisons se sont clarifiées d'elles-mêmes : servir pour se servir, et être servi. Voilà tout ce que je voulais.

Aujourd'hui, je suis un membre éminent du Parti intérieur et de la Police de la Pensée. Grâce à ce poste, j'ai tout ce que je veux.

Je n'ai aucun problème avec les rapports de force, la manipulation et les coups bas. C'est l'effort de guerre qui permet à Big Brother d'être ce qu'il est, et c'est ainsi que je peux en tirer pleinement profit. Échange de bons procédés.

Je ne suis pas le seul à agir de la sorte. Nous sommes légion.

Ce que nous voulons ? Sérieusement, à votre avis ?

Que peut vouloir un homme ? La force. Le pouvoir. C'est évident.

Non, il faut vous poser la bonne question.

Quelle est la différence entre un bon chasseur et un mauvais chasseur ?

Vous ne voyez pas où je veux en venir ? Vous croyez à une plaisanterie ?

Pourtant cette question contient toutes vos réponses. Les bons chasseurs ont davantage d'enfants que les autres. Je parle de vos lointains ancêtres. Leur aptitude se transformait en réputation, en statut social, en pouvoir. Et ce pouvoir leur offrait la convoitise des femmes.

Vous ne chassez plus, mais par tous les moyens vous faites valoir vos aptitudes. Vous travaillez, dirigez, jouez, cherchez, chantez, écrivez, passez à la télé, vous faites de l'humour, du social et de la politique, uniquement pour devenir visible, pour vous construire une réputation, pour avoir de la reconnaissance, et en définitive pour vous offrir la convoitise de vos pairs.

Un chimpanzé qui fait bruyamment rouler un bidon d'essence impressionne les femelles et gagne le respect de ses rivaux. Vous êtes un chimpanzé comme les autres. Pour dominer, vous tentez d'exister et d'impressionner, par vos projets et vos actes sociaux. Les femmes sont désespérément impressionnables. Surtout du point de vue des hommes qui n'en ont pas.

« Que veulent-elles au juste ? » Le pouvoir, Herr Freud. Pourquoi donc ? Parce que ce sont elles qui choisissent. Chez les primates et la plupart des mammifères, les femelles optent pour les mâles dominants, parce que ce statut suppose un bon ADN. Le rang du mâle est le principal critère de sélection sexuelle. La hiérarchie sociale est donc le principal critère de sélection naturelle. Elle détermine l'évolution. C'est pour ça qu'elle existe dans toutes les cultures humaines, qu'elle se dessine déjà chez des enfants qui n'ont pas encore appris à parler, que vous êtes capable de dire de presque toutes les personnes que vous connaissez si elles vous dominent ou sont dominées par vous.

Vous n'apprendrez jamais rien d'aussi important, ni à l'université, ni à la télévision, ni durant vos cours de sciences naturelles. Au Parti, on s'efforce d'en parler le moins possible. Votre ignorance est notre force. Vous voyez des femmes adorer des chanteurs, des artistes, des humoristes, tous les personnages que nous décidons de mettre en lumière, et vous n'en tirez aucune conclusion. Vous ne savez pas pourquoi vos semblables veulent le pouvoir à tout prix. Moulay Ismail dit l'Assoiffé de sang, sultan du Maroc, est dans le livre des records pour avoir eu 888 enfants.

Gengis Khan a peut-être eu plus de descendants que tous ses contemporains réunis. Les dictateurs, d'hier et d'aujourd'hui, ont toujours eu quantité de maîtresses, d'esclaves, et de régulières. Tous les chefs de tribu ont plus d'une femme, a remarqué Darwin. Tous les gourous limitent sévèrement la sexualité de leurs adeptes, mais finissent eux-mêmes par être impliqués dans des scandales sexuels, comme les révérends Moon et Jones, Raël, Koresh, Di Mambro ou les gourous du mouvement Krishna. Le fondateur de l'Église mormone a eu plus de trente femmes. Ramsès II plus de cent enfants. Selon l'historien Jad Adams, Gandhi lui-même était un véritable obsédé sexuel. Des centaines de femmes étaient offertes aux empereurs chinois. Adolf Hitler, qui rendait folles les Allemandes, avait compris tout le potentiel qu'il pouvait en tirer : « Le fait de ne pas prendre femme a constamment accru mon influence sur la partie féminine de la population. Je n'aurais pas pu m'offrir une perte de popularité chez la femme allemande car elle est d'une importance décisive dans les élections »[1]. Les femmes sont toujours les bigotes du Parti : elles votent pour l'autorité, pour le pouvoir, pour celui qui gagne, peu importe sa morale ou son aspect.

Vous ne comprenez pas ça. Vous ne comprenez pas pourquoi, sur le marché des petites annonces, les hommes riches et les belles femmes sont les plus sollicités, pourquoi les laids et les pauvres

---

1. Albert Zoller, *Hitler Privat*, 1949

sont obligés de sauter sur tout ce qui bouge, même si c'est rempli d'alcool, pourquoi des artistes qui font n'importe quoi de leurs enfants trouveront toujours des femmes pour leur en faire, pourquoi le patron a souvent le privilège de couvrir ses employées, pourquoi les tueurs en série ont autant d'admiratrices, pourquoi le syndrome de Stockholm. Vous ne comprenez pas pourquoi le scandale sexuel est permanent en politique, pourquoi de vieux Occidentaux en plein déclin physique et moral peuvent épouser sans problème de jeunes et belles Thaïlandaises ou Russes, pourquoi de superbes femmes se bousculent pour épouser des footballeurs au QI proche de leur pointure, pourquoi des hommes de pouvoir, si laids, ramollis et pervers soient-ils, parviennent à se conserver de prestigieux harems, pourquoi un vieillard grabataire comme le fondateur de *Playboy* peut s'envoyer des centaines de femmes par an quand vous n'aurez jamais que la vôtre – si elle est de bonne humeur. Pas plus que vous ne comprenez pourquoi des Clinton, des Hollande, des Strauss-Kahn, ou encore des Ben Laden, des Saddam ou des Kadhafi étaient plus préoccupés par leurs activités nuptiales que par des causes religieuses, idéologiques ou dictatoriales, qui n'étaient, comme toujours, qu'un vulgaire *moyen*. L'argent aussi n'est qu'un moyen. Comme l'art. Les femmes ne sont fidèles qu'au pouvoir, voilà la vérité. Les dominants, c'est-à-dire les membres du Parti, transmettent leur patrimoine génétique, les autres se la mettent derrière l'oreille.

Je tiens le fait que Julie Gayet ait cédé au charme de François Hollande comme la démonstration sublime et ultime de cette théorie.

Avoir le pouvoir, c'est avoir les femmes. C'est automatique. Nous sommes des hommes à femmes, vous aimeriez peut-être en dire autant, mais ça ne vous arrivera jamais, parce que vous n'aurez jamais que le pouvoir que nous vous accorderons, c'est-à-dire celui de rester en vie et d'obéir à nos ordres. Le pouvoir, nous ne le voulons que pour nous seuls. Nous avons un droit de cuissage. Quand l'un des nôtres est accusé de viol, l'un des nôtres le défend en justifiant son « troussage de domestique ». C'est une erreur de communication, mais au Parti, c'est ce que nous pensons tous. Ne vous faites pas d'illusion. Nous avons avec nous les hommes les plus puissants de la planète. Big Brother est la somme de toute leur puissance. Rien ne nous rassasiera jamais.

Qui sommes-nous ? Une cour immense.

Des réseaux, des lobbys, des décideurs, des financiers, des politiciens, des idéologues, des artistes, des communicants, qui ne veulent que mieux défendre Big Brother et davantage lui appartenir, pour bénéficier autant que possible de sa toute-puissance. Parce que nous voulons le pouvoir. Nous voulons son ivresse, nous voulons ses femmes. C'est *vraiment* tout ce que nous voulons. « On n'établit pas une dictature pour sauvegarder une révolution, on fait une révolution pour établir une dictature» (*1984*). Le pouvoir seul intéresse les hommes.

Il n'y a que ça, il n'y a jamais eu que ça, et il n'y aura jamais que ça. Le bien de tous ne nous intéresse pas. Nous ne recherchons ni la richesse, ni le luxe, ni une longue vie, ni le bonheur. Nous ne recherchons que le pouvoir. Le pur pouvoir. Vous ne pouvez pas comprendre. Vous ne connaîtrez jamais l'effet de la toute-puissance, celle qui met nos rivaux à genoux, celle qui nous offre les femmes, celle qui nous donne cet infernal appétit. Vous ne connaîtrez jamais le plaisir que nous pouvons prendre à piétiner nos semblables, à les déposséder de tout, à faire du monde notre terrain de jeux.

C'est sous vos yeux, mais vous ne le voyez pas. Cet énorme pouvoir, nous l'avons en partie parce que vous êtes aveugle, persuadé que nous sommes honnêtes, que nous agissons par idéal, pour je ne sais quelle inepte conviction. Vous acceptez la hiérarchie telle que nous l'imposons, parce que vous êtes lâche, et programmé pour l'être. Votre soumission nous épargne bien des ennuis, croyez-moi. Si vous demeurez parfaitement soumis, nous consentirons peut-être à ne pas trop vous humilier.

Pensez-vous que les serfs étaient mal lotis parce qu'ils devaient donner taxes et nourriture en échange de terres et de protection ? En échange de travail et de taxes bien plus importantes, on ne vous protège même plus.

Vous êtes un larbin, nous vous avons dressé pour ça. Nous vous avons appris à souffrir en silence, à considérer toute rébellion comme impossible. Le pire, c'est que dans votre lignée, toutes les femmes ont fait leur travail. Elles ont choisi leur homme du mieux qu'elles le pouvaient. Tout ça pour en arriver à vous. Vous ne croyez pas qu'il y a eu un problème quelque part ?

Vous, animal domestique, avez évolué pour désirer un maître de toutes vos forces. Votre loi, votre État, votre système, votre Léviathan, votre Dieu. L'abstraction qui vous terrorise. Votre désir de maître est intangible. Jamais une religion n'a été détruite sans être remplacée. Et c'est justement parce que vous avez tant besoin d'un maître, que le Parti s'est offert de le devenir.

Nous le sommes, et le resterons à jamais. Votre Éternel s'appelle Big Brother. Il veut le pouvoir et la domination, vous voulez l'irresponsabilité et la soumission. Ça forme une bonne équipe.

Vous n'avez jamais compris que l'égalité n'était qu'un prétexte, un concept marketing qui a trouvé son innombrable cible. Toutes les révolutions égalitaires débouchent sur une tyrannie. La nôtre est intelligente, parce que nous savons exactement comment vous convaincre qu'elle n'en est pas une. Nous savons comment vous persuader que nous sommes à votre service, même si c'est vous qui êtes enchaîné à votre travail, à vos dépendances, vous qui payez nos salaires, qui nous enviez et nous admirez.

Nous tous, au Parti, ne vivons que d'une hypocrisie fondamentale : prôner le refus du pouvoir et de la hiérarchie, pour avoir le pouvoir et être au sommet de la hiérarchie. Notre morale n'a aucun rapport avec la réalité. Il n'y a rien de plus facile que de vous tromper. Du politicien au simple employé, celui qui gagne est toujours le plus habile à tromper. La tendance au mensonge est devenue notre première nature. Au fond, vous le savez peut-être, vous vous doutez de quelque chose, mais vous voulez nous croire. Nous sommes en train de vous violer en jurant qu'on vous fait l'amour. Et de toutes vos forces, vous voulez nous croire.

Tout acte a un mobile. Toute idée n'est qu'un moyen. La vertu n'est que l'instrument de notre puissance. Nos agents vous font croire qu'ils vous rendent la vie plus acceptable, avec leurs aides, leurs produits, leurs écrans, vos droits. C'est tout l'art de la politique. Ils prônent l'égalité, la démocratie, la justice, exclusivement pour vous écraser. Nous jouissons du fruit de votre travail. Nous avons les femmes. Nous avons tellement bien fait les choses, que vous allez passer votre vie à financer la jouissance d'individus comme notre cher Daniel Cohn-Bendit, ce révolté boutonneux star de nos programmes de la fin des années 60, recyclé parmi d'autres déchets dans l'écologie, pour devenir le Jean-Pierre Coffe de la politique. Vous savez qu'en s'amusant sur les plateaux et au Parlement européen, ce serpent-charmeur a gagné et continuera à gagner des dizaines de milliers d'euros par mois, des avantages en nature considérables, jamais aucun frais à débourser pour ses voyages, ses réceptions et son train de vie somptueux ? Au nom de votre *égalité*. Vous imaginez ?

Au Parti, ceux qui ont des scrupules font semblant de croire en l'égalité. Mais moi je sais ce qu'il advient des idéologues. Toutes les sociétés basées sur le partage forcé se sont effondrées. Deux ans en moyenne pour les sociétés socialistes, trois pour les sociétés religieuses. La collectivisation, c'est un paradis pour parasites. L'égalité est une belle idée, mais certainement pas pour notre espèce. Cette idée vous excite parce que vous y voyez la garantie de ne pas perdre votre place, parce que vous enviez votre voisin qui a une plus grosse voiture. Mais l'égalité est impossible.

Vous pensez le contraire, pas vrai ?

Vous croyez que l'amour fraternel et désintéressé peut exister ? Pourquoi Jésus-Christ a-t-il subi une telle haine, à votre avis ? Parce qu'il a acquis un pouvoir immense en prêchant l'amour fraternel.

Laissez-moi vous expliquer qui sont *vraiment* les hommes.

Quand nous militons pour votre égalité, vous croyez que nous rêvons d'autre chose que de vous dominer ? Le militantisme, c'est le cursus qui mène au pouvoir. La Révolution, ça vous dit quelque chose ? C'était pour l'égalité et la justice, au nom du peuple. Ça n'a pas empêché la nouvelle oligarchie de dessouder tout ce qui menaçait son nouvel ordre républicain. Tous les régimes égalitaires finissent comme ça. Les masses continuent pourtant à croire nos marchands d'égalité, parce qu'elles sont programmées pour ça. Les rares politiciens qui y croient aussi se mentent à eux-mêmes. Seul leur pouvoir compte. C'est pour lui qu'ils étaient prêts à braver la guillotine. « Le pouvoir, le réel pouvoir, le pouvoir pour lequel nous devons lutter jour et nuit. Le pouvoir, non sur les choses, mais sur les hommes » (*1984*).

La nature n'a rien fait d'égal, et ne fera jamais rien d'égal. Tous les régimes égalitaires, socialistes ou communistes, forment des hiérarchies extrêmement inégalitaires. Si le pouvoir existe, l'égalité ne peut exister. Vous allez me soutenir que le pouvoir n'existe pas ? Vous n'avez donc vraiment aucune idée des immenses privilèges que nous dégustons sur votre dos.

C'est vrai que vous partez de loin. Vous croyez en la bonté humaine, je présume ? Il ne vous vient pas à l'esprit que si l'idéal du « partage », de la « solidarité » ou du « don » est sur toutes les lèvres politiques et médiatiques, c'est parce qu'il rapporte ? Je vous l'ai dit, tout acte a un mobile.

Vous croyez que nous sommes *bons*. Vous aimez regarder nos grands-messes de la charité, comme le Téléthon, ou le Sidaction. Vous trouvez ça émouvant, tous ces potes et « Enfoirés » solidaires, animateurs, humoristes, chanteurs, acteurs et réalisateurs, cocaïnés et subventionnés, serviteurs de la parole du Parti, tellement généreux avec nos petits malades. Vous les aimez, nos « rebelles au grand cœur » et robinets d'eau tiède. Vous aimez

Sophie Davant, Muriel Robin, Bénabar, Jenifer, Zazie, Mimie Mathy, Amel Bent, Patrick Bruel, Christophe Maé, Yannick Noah, Jean-Jacques Goldman. Vous aimez toutes ces célébrités prêtes à décoller pour des terres inconnues, pour y embrasser des enfants misérables sous l'œil de la caméra. Vous trouvez que l'humanité a du cœur, quand elle envoie quelques millions d'euros aux victimes d'une catastrophe naturelle. Vous trouvez ça bien, tous ces gens qui se mobilisent pour une cause, forcément *bonne*.

Désolé de vous décevoir, mais les infirmes, les clandestins, les handicapés, les pauvres, les malheureux, tous ces individus ne sont que nos esclaves, nos machines à jouir. Chanter pour eux, s'engager pour eux, se montrer avec eux, cela confère un grand pouvoir. Et c'est tout ce qui importe. Vous vous souvenez de Lady Diana, quand elle brandissait un petit orphelin face caméra, et qu'elle pleurait, tant elle s'aimait, tant elle s'émouvait d'être la meilleure personne de la Terre ? Tenir une vie entre ses mains, avoir le pouvoir de la sauver, se prendre un instant pour Dieu… Quelle jouissance narcissique ! Quel orgasme de l'ego !

Oui, bien sûr, lors de nos soirées à grand spectacle, on récolte des fonds – du pognon, le vôtre –, mais vous croyez qu'à nos yeux l'argent représente encore quelque chose ? Notre supériorité est purement morale. Nous sommes obligés de nous livrer à ce racolage humanitaire. Vous avez lu Valérie Trierweiler ? On peut dire qu'elle n'a pas la vie facile. Elle a dû « choisir entre les souffrances » celle qui deviendrait *sa* bonne cause, pour finalement se positionner sur la case « violences faites aux femmes et aux enfants » (c'est bon, ça – bien féministe). « J'espère au moins pour quatre ans, peut-être pour dix ans » (point trop n'en faut tout de même, mais tant que les déplacements sont offerts), en tout cas, pas question d'aller « sur le terrain de Carla Bruni » qui a réservé le Sida (*Le Monde*, le 11/07/2013).

C'est un *marché*.

La morale que nous dictons à travers le Parti *oblige* nos millionnaires à faire du mécénat, à œuvrer ostensiblement pour la bonne cause, sans quoi ils seraient étranglés par la culpabilité que nous faisons peser sur eux. Vous croyez qu'ils veulent le bien de tous, sans distinction ? Peut-être allez-vous m'expliquer pourquoi leur charité n'intègre pas les clochards de vos rues, les agriculteurs de vos campagnes, vos ouvriers au chômage, vos victimes de l'insécurité ? Je vais vous le dire : cette détresse-là ne rapporte pas assez. De fait, elle n'intéresse personne. En revanche, la charité qui s'exerce envers les *minorités* est tout à fait juteuse, puisque le Parti leur voue un culte. Il faut avoir la bonne maladie, la bonne orientation sexuelle, la bonne provenance. Souvenez-vous, Bernard-Henri Lévy lui-même disait s'intéresser à la misère bosniaque plutôt qu'à celle du coin de sa rue, parce qu'il écrivait « avec son intelligence et son inconscient ». Son inconscient, c'est sa volonté de puissance. Le combustible de la puissance, c'est la morale.

Les miséreux ne sont qu'une ressource naturelle que nous convoitons tous. Même le Pape François, qui accusait les communistes d'avoir « volé le drapeau de la pauvreté » aux chrétiens. Touche pas à mes pauvres. Ils s'écharpent pour aller le plus loin possible dans la charité, parce qu'elle leur offre un immense pouvoir.

Vous comprenez pourquoi ils défendent l'immigration massive, par tous les moyens ? Le tiers-monde est une source inépuisable de misère humaine dont il faut s'occuper, sourire aux lèvres et yeux humides. Le vertueux est soit cynique, soit coupable. Quand un mendiant vient taper à votre vitre au feu rouge, vous n'avez pas envie qu'il bave sur votre 4x4, alors vous lui jetez un billet, et vous avez l'impression d'accomplir une œuvre agréable à tout l'univers. Mais c'est à vous et à vous seul que vous faites une offrande. Vous tenez le mendiant à votre merci, il est redevable de votre bonté. Vous avez senti cette brève euphorie vous traverser ? C'est le frisson du pouvoir. Rien n'est beau dans vos actes, tout vous est utile. Votre charité est la forme la plus sournoise de votre égoïsme. Si cette idée vous désespère, libre à vous de vous bercer d'illusions. Rassurez-vous : même Darwin était comme ça. Il estimait que la compassion était la plus noble part de notre nature. Si l'un des plus brillants représentants de notre espèce se leurrait ainsi, imaginez ce que l'on peut faire de vous.

L'égalité, la charité, l'humanisme, l'amour fraternel… Tout ce qui fait l'unanimité, c'est un mensonge que personne n'a encore détecté. Pour que vous continuiez à payer et les reconduire sans poser de questions, les politiciens du Parti ont appris à dire uniquement ce que vous aviez envie d'entendre. Nous avons mis au point des centaines de techniques et de concepts pour vous piéger. Et surtout, nous vous avons dressés.

Ce n'est pas très compliqué : vous avez des prédispositions. Vous avez des résidus de comportements innés : vous apprenez seul à jouer, à séduire, à dominer et à imiter. Vous avez des émotions, des peurs et des désirs. Et tout le reste, c'est nous. On utilise vos émotions, vos peurs et vos désirs pour faire de vous un individu manipulable, corvéable, attentif, crédule et fidèle, qui défend ses maîtres sans réfléchir.

Vos instincts allaient dans le sens de vos propres intérêts. La morale qu'on vous a inculquée va dans le sens de la société. Vous êtes l'animal domestique de Big Brother, n'oubliez jamais ça.

Ça vous indispose ? Vous valez mieux que ça ? Vanité. Comme 99 % de vos semblables, votre destin a toujours consisté à faire aveuglément votre travail, à subir la société, à être son ouvrier ou son soldat. Vous n'êtes qu'une fourmi parmi des millions d'autres. Votre patrie, c'est le Parti. Votre morale, c'est avant tout le conformisme. Vous souffrez d'une identité perdue ? Nous vous en proposons une. Si vous le voulez, nous pouvons combler votre besoin de reconnaissance. Il vous faut des causes et des engagements pour être reconnu, pour exister ? La morale du Parti vous les offre à la pelle. Vous pouvez être un militant, un manifestant, un indigné, un *anonymous*, un vigilant citoyen, un lanceur d'alerte – des synonymes d'« esclave du Parti ».

Comprenez bien que vous n'avez le droit d'appartenir qu'à Big Brother. Vous devez subir notre dressage, vous n'avez pas le choix. Maintenant, songez bien à ce que je vais vous dire. Votre dressage, soit vous le subissez, soit vous le sublimez. Seul l'esclavage peut vous libérer. Vous pouvez devenir notre bon élève, surveiller vos proches, vérifier s'ils sont bien dressés, détecter leurs lacunes, et les dénoncer. Et vous vivrez déjà mieux que tous les autres. C'est un *totalitarisme participatif* que nous vous proposons. Si vous pouvez vous soumettre complètement, si vous pouvez échapper entièrement à ce que vous êtes, si vous pouvez plonger dans le parti jusqu'à *être* le Parti, vous serez alors tout-puissant, et immortel.

Si le dressage conditionne votre identité, alors il importe plus que votre vie. Vous avez plus peur d'être abandonné que de mourir. Même maltraité, un chien ne renonce pas à son maître. Notre rejet de la peine de mort et notre promotion simultanée de l'euthanasie montre combien la vie n'est qu'une variable dépendante de notre morale. La mort d'un individu n'est pas la mort. Le Parti est immortel. Les gens se suicident par peur maladive de l'ostracisme. Nul doute que vous préférerez le suicide à la vie, si votre groupe tout entier manifeste des intentions suicidaires.

Voilà pourquoi la morale peut mener jusqu'au sacrifice suprême. Il n'y pas grande différence entre un kamikaze qui s'écrase sur le pont d'un porte-avion et un médecin qui tente de soigner Ebola au milieu d'un conflit ethnique. C'est un acte de fanatisme accompli au profit de Big Brother, parce que Big Brother l'a décidé, et que Big Brother fait passer cet acte pour un geste héroïque. Le tour de force de notre dressage est de faire passer votre morale avant vos instincts. C'est pour ça que vous êtes prêt à mourir pour nous.

Un membre du Parti est prêt à tout sacrifier à sa morale, sans hésiter. La logique en premier lieu. Prenons notre chère Christiane Taubira. Elle a toujours dit son horreur de toute hiérarchie humaine, vous en convenez ? Voici le message qu'elle a publié, en 2014 : « Que dirons-nous quand nous saurons que parmi les enfants tombés à Gaza, tel était déjà poète ou troubadour ? Ou rêvait d'architecture ? »

Christiane est exemplaire. Elle peut cracher sur le cadavre d'enfants qui se voyaient mécaniciens ou boulangers. Elle peut recréer une hiérarchie humaine, au nom du Bien, sans que ça ne lui pose le moindre problème, sans que personne ne soit ébranlé par une telle déclaration.

Certains d'entre nous, comme Christiane Taubira, parviennent à se convaincre qu'ils cherchent réellement à faire le Bien. Ils ont appris à ignorer leurs incohérences, à se tromper eux-mêmes, pour mieux servir le Parti. Ce sont des croyants. Aucune philosophie, aucune idéologie, aucune religion, aucune doctrine n'est motivée par la vérité. Ce ne sont que des instruments de pouvoir. Le progressisme, c'est une méthode de domination. Le Bien et le Mal, ce sont des leurres pour vous dresser, pour conquérir le pouvoir. Hitler et Staline étaient tous les deux convaincus de faire le *bien*. Et en ce qui les concerne, ils ont réussi. Ils ont imposé leur statut bien mieux que n'auraient jamais pu le faire un caporal barbouilleur ou un séminariste agité.

Il n'y a pas de Bien ni de Mal, pas plus qu'il n'y a de gentils ni de méchants, il n'y a que des égoïstes plus ou moins habiles et ambitieux. Le Bien et le Mal, le juste et l'injuste, c'est ainsi que votre instinct vous a condamné à baptiser nos victoires et vos défaites, c'est ainsi que nous vous avons condamné à baptiser Big Brother et ce qui s'oppose à Big Brother.

De votre point de vue, vous demander si Big Brother est le bien ou le mal, ça n'a aucun sens. Un chien ne se demande pas s'il est bon ou mauvais de ramener le journal à son maître. Un dressage n'est pas *juste* ni *bon*. Il est une croyance et une sujétion. Ce qu'on vous demande de faire, Monsieur Moyen, n'a plus de rapport avec vos aptitudes à survivre, mais avec l'*attitude* que vous devez adopter pour ne pas être puni ou rejeté. Libre à vous de penser que c'est *bien* de nous obéir, si ça peut vous aider à accepter votre sort.

Pourquoi est-il bon de servir Big Brother ? Parce qu'il est bon de servir Big Brother. Vous devez vous contenter de ça. Notre dressage est forcément bon, dire le contraire est scandaleux et blasphématoire. Notre dressage est une croyance, car il n'est justifiable *que par lui-même*. Les gens comme Stéphane Hessel doivent croire en une évolution positive de la société, du fait de leurs engagements, sans quoi ils perdraient toute raison d'être, et n'auraient plus qu'à se suicider. De même ils justifient la promotion des droits de l'Homme au nom des droits de l'Homme. Parce qu'ils sont ce qu'ils sont. Un idéal. Qu'est-ce qu'un idéal ? Un idéal. Notre dressage est apodictique. Pourquoi ? Parce que. Nous n'avons pas d'arguments, nous n'avons que des formules qui sont actes de foi, une analogie sans fin de concepts flous, le bonheur, le Bien, l'humanisme, la justice, l'égalité, la prospérité, une litanie de symboles, de totems, qui ne résisteraient pas davantage à une analyse rationnelle, et ne se justifient eux aussi que par eux-mêmes. « Commencez par adopter une position critique envers tout idée politiquement correcte. Forcez-la à se justifier. La plupart du temps, elle n'y arrive pas », disait Chomsky.

Nul ne peut nous forcer à nous justifier. Nous sommes le Parti. C'est au sceptique de se justifier. C'est l'esprit critique que nous mettons en accusation. Vous les connaissez, nos « arguments ». « Inacceptable, ignoble, dérapage, scandaleux, inadmissible ». Notre indignation vertueuse suffit à nier les réalités déplaisantes, détruire les sceptiques et nous épargner toute justification. Celui qui insiste sera puni, c'est comme ça que doit agir un maître. Lorsque vous ordonnez à votre chien de s'asseoir, pourriez-vous lui expliquer pourquoi ? Vous justifier ? Lui trouver une bonne raison de vous obéir ? Il n'y a que votre bon plaisir. Et pour lui il n'y a que la récompense et la punition. Il n'y a que le bon vouloir du maître. La logique, le sens et la vérité sont sacrifiés au dressage.

La seule « vérité » à laquelle vous pouvez vous raccrocher, à laquelle peut se raccrocher le chien, c'est notre flatterie à la récompense et notre chantage à la punition. Marc Aurèle a écrit dans ses *Pensées* que le christianisme se servait des passions pour imposer une morale aucunement réfléchie, sans lien avec la nature. C'est ce que nous faisons.

Pour vous dresser, deux leviers essentiels : le groupe, et le pouvoir. C'est-à-dire votre identité.

Nous vous faisons avancer en vous offrant du pouvoir, si vous faites exactement ce qu'on vous dit.

Nous vous empêchons de reculer en menaçant votre place au sein du groupe en permanence. Nous n'avons besoin que d'une seconde, d'un claquement de doigt, pour déchaîner sur vous l'humiliation punitive. Tout est basé sur votre peur d'être exclu, sur votre peur de l'abandon. La puissance de l'effet de groupe peut conduire des gens a priori normaux à se suicider pour voyager vers Sirius. Être exclu du groupe, ça a toujours été une condamnation à mort : comment survivre seul, sans l'appui, l'organisation et la solidarité du groupe, aux rigueurs de l'hiver ?

Sade avait raison, tout marche finalement à la terreur. N'importe quel parent qui éduque son enfant se contente, la plupart du temps, de lui faire peur. Le dresseur gagne parce qu'il terrorise. « La vertu sans laquelle la terreur est funeste, la terreur sans laquelle la vertu est impuissante. » Robespierre, ça vous dit quelque chose ? Quand vous répandez dans la rue vos opinions conformes, quand vous applaudissez ce que nous vous commandons d'applaudir, nous vous laissons croire que c'est votre hauteur d'âme qui vous anime. Je vous le répète : si vous suivez le Parti, nous laisserons de l'espoir à votre conscience.

L'idéal, pour manipuler les masses, c'est de matérialiser la peur collective, de lui donner un visage. Le Diable, c'est vague et dépassé. Nous, nous avons trouvé beaucoup mieux.

Il y a eu la Seconde Guerre mondiale. Des millions d'hommes domestiques conditionnés, armés et jetés les uns contre les autres, par leurs maîtres, pour le seul pouvoir de leurs maîtres.

Nous y avons vu l'occasion rêvée d'ériger un nouveau pouvoir, sur les décombres des vieilles nations. Les gens étaient traumatisés. Ils se sentaient coupables, eux, les Occidentaux, si fiers de leur civilisation, de leur science, de leur Société des Nations… Était-ce possible ? Étaient-ils *mauvais* ?

Le Parti a été très fort sur ce coup-là. Nous nous sommes engouffrés dans la brèche. Nous avons *accusé*. Nous avons accusé cette société d'être corrompue, inégalitaire, dominante, xénophobe, conquérante, territoriale, c'est-à-dire insuffisamment domestiquée. Nous avons dit oui : le mal est en l'Homme, en sa nature profonde, mais il y a aussi le bien, son dressage, celui de Big Brother. Voilà qui a rassuré les troupeaux désemparés : il y avait une voie, il y avait un salut.

Ça a fonctionné au-delà de toutes nos espérances. Pourtant, dans l'histoire de l'humanité, le massacre d'un groupe par un autre est peut-être la chose la plus constante qui soit. Mais nous avons fait en sorte que les gens n'aient aucune autre référence historique que la Seconde Guerre mondiale. Nous avons fait de la Shoah le Mal universel. Nous avons imposé ce réflexe conditionné à tous les esprits. Chacun doit l'associer à chaque tentative d'échapper à la domestication, comme le bovin doit associer la décharge électrique à toute tentative de franchir sa clôture.

Votre dressage n'est pas terminé. Nous avons encore beaucoup à vous enseigner. Nous sommes en train de vous apprendre à aimer votre domestication. Souvenez-vous, il n'y a pas si longtemps, vous n'éprouviez que dégoût et mépris pour l'obésité, la puérilité, la dépendance, le handicap, le désir de satisfaction immédiate, la sexualité dérégulée. La dépendance était pour vous une chose péjorative, le mot « domestication » même avait un caractère péjoratif.

On vous a encouragé à vous aimer. À vous « assumer ».

Big Brother n'aura jamais assez de pouvoir, vous ne serez à ses yeux jamais assez soumis. Le Parti encourage à mépriser tout résidu de comportement sauvage. Instincts, solitude, sobriété, honneur, fierté, méfiance, courage, esprit critique. Autant de comportements que vous teniez en estime, il y a quelques années. Contre toute intuition, vous devrez vous en débarrasser. Nous allons faire de vous un être parfaitement dévoué, obéissant et serviable.

Tout ce que nous sommes en train de détruire fait encore obstacle à votre domestication intégrale. Hiérarchie sociale, compétition, sexisme, biologie, agressivité, différences, responsabilité, intolérance, autonomie, frontières, inégalités, nations, groupes, sexes, famille, pouvoir... Pas un vestige de votre humaine nature ne doit subsister. Table rase. En définitive, notre pire ennemi, l'hérésie des hérésies, c'est le *sens commun*. Il a maintenu vos ancêtres en vie jusqu'ici, mais là où nous en sommes, vous n'en avez plus besoin. On va vous en débarrasser. Vous avez fait le plus dur, croyez-moi.

L'amour croissant que vous portez à vos animaux domestiques est un signe qui ne trompe pas. Ce que vous aimez chez le chien, c'est ce qu'aimait Hitler chez son berger allemand : la soumission inconditionnelle au maître. Vous aimez l'idée que votre chien soit mignon, joueur, gentil, fidèle, protecteur, serviable, obéissant... C'est-à-dire juvénile, soumis, dépourvu d'instinct, manipulable, fanatique, dépendant. Vous pensez que votre chien vaut mieux que vos semblables, parce que vos semblables ne présentent pas encore tout à fait les caractéristiques de la domestication. Mais c'est en bonne voie. Notre morale ne cesse de s'étendre.

Vous ne voulez plus la conservation, vous voulez la domestication. Nous sommes en ce sens vos bienfaiteurs. Nous ne faisons que répondre à une demande. Ce ne sont pas les sociétés, ni les morales ni les politiques qui font l'homme. Pas du tout. Ce sont les structures fixes de l'homme qui font les sociétés, les morales et les politiques. Toute offre répond à une demande. Les moralistes, philosophes, théoriciens, écrivains, politiciens, cherchent le pouvoir. Ils adaptent donc leur offre à la volonté des foules. C'est ce que nous faisons, sans oublier d'adapter notre terrorisme à vos peurs.

Si vous vous intéressiez à votre Histoire, vous constateriez combien il est vain de vous bercer d'illusions. Des religions jusqu'à la démocratie universelle, elle est un fantastique témoignage de la domestication qui est en cours.

Le passage du polythéisme au monothéisme était un premier pas vers l'adoration *du* maître. Il y a eu la société, puis l'agriculture, puis l'idée d'égalité, puis l'amour fraternel, puis l'idée de bonheur, puis l'humanisme, puis les droits de l'Homme, puis le marxisme, puis le progrès, puis le socialisme, l'utopisme, le communisme, le totalitarisme, la technologie et la médecine moderne, puis mai 68, l'antiracisme, la consommation, l'émancipation, l'humanitarisme, le pacifisme, le mondialisme, l'universalisme, le transhumanisme. La domestication n'a cessé de gagner du terrain. Big Brother est une ultime et brutale accélération. Vous n'en avez pas l'impression ? Il y a cinquante ans, croyez-vous que de tels sujets faisaient « polémique » ? Les violences faites aux femmes, le harcèlement de rue, les véhicules incendiés, le traitement des animaux, les troubles alimentaires, la viande, la légalisation des drogues, l'identité nationale, le vivre ensemble, « l'europhobie », la GPA, la réinsertion, les châtiments corporels, le sort des migrants, les « jeunes », le laxisme, la mixité sociale, les « incivilités », l'euthanasie, l'autorité, les discriminations, la féminisation de la langue, les armes à feu, tout ce qui concerne les races et les ethnies, les voitures, les piscines, la justice sociale, les notes, le « sentiment » d'insécurité, la récidive, l'islamophobie, le défilé militaire du 14 Juillet, les dérapages, les inégalités, la parité, les droits des LGBT et des minorités, la théorie du genre, les transitions, l'homophobie, la grossophobie, l'accessibilité, la laïcité, la fessée, etc.

Ces « sujets de société », Big Brother les a imposés ou digérés. Ils ne peuvent connaître qu'une issue : la bonne. « L'avancée ».

Et vous, Monsieur Moyen, vous participez à ce mouvement, avec ferveur. Vous voulez avoir l'impression que les choses changent selon vos désirs. Vous voulez qu'on vous promette des « réformes », peu importe lesquelles, il faut juste que ça avance. Big Brother n'est qu'une énorme promesse de changement continu, donc de militantisme infini. « Le changement, c'est maintenant ! » est en cela un slogan parfait. *Maintenant* est un éternel et radieux futur, toujours à portée de main. François Hollande vous promet un changement perpétuel. Tout ce que veulent ses électeurs, c'est le *progrès*, soit un glissement continu vers la domestication intégrale.

Face à notre puissance, vous n'êtes rien. Vous entendez çà et là des gens qui doutent, qui cherchent à défendre le sens commun par un scepticisme confus, apeuré et inorganisé. Nous les nommons conservateurs, réactionnaires, extrémistes. Ils feignent de céder moins vite que les autres, alors nous les utilisons comme des épouvantails. Tous sont désabusés parce que tous ont l'impression de livrer un combat perdu d'avance contre le sens de l'Histoire.

Vous devez admettre que la gauche vous paraît inéluctable. Cette impression, tous vos semblables la partagent. Oui, elle l'est. Oui, nous le sommes.

La résignation qui nous accompagne est évocatrice de la capacité d'acceptation des foules. La gauche serait le sens de l'Histoire, la flèche du temps. C'est l'idée même de progrès. En réalité, le sens de l'Histoire, c'est l'appel de la domestication.

« On a beau donner à manger au loup, écrivait Tourgueniev, toujours il regarde du côté de la forêt. » Vous et les chiens avez passé un cap duquel on ne revient pas. On peut vous priver et vous humilier, toujours vous reviendrez à nous.

# 3

# LES DEUX MINUTES DE LA HAINE

*Et si les faits disent autre chose,*
*les faits doivent être modifiés.*

**Orwell, *1984***

Expéditeur : Antoine Loki.

Destinataire : Monsieur Moyen.

J'imagine ta surprise en découvrant ce courrier. D'autant qu'il ne s'agit pas d'une offre de renouvellement de ton abonnement – j'ai vérifié : il a été reconduit automatiquement.

Bien que siégeant désormais au Haut conseil d'autorité des médias du Parti, c'est en qualité de journaliste, et en toute humilité, que je m'adresse à toi. Journaliste « engagé » ai-je envie de préciser. Envers notre réalité. Celle de Big Brother, celle du Parti. Le monde en soi ne m'intéresse pas, si je ne peux pas le réécrire, le repeindre aux couleurs du temps, imprimer en quatre colonnes ou diffuser en plan-séquence la version idéale de ce à quoi il doit ressembler, ce qu'il doit devenir pour être acceptable.

C'est un sacerdoce. Vingt ans d'éditorial et de rédaction dans différents médias de différents supports m'ont fait aimer ce travail plus que la vie. J'y suis maître de quelque chose, et c'est gratifiant, presque excitant. Excitant de savoir que ton réel ne peut se passer de moi.

Tu en doutes ?

Tu crois que les médias n'ont que les seconds rôles, dans ton conditionnement ?

Camarade – tu permets, hein, on se tutoie ? –, je risque de t'étonner.

Dans *1984*, les écrans sont partout. Ils sont les meilleurs supplétifs du Parti, dont ils déversent la bonne parole. Chacun est tenu d'en posséder un chez soi, nul n'a la possibilité de les éteindre. La différence avec *tes* écrans, c'est que personne ne te les impose. Ce n'est pas Big Brother qui te regarde, c'est toi qui regardes Big Brother. Tout le temps. Tu as besoin de la présence du maître. Big Brother, c'est d'abord ce bruit de fond qui bourdonne partout, qui meuble tes journées de travail et de loisirs, qui est toujours là, dans tes déplacements, chez tes amis et dans ton salon. L'infra-ordinaire.

La télé crée un monde conforme à notre idéal, une hiérarchie sociale basée sur la morale. Elle décide de ce qui existe ou n'existe pas, de ceux que tu dois haïr ou aimer. Elle a droit de vie ou de mort sur les artistes, les politiciens ou les scientifiques. Elle est leur seul accès à l'*existence*.

C'est une matière noire qui renforce notre pouvoir en captant celui des autres. On peut en un instant faire d'un inconnu le référent de millions de personnes. Une brève exposition suffit pour faire naître chez le spectateur un sentiment positif. Tu te souviens de l'image subliminale de Mitterrand incrustée dans le générique du journal d'Antenne 2, avant sa réélection en 1988 ?

Ton conditionnement, c'est d'abord le bas-régime, le fond sonore, le code source. C'est ça le plus vicieux. Tu t'habitues, tu ne l'entends plus, tu l'oublies. C'est lent mais sûr, aussi sûr que l'érosion. Rien de frontal, rien de brutal. Rien d'autre qu'une répétition monotone, une rumeur persistante, une vis sans fin qui lentement perfore tes défenses mentales. On emplit ton crâne de slogans, d'idées, de références, de visages, de noms, de réflexes. Tu sais que Carlos chantait *Tout nu et tout bronzé*. Tu sais ce qu'il faut faire en cas d'impact sur ton pare-brise, tu sais où la vie est moins chère, tu sais que les produits laitiers sont tes amis pour la vie. Parce que tu le vaux bien. *What else* ? Ces informations, toutes plus utiles les unes que les autres, n'ont pas eu besoin de ton autorisation pour laisser leur empreinte indélébile dans ton cerveau. Tu n'es plus maître de ta conscience.

L'aliénation, c'est la perte de la libre disposition de soi-même.

Chez toi, tu organises l'espace et le temps autour de ta télévision, ce substitut de vie sociale.

Le monde que restituent nos metteurs en scène, nos artistes et experts, compose l'essentiel de ton expérience. Ton inconscient finit par le juger tout aussi réel que le Réel. Ce monde est aussi celui de ton voisin. Nous standardisons les pensées. Tu crois y voir des débats, des désaccords, de la pluralité, quand tout n'est qu'uniformité.

Notre but est d'inoculer notre morale au téléspectateur dépendant. Glisser un peu d'anti-racisme dans ton paquet de lessive. Pour ça nous devons d'abord retenir ton attention. Te donner ce que tu préfères. Du divertissement.

Le service public se défend, mais Canal+ fut notre plus belle réussite, notre meilleur modèle. Les sourires, le style, la déconne, le décalé, le corrosif, le branché, le cul, le trash, tout y était. C'était jeune, moderne, c'était l'endroit où allaient toutes les jolies filles, les stars, les humoristes. Et tout autour d'eux, il y avait le *public*, de beaux jeunes gens multicolores qui souriaient, qui riaient, qui approuvaient et qui frappaient des mains. Regarder Canal, c'était être un peu du club.

La posture médiatique qui paye est celle de la dérision. Se moquer de tout, avec l'apparent détachement de celui qui est cool, second degré très moralement correct, marque de fabrique de la chaîne à « idées » créée en 1984. Comprends bien que ces gens qui l'animaient n'étaient pas des têtes pensantes. Plutôt des militants de base, qui faisaient de leur mieux pour conditionner les foules, les yeux rivés sur les courbes d'audience.

Mesures-tu la distance qu'ils parvenaient à mettre entre eux et toi ? Être cool, c'est montrer que le réel ne nous touche pas. Le sérieux, la solitude, l'ordre, l'austérité, tes valeurs, tes règles ne sont pas cool.

Entre nous, ce sont des flagorneurs méprisables, qui se croient le sel de la Terre. Leur dérision est le masque du dérisoire. Ils sont les aristocrates de la domestication. Ils rient ensemble des arriérés. Ils te tuent par le rire. Comment rire du réel, voilà leur seule préoccupation. C'est un moyen de le tenir à distance, de garder la main, de virtualiser l'actualité. Ils font de la politique et du réel un divertissement. Le 24 janvier 2014, un ministre en exercice, Arnaud Montebourg, s'est amusé à doubler des dessins animés. Au fond, rien n'a d'importance. Rien ne nous engage, rien dans ton monde ne peut engendrer une réaction, le vent de l'époque nous souffle dans la tête : nous en sommes fiers et on vous emmerde. Message reçu ?

Nos bouffons ne s'en prennent pas à leur véritable roi : ils « malmènent » tel ou tel membre du Parti par connivence et pour entretenir une illusion de parité dans le lynchage, mais en réalité ils ne s'attaquent qu'à ceux qui menacent leur place ou le Parti. On ne te donne pas le choix entre la réalité ou l'idéologie, on te donne le choix entre être cool, ou être cible. Tu préfères rire avec Yann Barthès, ou militer avec Christine Boutin ? Tu es jeune et branché, ouvert d'esprit, déconneur bien dans ton époque, ou alors tu es étriqué, tradi, bougon et rétrograde ? Contre l'institutrice dépassée, l'animal juvénile choisit évidemment le camp du garnement adulé. Barthès, le *gender* idéal, l'icône bobo « poil à gratter », le rebelle costumé, le « trublion corrosif », qui a sa propre émission. Boutin ne passe à la télé que lorsque Barthès et ses amis décident de l'humilier, en tant que représentante de l'ancien monde, devant des millions de personnes. Le pilori, en comparaison, était une douceur.

Christine Boutin l'a cherché ? Et les victimes des fameux « micro-trottoirs » aussi ?

Imaginez le choc des mondes. Une vieille dame participe à la première manifestation de sa vie. Elle n'a jamais parlé à un journaliste. Soudain, le voici qui apparaît, ne lui laisse évidemment pas le temps de réfléchir et lui colle son micro rouge sous le nez :

« Madame pourquoi êtes-vous contre le mariage pour tous ?

— Euh ben je trouve que c'est pas normal voilà.

— C'est contre-nature pour vous ?

— Euh ben oui peut-être. »

Quelques heures plus tard, la mamie sera humiliée – elle et des dizaines d'autres – par Barthès et ses compères, devant des millions de téléspectateurs, parce que pour elle « l'amour entre personnes du même sexe, c'est anormal et contre-nature ». Et si elle est impressionnée, et qu'elle n'arrive pas à répondre, on insistera sur son « euhhh » qui montre qu'elle ne sait même pas pourquoi elle est là, cette vieille radasse homophobe.

Ces gens que Barthès humilie n'ont évidemment aucune possibilité de se défendre. Nous ne les inviterons pas sur le plateau. Nous projetons leur image, un fragment – choisi – de leur vie, qui sera jeté en pâture à notre public. Et ils seront humiliés à vie.

Les nervis du *Petit Journal* y vont carrément. Ils manquent tellement de subtilité dans la manipulation – ce que nous appelons déontologie – que le renouvellement de leur carte de presse a été refusé.

*Ils font leur travail*, ma bonne dame, dont l'essentiel consiste à faire rire un plateau, des invités, un public, de l'archétype de ce qu'il faut haïr, le « plouc émissaire », aurait dit Philippe Muray, TOI. En achetant ton porno et ton football, toi, le sans-dents, payes ces gens pour t'humilier. Notre objectif principal, celui de tous les journalistes du Parti, sera toujours d'humilier le dissident, réel ou imaginaire.

Tu te souviens de ce qu'a dit Smith. Ce qui te fait aller, c'est la terreur de l'humiliation punitive, celle qui peut te tomber dessus en un éclair. Nous sommes la foudre qui, en une phrase, en une image, peut te tuer devant des millions de personnes. La télévision, tel un gigantesque accumulateur, démultiplie nos frappes.

Normalement, nous n'en arrivons pas là. Le discours de tous ceux à qui nous donnons la parole est suffisamment clair pour faire comprendre au public, si abruti qu'il soit, ce qu'il a le droit de penser, et surtout ce qu'il a le *devoir* de penser.

Si quelqu'un énonce de grands principes moraux en étant applaudi par un « public » qui symbolise la foule et l'opinion, alors son discours devient acceptable au téléspectateur. Nous définissons ce qui « fait polémique », ce qui est un « dérapage », ce qui est légitime ou ne l'est pas. En s'amusant, nos émissions ludiques d'*infotainment*, justes noces de l'information et du spectacle, passent leur temps à corriger ce que tu as cru pouvoir penser, dans un moment d'égarement. Dans la bonne humeur et sur un ton décalé, elles détruisent tes criminelles idées reçues.

Sans recul, nez dans l'écran, tu oublies que derrière l'image il y a un montage, des acteurs, des idées, un *programme*. Tu as bien du mal à comprendre que poseurs d'étiquettes et donneurs d'ordres ne sont jamais neutres. La télé est puissante, donc légitime. Et elle a le monopole du scandale. Pour se scandaliser, il faut être écouté. Tu as beau te morfondre dans l'ombre de ton salon à la lueur de ton plasma : dans le désert numérique, personne ne t'entend crier. Tu n'as d'autre choix que de voir la foule trancher, applaudir, décider à ta place. L'applaudissement, l'ignoble claque du public imbécile, est une arme capable de normaliser et légitimer n'importe quoi.

Les primates chargés d'applaudir figurent le groupe, cruel, qui choisit son champion et hue son bouc émissaire. Ces arbitres dépourvus de nuance sont là pour t'indiquer le chemin. Le seul, le bon. Les humains ont évolué parmi des spectateurs dont l'avis était crucial. Lors d'une exécution, il y a presque toujours un public. Celui de la télévision est une caricature de jury populaire. On le fait sagement asseoir puis, bien briefé, on le suspend aux gestes du dresseur de salle, aux panneaux « rire » ou « applaudir ». Il est important que cette opinion de poche soit extrêmement docile. Nos marionnettes applaudissent nos champions et semblent te dire : le monde de Yann Barthès est normal, légitime, idéal, il mérite notre attention, nos révérences, nos rires et nos applaudissements. Vois comme les gens sont avec nous. Et s'il y a un faux pas, on coupera au montage. À Christine Boutin, nos huées et nos moqueries. Et le public de hurler sa joie et de frapper des mains quand reviennent à l'image Barthès et ses singeries. Il faut toujours hurler avec les loups. C'est la seule manière de se sentir en sécurité.

Tu es irrésistiblement attiré vers la norme, vers la prise de position moralement correcte. L'humiliation grand public du dissident isolé te pousse à te ranger de notre côté.

Et si tu estimes que ce public de plateau n'est pas assez représentatif, on peut en sus sonder un panel d'un millier de personnes, qui fera office de meute. Nous lui ferons dire ce qu'il pense, ou plutôt ce qu'il croit devoir penser, et ainsi te rangerons à la raison du nombre. Évidemment, nos sondeurs ne te demandent pas si ce qui te préoccupe le plus est la domestication, la terreur ou notre dressage. Ils te demandent si ce qui te préoccupe le plus est le pouvoir d'achat, les inégalités, les droits de l'Homme ou le climat.

Il suffit d'un rien pour modifier l'avis des gens, qui préfèrent avoir celui des autres. Sais-tu que la simple présentation d'un sondage pousse un individu sur quatre à modifier son vote ? As-tu remarqué comme chaque loi « controversée », aussitôt votée, faisait l'unanimité ? Nous remporterons toutes les batailles, les unes après les autres. Ce n'est qu'une question de patience.

« La seule vraie science est la science des faits », disait Buffon. Les faits ne sont pas favorables à notre morale. Nous devons donc modifier les faits. Se contenter de les restituer, faire du journalisme, ce n'est pas possible. Ce serait même dangereux. Altérer le réel, voilà notre pouvoir. Mais comme certains des nôtres n'étaient pas subtils, ça s'est su. « Crise de confiance ». Il a fallu nous réinventer, c'est-à-dire mieux tromper. Nos médias traditionnels ont tenté de se racheter une auréole en se mettant à la « réinformation », à « l'éclairage », au « désenfumage » et au « décryptage », à travers des sous-officines spécialement créées pour ça, en y détachant leurs traqueurs de Bête immonde les plus exaltés, à qui l'on offre de tirer à vue sur les non-alignés. Chaque sous-officine a son harceleur en chef, chargé exclusivement de salir la réputation et de détruire la vie sociale du déviant – les écrits restent, merci *Google*. C'est le cas pour *Le Lab*, *Arrêt sur images*, « Les décodeurs » du *Monde*, le « Désintox » de *Libé*, le « Détecteur de mensonges » du JDD, les « Pinocchios » du *Nouvel Obs*, *Le démonte rumeur* de *Rue89*, *Le vrai du faux* de France Info, *Le vrai-faux de l'info* d'Europe 1, etc.

Ils prétendent vérifier, dénoncer les rumeurs et les « mensonges », contrôler les papiers du réel. Le réel est le premier opposant du Parti. Nous pensons que le Parti est plus fort que lui. *Libération* voulait être « l'alternative derrière l'idéologie du réalisme ». C'est un bon résumé de ce que nous sommes. Pour ne pas que le réel nous soit préjudiciable, en alarmant les imbéciles comme toi, il suffit de le dissimuler. Tu passes plus de temps avec nos informations qu'avec la réalité : nous n'avons qu'à contrôler l'information pour contrôler ta réalité. À cette fin, nos médias se chargent de crypter tous les faits gênants, d'apposer sur le réel nos lignes de code, notre grille de lecture, toujours la même. 95 % des médias sont synoptiques. Ils pensent la même chose, publient la même chose, et ont la même source : l'AFP. Les médias aussi ne se justifient que par eux-mêmes. Nous sommes un élément du pouvoir, si quelqu'un nous conteste ou nous demande des justifications, nous l'écraserons sous la menace, sous l'autorité morale, sous la possibilité de l'humiliation publique. Au besoin, nous ajouterons à notre public, à notre journaliste, à nos invités, à nos vedettes, à nos humoristes, notre *spécialiste*.

En cas de réel intrusif, un bon journaliste doit avoir le réflexe de pallier son illégitimité en composant les numéros d'experts, toujours les mêmes, affichés sur le mur de son bureau. C'est la dernière étape du cycle de la machine à laver médiatique. Le prélavage, c'est l'AFP, les JT, les éditoriaux. Le lavage, c'est la presse. Le rinçage, c'est l'humiliation par les « chroniqueurs » et le *Petit Journal*. Enfin arrivent les « spécialistes » pour l'essorage, avec dossier « fouillé », « article de fond » pour « briser les idées reçues », « déconstruire les visions simplistes », « dénoncer les causes réelles des problèmes ». « Les savants d'aujourd'hui sont une mixture de psychologue et d'inquisiteur » (*1984*). Ce sont les cautions du régime, ou plutôt ses agents d'entretien, qui passent le réel à la Javel et tentent de faire disparaître les témoins et les faits. Après leur intervention seulement, on peut te laisser sécher en paix, jusqu'au prochain cycle.

Nos « experts », en général présentés sous des titres aussi ronflants qu'un intitulé ministériel, ne réfléchissent pas plus que nos journalistes : ils sont là pour plaquer sur l'actualité les mêmes prismes de lecture. Ils doivent être identifiables et parfaitement conformes. La liste des numéros agrafée sur le mur des Bons est aussi courte que leurs idées. Ainsi François Durpaire, invariablement présenté comme « historien spécialiste des États-Unis », quand il est d'abord, jusqu'à la pointe de ses simili-tresses afro, un militant multiculturaliste, adorateur des Noirs, metteur au point de réjouissants concepts à la con comme la « pluridentité » ou la « cosmo-laïcité », dont la seule énonciation suffit à plonger sociologues et raëliens dans un état d'extase parapsychique.

Pur hasard, s'il intervient régulièrement sur TF1, France 2, France 3, Canal+, France 5, Arte, BFM, I-Télé, LCP, Public Sénat, France 24, LCI, TV5, RTL, Europe 1, RMC, France Info, France Inter, France Culture, RFI, RFO, RTS, Nova. Je t'épargne la presse écrite.

Ils t'impressionnent parce qu'ils sont *spécialistes*, et toi, tu ne le seras jamais. Ils savent. Donc, forcément, ils ont raison.

Bien entendu, nos spécialistes sont *triés*. Leur spécialisation fait le bonheur des idéologues du Parti ; ils sont dépourvus de vision d'ensemble, et d'autant plus manipulables. Ils doivent demeurer intelligents dans d'étroites limites, le risque de dérapage demeure ainsi minime. La pensée, y compris scientifique, s'auto-immunise. Nous tentons tous de développer un programme de rejet automatique de toute pensée divergente, et nous ne mettons en avant que ceux qui y parviennent le mieux.

Tous ces spécialistes, tous ces journalistes, ont eu l'intelligence de nous servir, d'avoir eu envie de nous servir, avant même que nous ne les mettions en service. Nous avons fait croire à ces centaines de jeunes qui admirent Barthès, qui rêvent de travailler au *Nouvel Obs*, à *Libé*, au *Lab* d'Europe 1, à *Mediapart*, à *Rue89*, à France TV, à Radio France, aux *Inrocks*, peu importe, que leur quotidien serait palpitant, qu'ils auraient eux aussi le loisir d'exercer leur esprit critique et de briller par leur impertinence. Couvés avec gourmandise par nos formateurs, ces jeunes n'ont bien entendu aucun « esprit critique », même si c'est la définition qu'ils donnent de leur « indignation ». C'est pour ça qu'on les cajole. Dès avant leurs études, ils manifestaient un grand potentiel de servilité. Dans les écoles de journalisme, horizon des événements de la pensée unique, les étudiants sont comme des spectateurs de Nicolas Bedos. À part un curieux et deux distraits, ils paient leur place en connaissance de cause.

Ces écoles offrent une palette technique et méthodique de connaissances à des individus pour la plupart déjà formatés, en tout cas idéologiquement compatibles avec le Parti. Dans la dynamique militante, l'effet de groupe inter-étudiants est tout aussi important – sinon davantage – que l'encadrement. Ils s'entraînent les uns les autres. Et au bout du compte ils n'ont pas le choix : soit ils adhèrent avec zèle à la morale de ce biotope, soit ils divisent par mille leurs chances d'y survivre. Les étudiants sont choisis, embauchés puis dirigés par des journalistes. Cause ou conséquence, le métier n'attire quasiment que des jeunes de gauche, pour qui la carte de presse est l'équivalent d'un diplôme de supériorité morale. Le reste de leur carrière, c'est du remplissage. Tenter de dissimuler l'orthodoxie de fond par l'hérésie formelle. Produire avant tout. Copier et recopier surtout. Vérifier, c'est compliqué ; penser, n'en parlons pas. Les « articles de fond » sont expédiés en quinze minutes. Les éditoriaux pondus en un soir. Jamais aucune réflexion sur les phénomènes complexes qui sous-tendent ce qui se passe, et c'est très bien comme ça. « Tout le monde sait à quoi s'en tenir avec nos journaux : le sourd note ce que lui raconte l'aveugle, le crétin de service corrige le tout et les collègues recopient », écrit Timur Vermes, dans *Il est de retour*.

Comme son nom l'indique, le journalisme est un métier qui n'a pas de lendemain. Chaque jour se répète, chaque article se répète.

L'immigration a toujours existé. C'est normal. La délinquance a toujours existé. C'est normal. L'abandon de l'autorité ? Un progrès. La théorie du genre ? Des droits pour les minorités. La famille ? Une construction patriarcale archaïque. Votre souveraineté ? Moins importante que les droits de l'Homme. La diversité ? Une richesse. Le remplacement ? Un fantasme. L'insécurité ? Un sentiment. Votre identité ? Une obscénité.

Ne sous-estime pas notre matraquage. Il finira *toujours* par faire son chemin dans ton crâne. Tu verras, dans deux ou trois ans, tu auras déjà adouci ton opinion sur au moins deux ou trois de ces thématiques.

Cuiller après cuiller, journalistes et experts te font avaler des situations des plus insensées, comme si elles étaient parfaitement normales. Comme l'écrivait Saint-Augustin, « à force de tout voir tu finis par tout accepter, à force de tout accepter tu finis par tout admettre, et à force de tout admettre tu finis par tout approuver ».

La « tolérance » est littéralement la capacité à subir ce qui ne plaît pas. Tu comprends pourquoi elle est tout ce que prône le Parti : elle doit devenir un réflexe, un acquis. Chez l'animal domestique, l'habitude devient instinct. Selon le JT de M6 du 16 avril 2014, la France n'est « pas très tolérante » car elle ne compte « que trois millions de naturistes réguliers ». Voilà comment nous tentons d'initier des réflexes mentaux, d'influer sur tes processus cognitifs. Tu es prié de te persuader que si le cercle des *open zgegs* ne compte que trois millions d'intermittents, c'est parce que toi, salaud d'habillé, fait montre d'intolérance.

Tu n'as pas le temps de réfléchir, d'analyser cette accusation, que nous sommes déjà passés à la suivante. Et c'est comme ça, en continu. Plus de 90 % de nos messages t'échappent, échappent à ton jugement, parce qu'en parallèle, nous saturons ta conscience d'informations toujours plus bruyantes, importantes et exclusives. Technique de confusion, typique de l'hypnose. La voix de Big Brother s'imprime, s'émet, se diffuse, s'édite, se code, se projette, se publie, s'affiche, s'étale, se lit, s'écoute, se télécharge, se décline sur tous les tons, sort de millions de bouches, mais elle dit toujours la même chose.

Les généraux du bourrage de crâne sont aussi des caporaux de la pensée : il n'y a aucune différence de niveau, de slogan, de réflexion, entre un Manuel Valls, un animateur de télévision, un « spécialiste » ou un étudiant en école de journalisme. Ils disent exactement la même chose. L'exigence intellectuelle n'est pas utile au Parti.

Ils disent tous la même chose, mais est-ce pour les mêmes raisons ? Difficile à déterminer. Certains – la majorité – sont des convaincus. D'autres sont de prudents opportunistes, qui n'ont aucune conviction. Mais combien cultivent des pensées dangereuses ? Combien risquent l'ulcération à force de négation de soi ? Combien d'entre eux se persuadent que la neutralité est déjà révolutionnaire ? Combien d'entre eux cachent « un esprit hérétique sous un masque de conformité » (*1984*) ?

La fierté est un risque que plus personne n'ose prendre. Personne n'a rien à gagner à se dresser contre nous.

Quant à ceux qui se dressent *avec* nous, ils sont si nombreux qu'ils doivent tâcher de se démarquer. Comment ? Comment exister dans un milieu où tout le monde pense la même chose et où personne n'a le temps d'être talentueux ?

Comment aller encore plus loin que tous ces gens qui ne cherchent qu'à aller plus loin ? Il faut être excessif, jusqu'à la caricature. Fanatique, crédule, ignorant, haineux et paranoïaque.

Voici Aymeric Caron, prototype de notre *camarilla* médiatique. D'abord, il n'est seul que dans sa tête. Des milliers de journalistes de gauche sont, comme lui, comme plus de 90 % de leurs collègues, persuadés d'être seuls. Ceux-là publient régulièrement des articles qui désignent, dénoncent la dizaine de « néo-réacs » médiatisés, les journalistes ou personnalités « proches de la droite radicale », pour donner l'impression qu'ils sont nombreux. C'est à l'occasion de ces « enquêtes » que l'on parvient, très sérieusement, à te faire croire que Natacha Polony est ce qui se fait de plus extrême à la télévision française. Elle, c'est différent : on la paye pour simuler. Elle laisse courir le bruit qu'elle est de droite, le CSA juge l'illusion de pluralité satisfaisante, tout le monde est content.

Revenons à notre Caron. Devant ton écran, il t'arrive de te demander comment il peut à ce point ignorer la réalité, et avoir l'air aussi sincère dans le mensonge.

Peut-être parce que la réalité n'arrive jamais jusqu'à lui.

L'information d'Aymeric Caron, ce n'est pas ce qu'il voit, c'est ce qu'il veut. Ce qu'il lit. Des journaux choisis. Premier tri. Ces journaux ont une ligne, un lectorat, des patrons, des publicités, des obligations, une morale. Second tri. On n'y publie qu'une vision choisie du monde, ou alors on ridiculise celle qui ne nous plaît pas. La légitimité des « spécialistes » est toujours compatible avec la ligne du Parti, qui devient celle du journal. Les études qui y sont publiées sont le fruit d'une patiente et méthodique épuration du réel. On perd vite le compte du nombre de tris… La presse scientifique et spécialisée effectue elle aussi un sérieux écrémage dans ses publications. Après quoi l'AFP, puis les médias grand public, sélectionnent celles qu'ils estiment importantes, c'est-à-dire vendables et correctes. À ce niveau, le bon sens est depuis longtemps mort asphyxié. Quand le lecteur, qui choisit son journal et ses articles, effectue son dernier tri, il n'y reste déjà plus une miette de réalité.

Voilà les filtres de la pensée qui séparent Aymeric Caron du pompiste de Noyon.

Voilà comment nous contrôlons ta réalité.

Comme leur nom l'indique, nos grands médias (étym. : milieu, comme *médiocre*) se sont imposés comme les intermédiaires du réel. Ils protègent la scène de crime, sécurisent le périmètre, t'empêchent d'approcher, menacent, contrôlent les papiers, posent des questions intrusives, et si tu insistes ils lâcheront leurs chiens et t'excommunieront. Ce sont à la fois nos curés, nos flics, nos chiens policiers, nos juges, nos inquisiteurs et nos snipers. Pour exister, le réel doit avoir un *Ausweis* en règle.

Ce qu'on appelle « liberté d'expression » est le monopole de nos fonctionnaires militants, payés pour la représenter, pour couvrir les plaintes de millions de français au profit de notre voix unique. L'expression, nous la confisquons. Nous parlons et personne ne peut répondre. La liberté d'expression est toujours comprise comme l'autorisation d'opinions concurrentes à la nôtre. Tromperie. La voix d'un quidam n'existe que si elle est médiatisée, donc avalisée. Via notre monopole du grand public, nous avons dépossédé celui que nous diffamons de toute possibilité sérieuse de défendre son honneur (duel, droit de réponse équitable, risque judiciaire non-symbolique), ce qui induit une tyrannie médiatique : face à notre puissance de feu, ta parole n'est rien, notre calomnie vaut châtiment divin. Mais on t'a appris à considérer notre liberté d'expression comme une valeur fondamentale de ta République, donc tu la défends. Le plus drôle, c'est qu'en la défendant tu creuses ta propre tombe. Tu as le droit de hurler dans le vide, et la presse a le droit de te tuer. La liberté de cette presse-là n'est pas la tienne. Sa sacralisation est une victoire de Big Brother.

Dans ce combat à plusieurs millions contre un, soit tu rentres dans le rang, soit tu imposes ta voix dissidente. Mais sois averti : quand une pensée divergente interrompt nos journalistes en plein festin, ils se font un devoir de la calomnier et de la détruire.

Nos journalistes sonnent l'hallali, excitent la haine et la crédulité, en conditionnant « quelque puissant instinct » (*1984*). Ils sont aussitôt débordés par la frénésie hargneuse des troupes numériques de la tolérance, « les internautes », la fameuse « twittosphère », couveuse de toutes les polémiques officielles, présentée comme monolithique et représentative, cette même ultra-vigilance qui « s'insurge » que Barbie soit sexiste, que Barilla soit homophobe, que le chemisier Mango rappelle l'insigne SS, que Zara vende des pyjamas rayés évoquant ceux des déportés, etc. On leur donne l'occasion de vivre leur heure de gloire, à ces enragés de l'ombre, ces jappeurs au dépit indiscret, ces brigades d'alerte du politiquement correct, ces désœuvrés délateurs numériques que nous nommons « lanceurs d'alerte », pour les flagorner dans leur aveugle fidélité.

Comprenez-les, ils ne sont rien, ils n'ont pas d'identité. Il faut bien qu'ils s'affirment quelque part, qu'ils se fabriquent un courage postiche. Nous sommes leur bénédiction. Fascinés par le Mal, ces copromanes s'agglutinent à longueur de journée sur tout ce qui leur semble puer. Certains d'entre eux ne font littéralement que ça, ne se donnent d'autre projet de vie que de débusquer l'entorse à notre morale, et nous en référer aussitôt.

Quand Matt Taylor, docteur de l'Agence spatiale internationale, vint annoncer à la presse que le robot Philae s'était posé avec succès sur la comète Choury, au terme d'une mission de dix ans, certains n'ont vu qu'un « scientifique sexiste », qui a d'ailleurs dû platement s'excuser pour avoir eu l'impudence d'arborer une chemise figurant des pin-up. Pour certains journalistes, ce programme spatial constituait en outre un démenti et un antidote à Éric Zemmour.

C'est ce que nous avons voulu. Les ennemis du Parti étant partout, nos fanatiques doivent les terroriser préventivement. Ce sont nos indics. Ils sont stupides et enthousiastes, parfaitement dévots, et ne remettent jamais rien en question. Ce ne sont pas des idéologues, ce sont des perfusés ordinaires, spécialisés dans l'interprétation malveillante, qui pour se dilater l'âme appliquent nos méthodes favorites : hululement, cafardage, calomnie. En plus hargneux car en moins visibles. Ce sont eux, ces amateurs, que tu devrais craindre plus encore que les ténors du Parti.

Toute la haine de ces exaltés est ensuite dirigée contre celui qui menace la doctrine. C'est rituel, presque habituel. Les Deux Minutes de la Haine, c'est ainsi que le Parti qualifie la séance quotidienne d'hystérie collective ordonnée par Big Brother, contre ses ennemis.

Dans *1984*, le personnage de Goldstein joue ce rôle de Diable. Il n'existe pas vraiment. Il est une sorte d'inconscient maléfique des masses. Nous pourrions l'appeler *esprit critique*. Il est en nous, et il faut combattre les tentations auxquelles il nous soumet. Le Parti s'efforce de fédérer la haine des foules contre cette icône. C'est ce que nous faisons.

Notre invention de l'extrême droite répond à un souci de cohésion. « Les moralistes se délectent de pratiquer la cruauté en toute bonne conscience, aussi ont-ils inventé l'Enfer », écrivait Bertrand Russell. Nous créons l'ennemi. Il ne te vient jamais à l'idée que si quelqu'un comme Zemmour est « nauséabond », c'est peut-être parce que nous ne cessons de lui jeter des seaux de merde ?

C'est la haine de l'autre qui constitue notre force. Manifester sa haine est un processus d'engagement et d'allégeance. La haine vantée par Zola, Guevara, Sartre, celle-là même qui anime Caron et ses sbires. L'ennemi est vital. Notre révolution est toujours « menacée », ce qui nous permet de justifier la tyrannie et de terroriser les tièdes, suspects, bourgeois, racistes, saboteurs et autres vipères lubriques. Que ferions-nous sans nos vilains favoris ? Xénophobes, europhobes, sérophobes, transphobes, lesbophobes, homophobes, islamophobes...

En brandissant une telle « menace » fantôme, nous soudons nos troupes contre le Diable, contre la Bête, nous envoutons leur identité morale, nous leur faisons acclamer nos mesures d'exception, nous les poussons à se prendre pour les auxiliaires du Parti. Face à notre puissance de frappe, tu as tout intérêt à jouer notre partition, et donc à participer à nos agressions morales.

Aucune forme de raison ne peut s'opposer à l'enthousiasme meurtrier que nous excitons chez le citoyen, qui prévaut sur toute autre valeur, en particulier celles qu'il se fait fort de défendre – tolérance, modération, dialogue, honnêteté, liberté d'expression et de penser, etc.

La guerre, c'est la paix. Ces armées de tolérants, ces légions de dévots « libertaires », ces bataillons de démocrates, ces régiments d'ouverts d'esprit consacrent leur temps libre à empêcher par tous les moyens l'expression de pensées divergentes. Nous sommes par essence intolérants. Nous n'admettrons jamais l'existence ni même la possibilité d'un individu qui ne pense pas comme nous. Il est un saboteur, un agent de l'ennemi, un malade. Il faut lui rompre en visière, le terroriser, l'exclure, le marquer, le punir, le traîner sur la claie, aux gémonies, en faire un infâme exemple, bref, lui faire subir tout ce qui *dissuade*, tout ce qu'on ne fait plus aux délinquants.

Tes simples doutes sont un « discours de haine ». Sens-tu, quand tu échanges avec tes clones, combien ta pensée est sous surveillance ? Tu es ton premier flic. Personne n'est à l'abri, quiconque peut à tout moment perdre sa place et tomber en disgrâce. C'est ça, la terreur. Même quelqu'un qui passe sa vie à s'afficher antiraciste peut du jour au lendemain voir notre meute fondre sur lui. Prenez Frédéric Lewino, grand reporter au *Point*, spécialisé dans les questions scientifiques. En dépit de son pedigree antiraciste, il fut pris à partie le 12 mars 2014, par tout ce que les réseaux sociaux comptent de mouchards citoyens, sources primitives et principales de notre presse « sérieuse » dans ce genre d'affaires. Le malheureux avait l'habitude de publier des dessins d'époque pour illustrer l'actualité. Après les déboires d'une Taubira prétendant ne pas être informée des écoutes de Sarkozy, alors qu'elle exhibait des documents prouvant le contraire, Lewino publia le dessin d'un colon apprenant la lecture à une Noire, sur la légende : « Le procureur Faletti apprenant à lire à Taubira ». Tout ce que le web compte de bonnes consciences lui est tombé dessus. Lewino s'excuse, explique que ça a été… involontaire, rien à faire : c'est l'*intention nauséabonde supposée* qui est châtiée par la foule, par tous ces gens qui gagnent à cracher leur vertu stigmatisante. Procès d'inconscient.

Quelques jours plus tard, un article « scientifique » du brave Lewino, publié en 2012, était opportunément remis en avant par *Le Point.* L'article, intitulé « Nous sommes tous des Arabes », se terminait par ces mots : « Depuis sa venue au monde dans un petit bled africain, l'homme n'a cessé d'avoir la bougeotte. Les migrations font partie de sa nature. L'Europe et encore plus la France, située à son extrémité ouest, n'ont pas arrêté d'être enrichies par des vagues d'immigrants. Il n'y a pas de raison que cela cesse… »

Derrière chaque syllabe, on entend presque claquer notre fouet. Voilà ce qu'est un bon dressage. Voilà ce qu'est une terreur productive. Lewino s'est embastillé dans le moralement correct, il ne peut plus se prévaloir d'aucune liberté de conscience, et c'est exactement ce que nous avons voulu.

Pour avoir moqué Taubira, Anne Roumanoff a subi les mêmes accusations, avant d'être graciée par SOS Racisme en raison de ses brillants états de service. « Tout commence par une pensée », déclamait-elle dans un sketch contre le racisme. C'est la teneur exacte de notre enseignement : le crime par la pensée est le crime fondamental, celui qui contient tous les autres.

La pensée unique doit être capable d'étouffer ses plus fervents supporters. Nul ne doit se sentir à l'abri, ainsi nous sommes certains que nul ne relâchera sa vigilance. La chanteuse Zaz a malencontreusement déclaré qu'à « Paris, sous l'occupation, il y avait une forme de légèreté », en parlant de certains artistes comme

Piaf. « Avec deux lignes d'écriture d'un homme, on peut faire le procès du plus innocent », disait Richelieu.

*Libé* s'est chargé de la procédure, en administrant une leçon d'histoire publique et de terreur ludique à cette ignorante qui fait le jeu de Zemmour. « Déplacé » et « révoltant ». Certes, « elle n'est pas suspecte de sympathies pour l'extrême droite » parce qu'elle a déjà attaqué le FN « avec vigueur », mais « rappelons simplement à Zaz, artiste populaire et estimable, que pour une chanteuse, rien n'est plus dommageable qu'un trou de mémoire » (Le 14/11/2014). Dis cinq *pater* et trois *ave* et je t'absous, mon enfant. Voilà ce qui fait la force de Big Brother, tantôt miséricordieux, tantôt si aveugle qu'il ne reconnaît même plus les siens. Aymeric Caron lui-même, accusé d'antisémitisme, a eu droit à son procès public. Comme sous la Convention, les accusateurs les plus zélés finissent tôt ou tard par sentir sur leur nuque le froid de l'acier. Face à nous, tous les citoyens doivent se sentir égaux dans la vulnérabilité.

« Les lynchages ne sont pas infligés pour des crimes réellement commis. Ce sont simplement des moyens d'anéantir des gens qui pourraient peut-être, à un moment quelconque, dévier ». « Le visage à piétiner sera toujours présent. L'hérétique, l'ennemi de la société, existera toujours pour être défait et humilié. Goldstein et ses hérésies vivront à jamais. Tous les jours, à tous les instants, il sera défait, discrédité, ridiculisé, couvert de crachats. Il survivra cependant toujours » (*1984*).

Quand la fumée se dissipe, abandonnant la victime d'un soir au silence de sa mortelle solitude, notre troupe ivre de sang se remet aussitôt en chasse, en quête d'une prochaine proie. Dès qu'un nouveau suspect se profile, nos cerbères guettent son faux pas, bave aux lèvres, pour enfin porter le coup de grâce. « Cela se finira par une ultime saillie et l'inéluctable chute surviendra alors. Question de temps. Question de patience. [...] Et cette dernière le sortira à jamais du système. Ce sera la mort sociale » (Bruno Roger-Petit à propos d'Éric Zemmour, *Le Nouvel Obs*, le 13/10/2014). « Le crime de pensée n'entraîne pas la mort. Le crime de pensée est la mort » (*1984*).

Lors des procès de Moscou, ceux que soutenait notre bonne vieille Ligue des droits de l'Homme, les déviants étaient exécutés après de spectaculaires jugements publics au cours desquels ils confessaient leurs crimes.

Le politiquement correct, c'est une correction mentale que nous infligeons à un animal turbulent, l'équivalent d'une fessée déculottée à une heure de grande écoute. L'hérésie morale subira perpétuellement les mêmes outrances. Notre inquisiteur journaliste interrogera ensuite les proches du salaud, leur demandera une réaction, s'ils condamnent ou non, s'ils se désolidarisent ou pas. En clair, s'ils veulent être de la charrette.

« Condamner », c'est-à-dire désavouer, renier publiquement. Se « désolidariser », c'est-à-dire choisir son camp, le nôtre, pour ne pas être maculé par l'infamie. « Inviter Zemmour, c'est déjà lui manifester de l'amitié [...] Il est un moment où l'amitié avec Zemmour relève de la complicité » (Bruno Roger-Petit, *Le Nouvel Obs*, le 13/10/2014).

« Seul, libre, l'être humain est toujours vaincu » (*1984*). C'est un paria, un pestiféré, qui doit être rejeté en bloc par son employeur, ses proches, son parti. Loyauté, honneur, amitié, notre morale est bien au-dessus de tout ça. Plus personne n'ira soutenir quiconque persiste dans ses « dérapages ». On préfère lui cracher dessus quand il est à terre, et menacer tous ceux qui oseraient le prendre en pitié.

Ainsi notre journaliste *fait son travail.*

Tu as dit *déontologie* ? Sais-tu en quoi consiste cette déclaration d'intention, dont le non-respect n'est jamais contrôlé ni sanctionné par la profession ?

– Fournir une information originale, impartiale et vérifiée.
– Ne pas chercher à nuire.
– S'opposer à toute censure.
– Ne pas confondre son rôle avec celui d'un policier.
– Faire primer sa responsabilité vis-à-vis du public et de la vérité.
– Tenir la calomnie pour la faute professionnelle la plus grave.
– Refuser d'être payé par une entreprise privée ou un service public.

Rions ensemble.

Si l'on devait destituer tous les journalistes qui ne respectent pas cette fantomatique « charte », sais-tu combien il en resterait ?

Voilà en quoi nous maîtrisons tout. Seule la morale compte. On peut violer toutes les règles de la morale si on le fait en son nom. Pas de liberté pour les ennemis de notre liberté.

Personne n'osera se dresser face à notre terreur. Personne n'y songe, surtout pas toi. Dans un lynchage, tu ne verras jamais que la victime. Pourtant, quand le Parti te montre la lune, tu serais bien inspiré, cher imbécile, de regarder le doigt.

*Pour diriger et continuer à diriger,
il faut être capable de modifier
le sens de la réalité.*

**Orwell, *1984***

# PARTIE

# II

# ZUGZWANG

# 4

## JOURNALITARISME

*Si vous êtes contre l'Europe, c'est que vous ne disposez pas des bonnes informations.*
**Marja Bijleveld, fonctionnaire (citée par l'AFP, le 22/05/2014)**

Expéditeur : Antoine Loki.

Destinataire : Monsieur Moyen.

Qui sont-ils ?
Qui les paye ?
Que te veulent-ils ?
Ça peut t'intéresser.

Tu as vu comment je te vends le produit, cette accroche ? C'est le métier, ça.

J'ai l'air d'un délateur ? Mais nous avons toujours fonctionné ainsi.

Je peux balancer, en toute quiétude. Bientôt tu auras tout oublié. Je te l'ai dit, nous mettons seulement ce que nous voulons dans ton crâne. Toute ta vie, tu te souviendras que Carlos chantait *Tout nu et tout bronzé*, alors que dans quelques jours tu auras oublié ce que je suis en train de te dire.

D'abord, qui sont nos sicaires? Même une armée de clones a des généraux. Je pourrais en citer une centaine à titre d'exemple. Si je devais n'en retenir qu'un, ce serait notre vénéré Edwy Plenel.

Plenel est au journalisme ce que Hollande est à la République, ce que BHL est à la philosophie : le symbole du triomphe de nos hommes sur le réel.

Avant d'être le détracteur en chef des hérétiques, Plenel, ancien échotier à *Rouge*, l'hebdo de la LCR, a toujours suivi la mode. Dans les années 80, il condamnait à la mort sociale Bernard Anthony, en tronquant ses propos pour faire de lui un antisémite. Il ne paiera jamais le prix de cet attentat. Il ne paiera pas non plus ses accusations de 1991, le prétendu financement de la campagne de Mitterrand par Noriega, sur la base d'un faux grossier. Il ira jusqu'à supplier Mauroy de l'épargner, à genoux, pour sauver sa carrière.

Il ne paiera pas non plus le fait d'avoir lié Dominique Baudis aux meurtres et aux viols du tueur en série Patrice Alègre, sans la moindre preuve. Pas plus qu'il ne paiera le faux publié par *Mediapart* en 2012, censé faire tomber Sarkozy pour financement libyen de sa campagne présidentielle. Pas plus qu'il ne paiera le fait de brandir en 2013 une fausse lettre de Mandela condamnant Israël. Pas plus qu'il ne paiera sa fraude fiscale manifeste et revendiquée, qui a contraint ses obligés parlementaires à changer la loi en catastrophe, pour régulariser sa situation. Plenel appliquait pour son site les avantageux taux de TVA réservés à la presse, de façon illégale mais « légitime » selon les députés, qui ont voté massivement, le 4 février 2014, pour « l'harmonisation » de ces taux.

Illégale mais « légitime ». Tu comprends pourquoi Plenel n'a jamais payé le prix de ses petits arrangements avec la vérité ? Nous autres avons le droit de violer la loi si tel est notre bon plaisir. Plenel peut vitupérer les « délinquants constitutionnels » : il n'est que journaliste. Nous sommes des hors-la-loi dotés du pouvoir de changer la loi. Docile, la presse ne s'est jamais emparée du scandale. Personne n'oserait. Pour la forme, le fisc lui réclame quatre millions. Son vieil ami Hollande en personne, son ancien indic dont il a si fort goûté l'élection, fait déjà pression sur le fisc pour les envoyer redresser ailleurs.

Quelques jours avant l'amendement miraculeux, Plenel mettait en scène sa persécution, attaquait l'État « fainéant, incompétent, inconséquent », en faisant remarquer qu'un amendement parlementaire avait effacé les dettes de *L'Humanité*, ce qui constituait pour lui de « vieilles combines ». Il lui a suffi de hausser le ton pour en bénéficier à son tour, et se voir offrir un beau cadeau législatif et fiscal de plusieurs millions d'euros, par la grâce de ce même État fainéant qui subventionnait déjà *Mediapart* à hauteur de deux-cent-mille euros par an, auxquels il faut ajouter les niches fiscales et les abonnements des collectivités et entreprises publiques, soit un total d'un million d'euros par an – en plus du cadeau fiscal.

Entre deux leçons de propagande, son écurie s'efforce de donner le change en traquant les conflits d'intérêts, l'évasion, la fraude fiscale. Pas la leur, bien entendu. Tous les trois ans, faire tomber quelques pourris bien choisis, et braquer sur eux les projecteurs, sans doute pour ne pas qu'on observe de trop près l'état du reste de la marchandise… Où tu découvres stupéfait, que certains hommes politiques – même de gauche – sont malhonnêtes et cupides. *Mediapart* est le poinçonneur de la vertu républicaine, le DRH du système, qui vérifie que les diplômes sont bien à jour et que les CV ne sont pas truqués.

Le but ? D'une part remplir les caisses, comme Canal avec son porno, d'autre part se fabriquer une crédibilité sournoise, en t'adressant ce message : tu vois, ça leur arrive de ne pas être « exemplaires », à ces messieurs qui s'insultent le mercredi, mais ne t'inquiète pas, nous sommes là pour enquêter sur eux, pour les surveiller. Dors tranquille : nous sommes les chiens de garde de ta démocratie. Cahuzac, victime expiatoire de la caste. Et toi, tu regardes toujours ce qu'ils te montrent, quand le plus important est évidemment ce qu'ils ne te montreront jamais. Le pire est souvent légal.

*Mediapart* parvient à te faire croire qu'il est la police des polices, quand il est son auxiliaire le plus ardent. Un journaliste n'enquête pas sur un journaliste, c'est un principe. Il tire sur tous ses semblables qu'il estime trop à droite, c'est-à-dire tous ses semblables.

Tous nos mercenaires sont comme Plenel, fascinés par la réputation, terrorisés par le manque de reconnaissance, persuadés que le monde est injuste avec eux, traînant souvent de vieilles blessures jamais soignées, hantés par un passé qu'ils ne cessent de convoquer pour terroriser autrui. Plenel n'a aucun diplôme, n'a pas fait d'études, contrairement à tous ces gens « légitimes ». Sans surprise, certains de ses proches le dépeignent comme un « hyper-suspicieux ». Ceux qui dénoncent les complots sont les plus disposés à comploter, ceux qui dénoncent la haine en sont les marchands, ceux qui dénoncent l'ordre moral sont les plus sûrs policiers de la pensée. Plenel a toujours été fasciné par la police, son premier outil de travail. Aujourd'hui encore, ses « contacts » des défunts RG sont sa source favorite. D'après son meilleur ennemi Mitterrand, il glanait l'essentiel de ses informations assis à son bureau ou à la table d'un bistrot. Plenel a pris ce qui payait le mieux à bac + zéro : agent de liaison, puis commissaire politique. Pour incarner Big Brother, devenir héraut du Parti, le fanatisme est la seule qualification requise. Il peut se permettre des faux comme il peut se permettre d'écrire de travers ou d'avoir le sens politique d'un lépidoptère lymphatique : « Il n'y aura pas de Manuel Valls premier ministre, c'est impossible », prédisait-il trois jours avant sa nomination. Son seul pouvoir a toujours été moral, et il n'y a que ça qui compte. On peut, quand on s'appelle Plenel, refuser de se désolidariser des terroristes de Munich en 1972, ou appeler les Français à « se ressaisir » en se penchant sur « l'enfance misérable » des frères Kouachi en 2015. Sans conséquences.

À la tête du *Monde,* où fleurissaient magouilles et clientélisme, Plenel distribua un peu de sa haine – très personnelle – de Mitterrand à chacun de ses employés, organisa son petit entrisme, jusqu'à faire du *Monde* le journal le plus idéologique du pays, le « quotidien de référence » du Parti. Ainsi quand la rédaction y organise des scrutins internes, lors des présidentielles, c'est toujours l'extrême gauche qui gagne. Comme on peut s'y attendre en pareil cas, l'ambiance au sein de la rédaction est bon enfant et démocratique, « entre filature policière et dénonciation publique [...] Il y a au *Monde*, toutes les caractéristiques de fonctionnement d'une institution totalitaire », nous disent Pierre Péan et Philippe Cohen, dans *La Face cachée du Monde*, une dissection du système Plenel, « du contre-pouvoir à l'abus de pouvoir », qui valut à l'intéressé son éviction du journal, en plus de la chute des ventes et d'une inexplicable « crise de confiance » au sein de la rédaction. Sitôt débarqué, Plenel créait un journal à sa mesure : *Mediapart*, pour mieux lutter contre les « idées monstrueuses de la droite ». Comme l'a laissé entendre Colombani, *Mediapart*, c'est *Le Monde* sans « la vigilance », entendez le trotskisme sans la vaseline.

La stratégie de base de Plenel est « celle de l'homme politique confronté à un travail journalistique gênant. Son premier réflexe consiste à essayer de discréditer l'auteur de l'écrit », notait son ancien ami Alain Rollat.

Parce que personne n'a eu le courage – ni la possibilité médiatique – de lui répondre en face, Plenel a profité tranquillement d'un contexte porteur pour devenir un de ces bourgeois trotskistes consultants que nous aimons tant. Il est « sincère », comme Taubira, Hessel ou BHL. Il a réellement cru entretenir la flamme du Parti avec son petit chalumeau d'inquisiteur égalitaire. Il est comme nous voulons que soient nos membres : figé dans un essentialisme absolu, un conte bolchévique où le méchant reste indéfiniment le même méchant.

Chez Don Quichotte, maison d'édition officielle de *Mediapart* (Mauduit, Arfi...) fondée et dirigée par Stéphanie Chevrier, épouse BCBG de Besancenot canonisée par *Libé*, Plenel publie *Dire non*, qui fait écho à *Indignez-vous*, la rédaction d'un adolescent de quatre-vingt-dix ans, Stéphane Hessel, autre auteur de Don Quichotte (comme Clémentine Autain), qui jusqu'à son trépas aura soutenu *Mediapart*. Entre l'adolescent résistant et son irrésistible élève, on retrouve l'enfant en pleine crise, qui dit non, qui s'indigne, qui fait pipi partout et recrache sa purée, en attendant des adultes qu'ils prennent au sérieux ce pénible petit drame. Tout ça est très banal, normalement, ça passe avec l'âge. Sauf que Plenel a la soixantaine passée, et qu'idéologiquement il fait beaucoup plus. Il n'est plus récupérable. Si à soixante-cinq ans notre seul fan s'appelle Caron, ça veut dire qu'on a raté sa vie – et pas qu'un peu.

Grâce à nos récompenses et notre terrorisme moral, nous sommes parvenus à enfermer ces gens dans un surmoi kamikaze qui les condamne au déni ou à la mort. Plenel s'est pris pour Zola, avec un siècle de retard, s'est imaginé que le musulman était son Dreyfus. En réalité, c'est lui l'accusateur, le procureur, le forgeur. Tu es son Juif, son traître, son profiteur, son usurier de la peur, le malade coupable d'*être*, l'hérétique qu'il déteste avec son zèle incessant. Plenel n'a qu'une obsession : prouver les fantasmes que le Parti a installés dans sa tête. Indignation, délation, diffamation. Souviens-toi de son appui inconditionnel à la dénonciation des « nouveaux réactionnaires » de Daniel Lindenberg. Sur son bureau, les bordereaux factices s'accumulent, sans qu'il n'en soit jamais inquiété. Tu crois qu'il serait moral qu'il le paye un jour ? Mais la morale, c'est lui.

Plenel est un bon élément parce qu'il n'a jamais fait de distinction entre carrière et imaginaire, entre métier et militantisme. Ses articles l'illustrent parfaitement : soit la flagornerie et la grandiloquence, soit l'attaque et l'outrance. « Il offre à tous le spectacle impressionnant de ses engouements et de ses haines. S'il déteste quelqu'un, l'existence de la personne qu'il a prise pour cible risque fort de devenir un enfer. Plenel n'hésite pas à humilier publiquement, à monter des coups dans le dos de ses ennemis qu'il peut même, le cas échéant, agresser ouvertement » (Péan et Cohen).

Plenel, au fond, se suffit à lui-même, lui qui se considère humblement comme un « mythe » (ibid.), qui voit dans les drapeaux étrangers agités le soir de l'élection de Hollande « une superbe image de la France » (France 3), qui fait partie des « chiens » auxquels Mitterrand imputait le suicide de Bérégovoy, cette affaire Salengro inversée.

Sa ligne ? Tout ce qu'il y a de plus conventionnel. Plenel, fan de Villepin et du Che, éternel compagnon de la LCR, de la Ligue des droits de l'Homme, de la Licra, pour qui « le métissage, c'est une politique de résistance », pour qui le trotskisme « fait à jamais partie de [son] identité », pour qui « c'est une immense chance d'être le premier pays musulman d'Europe » (RMC, le 15/09/2014). Voilà qui dit tout : il est exactement ce que doit être un bon membre du Parti.

Pendant qu'il joue à colin-maillard avec ses amis de la classe politique, sa petite équipe et leurs clones se chargent de désigner les ennemis du Parti. Ici plus question de dérision. On parle de campagne de presse à l'ancienne. Tout ce qu'ils ont à faire, c'est contrôler l'accès aux micros, et éliminer les méchants. Quand on attend de mauvaises nouvelles, une solution pour y échapper est de ne pas rater le messager.

Et tu sais le meilleur ? Ce tir au pigeon, c'est encore toi qui le payes. Il n'y a pas de différence réelle entre gouvernants et journalistes : ils vivent du même argent, le tien. Le lecteur et l'électeur, c'est une seule et même dupe.

Après les cas comme Plenel, c'est au service public qu'appartiennent nos militants à carte de presse les plus zélés. Il faut écouter France Info (ne parlons pas d'Inter) au moins quelques heures pour s'en convaincre. Arte ou France Télévisions sont aussi à la hauteur. Ils peuvent : le seul groupe France Télé touchera 2,48 milliards d'euros de redevance en 2015. Merci, Monsieur Moyen. Et ceux qui ne sont pas directement aux mains de l'État sont tout de même financés par l'État. En particulier les journaux à l'histoire la plus noble, les amis de Pol Pot, de Mao, de Staline, comme *Libération*, *L'Humanité*, *Le Monde*, qui ont soutenu les plus sympathiques régimes de l'histoire contemporaine.

C'était une autre époque ? Tu crois qu'ils ont fait amende honorable ? Dans les faits, tous continuent à prôner *exactement* ce que prônaient Pol Pot, Mao et Staline. Étatisme total, redistribution des richesses, contrôle de la pensée, révolution culturelle, lynchage des saboteurs. Grâce à eux, la France est mentalement communiste. Voilà d'où viennent les idées, les attaques, et la ligne du Parti. Elle a certes été de toutes les concessions et de tous les opportunismes, mais sur le fond, sur le terrain de la morale, elle n'a jamais cédé qu'à sa course à l'égalité et à la domestication.

Pour justifier le fait que tes impôts maintiennent en vie ces journaux que personne n'achète, on a osé te faire avaler l'idée qu'ils constituaient notre « patrimoine national ». Personnellement, je trouve ça très drôle, surtout si on tient compte des centaines de monuments historiques que nous laissons à l'abandon, du nombre d'abbayes et de châteaux qui tombent en ruines sous ton nez…

Et puis c'est pour l'illusion de « pluralité », la « bonne santé de la démocratie ». Un trotskiste n'est-il pas le défenseur exalté d'une morale qu'au fond nous partageons tous, au sein de notre grande et belle famille républicaine ?

Subventionner la presse, c'est exactement comme si on obligeait les gens à acheter les journaux qu'ils ont choisi de ne pas lire. L'URSS n'a jamais fait mieux. Le lecteur ne souhaite plus financer la propagande ? Le journal perd de l'argent ? L'État paie la différence avec vos impôts.

« *Libération* sera comme une embuscade dans la jungle de l'information », promettait la charte du journal en 1975. C'est bien vrai : tu l'achètes sans même t'en rendre compte.

Ces médias distribués par les collectivités, les grandes entreprises, lus par la profession, les politiciens et quelques clones civils de Yann Barthès, n'ont aucun rapport avec les vrais gens. Ils sont simplement des instruments de propagande, d'illusion démocratique, de contrefaction du réel.

Cinq mille abonnements à *Mediapart* sont souscrits par des collectivités et des entreprises. Sans eux, pas d'équilibre. *Le Monde* est disponible en plusieurs exemplaires dans toutes les bibliothèques et universités du pays. Air France dépense cinquante millions d'euros par an pour acheter des quotidiens nationaux. Quarante-mille exemplaires du *Monde*, vingt-mille de *Libé*, tous les jours. Combien de ventes en kiosque payées directement par le lecteur ? Soixante-quatorze-mille au numéro pour *Le Monde*. Trente-six-mille pour *Libé*. Sept-mille pour *L'Humanité*. Tu dois savoir que pour ces sept-mille vrais lecteurs, l'organe communiste coûte au contribuable chaque année sept millions d'euros, sous forme d'aides à la presse – sans parler des cadeaux fiscaux divers. Jamais un journal de si peu de privilégiés n'a coûté si cher à la collectivité. Nous avons toujours été généreux avec les communistes : le PCF touche trois millions d'euros de subventions publiques par an – vingt-cinq pour le PS.

*Le Monde* et le *Le Figaro*, qui prônent régulièrement la réduction des dépenses publiques, reçoivent chacun seize millions d'euros de subventions directes par an. *Libé*, *Télérama* ou *La Croix*, dix millions. *Le Nouvel Obs*, huit millions. Le total des aides à la presse, « qui n'ont pas démontré leur efficacité » selon la Cour des comptes, dépasse les quatre-cents millions par an. Il faut y ajouter deux-cent-soixante-dix millions offerts par une TVA réduite à 2,1 %, les innombrables avantages et tarifs préférentiels, les publicités payées par l'État et les organismes qui en dépendent. Les annonces légales constituent la plus belle – et la moins connue – de nos finances déguisées. Quelques dizaines de milliers de collectivités sont obligées de payer aux journaux des annonces régulières, en général entre cent et deux-cents euros l'unité, soit près de neuf-cents millions d'euros d'argent public par an (Rapport Balluteau, 2005). Beaucoup de journaux ne pourraient vivre sans. Nous diffusons notre propagande tout en finançant son support. Et tu restes persuadé que la presse est garante de la démocratie.

Nous avons fait en sorte que, contrairement à tous nos autres membres, les journalistes n'aient à se justifier de rien, surtout pas de ce qu'ils dépensent, ni de ce qu'ils gagnent.

Il y a des règles de savoir-vivre : on ne demande pas son âge à une dame, ni son salaire à un journaliste. Des centaines de milliers d'euros par an pour les présidents et directeurs des grands médias, service public inclus. Pour leur seule prestation quotidienne au *Grand Journal*, les chroniqueurs (par exemple, Jean-Michel Aphatie et Natacha Polony) et autres humoristes gagnent autour de quarante-mille euros mensuels. Yann Barthès touche trente-mille euros par mois uniquement pour humilier des mamies au *Petit Journal* – sans compter sa lucrative activité de producteur. Avec ses sept-mille-quatre-cents euros bruts mensuels, solidarité trotskiste oblige, Plenel fait figure de petit joueur. À France Télévisions, personne n'est en dessous de cinq-mille euros. La niche fiscale des journalistes coûte soixante millions d'euros par an au contribuable (Cour des comptes, 2013).

Tu comprends pourquoi ils sont si attachés à notre régime, à notre système, à cette République. D'autant qu'à chaque annonce de leur fin imminente, *Libération* ou *Le Nouvel Obs* voient voler à leur secours de bons samaritains, débordants de gros chèques et de bonnes intentions. Niel, Perdriel, Bergé, Seydoux, Pigasse, Colombani, Ledoux, Rothschild... En l'échange de belles remises fiscales, ces grands argentiers des médias, spécialisés dans le financement de campagnes contre la réalité (Bergé finance SOS Racisme), contribuent à la survie de notre hologramme.

Nos titres, animés par une même idéologie, sont noyautés par les mêmes individus, animés par un même conformisme salué comme il se doit par leurs journalistes. Pigasse le « punk » (*Elle*), Niel le « rebelle » (*Mensquare*), Ledoux qui « s'amuse à casser les codes » (*Le Figaro*), Perdriel le « révolté » (*Le Nouvel économiste*), Rothschild « l'anticonformiste » (*Challenges*), Drahi le « sulfureux » (*Huffington Post*), Pinault le « corsaire » (*Match*), Bolloré le « prédateur bien élevé » (*Le Monde*), Bergé « l'iconoclaste » (*Le Point*)...

Si nos médias ont du mal à couvrir d'éloges les héritiers que sont Bouygues, Dassault, ou Lagardère, il fallait lire la double-page hagiographique consacrée à Niel, dans *Le Monde* du 2 mai 2014. Sa mère n'aurait pas osé l'écrire. « Patron qui n'en a pas l'air », « capacité hors norme », « autodidacte surdoué », « mémoire des chiffres hors du commun », « capacité à être au courant de tout », « talent de fiscaliste qui impressionne », « vision planétaire », « absence de peur », « patron populaire et inclassable »… Et la conclusion, magique : « Au *Monde*, il n'a jamais été pris en défaut sur le respect de l'indépendance de la rédaction. » Bref, « ne jamais confondre le métier de journaliste avec celui du publicitaire ou du propagandiste », ainsi que le proclame la charte du même journal…

Dans *Empreintes*, en février 2012, Guillaume Durand dit de Bernard Arnault, « homme plus humain que sa réputation ne veut laisser croire », qu'il « collectionne les superlatifs d'une réussite sans faille ». Durand travaille par ailleurs pour LVMH. Voilà comme la profession d'ordinaire si critique s'aplatit devant ses parrains. Tous vendus à un petit cercle de vertueux détenant la quasi-totalité de l'information française.

Le parcours de ces gens n'a guère d'intérêt, sinon de confirmer qu'ils évoluent dans le même monde, festif, riche et bien-pensant, vierge de frontières entre militantisme, morale, spectacle, profits et amitiés incestueuses. Perdriel a fait fortune dans le retraitement des excréments. En toute cohérence, il a récemment repris *Le Nouvel Obs*, *Rue89*, et investi dans *Le Monde*. Bergé, actionnaire de *Libé*, propriétaire du *Monde* et du *Nouvel Obs* avec Niel et Pigasse, semble faire le chemin inverse. Ami d'Yves Saint Laurent, de François Mitterrand, ex-propriétaire de *Têtu*, militant gay et fondateur du Sidaction, il a soutenu SOS Racisme, Mitterrand, Royal, Delanoë, Hollande. Ce fondamentaliste anti-chrétien capable de menacer de vendre *La Vie* pour ses positions sceptiques à l'égard du « mariage pour tous », de menacer les employés du *Monde* pour avoir laissé passer une pub du même ordre, ou d'assurer qu'il ne « pleurerait pas [...] si une bombe explosait sur les Champs » pendant la Manif pour tous. Pigasse, banquier encarté PS, proche de DSK, possède *Les Inrocks*, est actionnaire du *Monde*, du *Nouvel Obs* et de l'*Huffington Post*. Quant à Niel, il a investi dans *Le Monde*, *Mediapart*, *Atlantico*, *Bakchich*, *Le Nouvel Obs*, *Causeur*, etc. Dans la presse, leur engagement est souvent décrit comme « citoyen », comme le disait Anne Lauvergeon de sa présidence du conseil de surveillance de *Libé*. Les intérêts ou la morale ? Pour eux, c'est la même chose. Ils sont presque tous portés sur l'art contemporain, presque tous de bruyants philanthropes.

Comme te l'a dit Smith, la fortune pure n'ayant plus aucun sens dans la quête de statut, l'affrontement entre chimpanzés costumés devient course au mécénat moral. Investir dans des journaux agonisants, c'est faire œuvre de bienfaisance.

Chez Vandel, le 26 mars 2014, Pigasse disait sa volonté de « changer la vie ». Leitmotiv d'enfant. L'enfant est riche. L'enfant est roi.

L'engagement est parfois plus terre à terre, comme pour Xavier Niel, le gentil casseur de prix de Free. « Quand les journalistes m'emmerdent, je prends une participation dans leur canard et après ils me foutent la paix. »[1]

L'engagement est toujours intéressé. Fiscal. Grâce au jeu des holdings, les habiles patrons de quelques filiales déficitaires parmi d'autres filiales aux bons résultats, peuvent faire baisser largement leur imposition globale. Entre autres astuces. Bien entourés d'avocats et de fiscalistes, armés d'une hypocrisie et d'un cynisme quasi-assumé – lorsqu'ils se permettent d'exiger d'être davantage taxés –, ils ont « couché la presse dans une niche fiscale » (Jean Stern) pour truander le contribuable, en toute légalité bien sûr.

Grâce à eux ou malgré eux, la presse patronale d'État est en mode survie, elle aussi parfaitement dépendante de ses maîtres. *Libé* a bénéficié récemment d'un étalement de ses dettes de six millions d'euros et d'une avance d'un million sur ses aides à la presse. Quant à *L'Humanité*, sa dette de quatre millions a tout simplement été annulée par les députés en 2013. La France veut mourir avec sa presse. Payer encore, toujours. Prendre en charge jusqu'aux plans sociaux. Financer le portage ET le postal, et tant pis si ça coûte soixante-dix ET cent-cinquante millions d'euros de plus par an (Cour des comptes, 2013), et tant pis si ça accélère la mort des points de vente, qui se ferment chaque année par centaines. Quant au lectorat, il est en chute libre depuis la Libération – la vraie. En presse nationale payante, nos quatre plus grands

1. Cité par Odile Benyahia-Kouider, *Un Si Petit Monde*, 2012.

quotidiens politiques, *Le Figaro*, *Le Monde*, *Libération* et *L'Humanité* – on peut même y ajouter *La Croix* ou *Les Échos* – ont un tirage réuni plus petit que le seul *Daily Telegraph.* Idem pour la fréquentation des sites Internet. En nombre de titres, de lecteurs, en pluralité, la presse française est très loin derrière la presse britannique et allemande.

La fabrication et la distribution – historiquement communiste – restent faibles et désorganisées, au coût démentiel. Le secteur est paralysé par l'unique et tout-puissant Syndicat du livre CGT disposant du monopole d'embauches et assurant aux ouvriers des salaires plus élevés que ceux des journalistes – autour de cinq-mille euros mensuels. Ces seuls salaires représentent 80 % du coût d'impression des quotidiens de presse, contre 35 % pour les magazines (Rapport Lordiant, 7 juillet 2004). Conséquences : des prix de vente au numéro records, deux fois plus élevés qu'en Allemagne.

Mais ce sont de bons éléments. N'ont-ils pas l'habitude d'intimider les ennemis du Parti ? Le Syndicat n'a-t-il pas été convaincu de servir des intérêts idéologiques étrangers (trafic de papier avec Cuba en 1987) ? De se préparer au « grand soir » (cinq-mille armes découvertes dans un entrepôt en 1991) ? D'intimider et d'attaquer physiquement à plusieurs reprises opposants, entreprises de fabrication et de distribution concurrentes, le tout sans jamais être inquiété, ni par les patrons, ni par les politiques, ni par les journalistes, tous terrorisés par la puissance de cette « aristocratie ouvrière » qui a infiltré toutes les rédactions jusqu'à leur plus haut niveau (Emmanuel Schwartzenberg) ? Pour tout ça, la CGT a bien mérité son titre de membre d'honneur du Parti intérieur. De fait, la patrie lui est reconnaissante. Pour briser le monopole du Syndicat du livre à Londres, la fasciste Margaret Thatcher avait dû envoyer l'armée dans son imprimerie (Stern). À la CGT, l'État français n'a jamais su qu'envoyer de l'argent.

Jamais personne n'osera dissoudre le Syndicat du livre, ou couper les subventions publiques offertes aux médias. Ces derniers peuvent s'effondrer, continuer à perdre des dizaines de millions d'euros, toi et nos mécènes continuerez indéfiniment à les renflouer. Rien de ce qui appartient au Parti ne peut mourir.

C'est aussi vrai pour les fictions françaises, payées par les chaînes et l'État. Pas par l'intérêt qu'elles procurent, mais pour les messages qu'elles véhiculent et les gens qu'elles font vivre. Tout ce qui est censé représenter une réalité, véhiculer des informations, produire des fictions, est contrôlé par l'État, et, comme toujours, financé d'une manière ou d'une autre par tes impôts. Contre ta volonté.

Notre système est intouchable. Si des privés finançaient un média d'opposition réelle, ils seraient anéantis par l'État, ses patrons et ses séides, comme un journaliste ou artiste déviant serait anéanti par sa caste. « J'imagine que je suis plutôt progressiste, disait Robert Pattinson. Mais c'est difficile de ne pas l'être quand on est acteur» (*Le Nouvel Obs*, 21/05/2014).

Aussi bien que toute nouvelle forme de vie est rendue impossible par l'omnipotence bactérienne, tout ce qui peut réussir dans la presse sera mis au pas, racheté par l'omnipotent Big Brother, deviendra support publicitaire, dévoré de l'intérieur et digéré. Le support n'est qu'un instrument de la domestication, par ses trois versants, le divertissement, la consommation et la morale. Il y a si peu de différence entre publicité et rédaction, qu'on a inventé le publi-rédactionnel, pour gagner du temps. Bientôt, tout sera unifié, et tu ne regarderas plus que du *publi-infotainment*.

Notre seul problème est l'inévitable essoufflement de la convergence médiatique.

Le monde va trop vite pour la presse. La télé et les réseaux sociaux sont plus audacieux. Le politiquement correct institutionnel finit par lasser : même Marcela Iacub, levée de bonne heure dans ce domaine, a fini par s'en rendre compte : «Si l'on passe en revue l'ensemble de la presse de gauche, on y retrouve des points de vue identiques sur presque tout. Il suffit qu'un quelconque événement un peu hors du commun arrive pour deviner presque littéralement ce que la presse de gauche va dire à l'unisson, telle une meute de perroquets ou de singes [...] Sauf à devenir entièrement financée par l'État, on peut imaginer [qu'elle] disparaîtra définitivement du paysage français d'ici quelques années.» Marcela veut y croire et demande aux patrons de presse de « prendre au sérieux le message du public qui en a marre des prêtres, des instituteurs et des colons déguisés en journalistes. Qui en a marre de s'ennuyer, de ne rien ressentir, de ne jamais être surpris ».

La « pluralité » est une ruse du Parti. Big Brother, comme le Diable, se donne simplement plusieurs noms. C'est un concept baroque, qui ne nous sert qu'à berner le crédule. Quand Hollande a été élu, les journalistes de l'AFP, sources de 70 % des informations françaises, ont applaudi, comme ils avaient applaudi l'élection de Mitterrand en 1981. Chaque année, l'AFP reçoit cent-vingt millions d'euros de dotations d'État, ce pourquoi la France a été accusée de financement illégal – l'État achète 40 % des abonnements de l'agence. Quand une journaliste de l'AFP fait son pot de départ, on y croise Jean-Luc Mélenchon, Manuel Valls, Jean-Vincent Placé, Valérie Pécresse, Jean-Louis Debré, et… François Hollande, Président en exercice.

Ça ne t'a pas fait réagir, tout simplement parce que nous n'en avons pas parlé. Tu ne sais pas non plus que d'éminents journalistes politiques venaient conseiller chez lui le candidat Hollande, plusieurs mois avant sa victoire.

Dans leur panier, les crabes se tiennent tous par la pince. Tu n'as aucune idée du nombre de petits et gros arrangements qui lient entre eux les membres du Parti. La plupart de nos grands financiers, politiciens, journalistes, universitaires, hauts fonctionnaires, magistrats, chercheurs, universitaires, communicants, artistes, économistes, patrons de presse, entrepreneurs, dirigeants antiracistes et syndicaux, éditeurs de ce pays, sont soit membres du club le Siècle, soit francs-maçons, en tout cas tous parrainés, à défaut d'être élus.

Pour 66 % des tiens, les médias ne sont pas indépendants (TNS Sofres). 77 % n'ont pas confiance en eux, 74 % pensent qu'ils ne parlent pas des vrais problèmes (IPSOS). Si l'institution journalistique se souciait un tant soit peu de déontologie, tu ne crois pas qu'elle serait bouleversée par ces chiffres, et se remettrait totalement en question ?

Ce n'est pas ce que nous voulons. Nous voulons qu'elle s'enferme dans son requiem sous subsides, agité de soubresauts grotesques. « Nous sommes un manifeste », proclamaient les salariés de *Libé* le 6 mai 2014, en « s'indignant » que la société ne soit pas délivrée du mal alors qu'ils exercent depuis quarante ans.

Souviens-toi de la profession de foi de ce quotidien « lancé par des maoïstes », qui « s'engageait à donner la parole au peuple et citer des bouts de phrases des puissants ». « *Libération* sait qu'il s'astreindra à la modestie. Il ne peut être question, pour lui, de bavarder sur la situation planétaire. » « Quand il manquera d'une telle information, il ne se croira pas tenu de ne parler pour rien dire, il ne cherchera pas, non plus, à imposer un point de vue. »

Jean-Paul Sartre, penseur de la juvénilité, théologien du « tout maintenant », phobique du réel ignorant de la nature humaine, en toute logique fondateur de *Libération* (sans pub ni actionnaires), devenu LA source des journalistes, universitaires et autres militants progressistes, s'est le premier appliqué à ne pas imposer son point de vue. Pas le genre du bonhomme. « Il faut tuer ! Abattre un Européen c'est faire d'une pierre deux coups, supprimer en même temps un oppresseur et un opprimé », écrivait-il en 1961.

Sa disparition est une perte immense pour nous. En son temps, figure-toi que des gens achetaient *Libération*. « L'organisation du quotidien et son financement dépendent du public, pas de publicité, pas de banque », pouvait-on lire encore dans la charte. Depuis, la publicité est devenue « un art » qui méritait d'être publié aux yeux de Serge July, ce qui est une fort belle manière de vendre son âme. *Libération*, financé par Rothschild et l'État, est aujourd'hui le quotidien national le moins vendu de France (*20 minutes*, le 4 /08/2014).

Tu crois que c'est facile ? Il faut une sérieuse cuirasse, pour travailler à *Libé* aujourd'hui, se regarder en face, supporter le renoncement, le déshonneur, l'humiliation permanente de la fuite du lectorat, l'humiliation récurrente des rachats, par des banquiers et des publicitaires, l'humiliation de n'être rien de plus que le joujou d'un milliardaire, à mi-chemin entre un yacht et une variable d'ajustement fiscal. *Libé* est un espace d'investissement, un business, une marque, une caution, l'instrument parmi d'autres d'une guéguerre d'empires.

Mais ils sont riches, alors la dignité, hein… Et puis il y a trop de travail pour se laisser distraire. Et travailler pour *Libé*, le phare historique du progressisme, ça vaut bien notre ex-fierté. Il faut se résoudre au cirage de pompes, aux Unes trash-people, au jeu de chaises musicales des « conseils de surveillance », au tragicomique des états généraux de la presse, qui ressemblent fort à une veillée funèbre, style débat sur l'identité nationale. Et surtout, il faut supporter le mépris populaire, de plus en plus audible et structuré.

Qui a dit que leur travail serait facile ? Ils sont payés pour s'accrocher à leur mission première : nier le réel. Et s'ils flanchent, ils seront remplacés. Pour l'instant, leur pouvoir de nuisance demeure satisfaisant *dans le milieu*, et c'est ce qui compte.

Qui empêche la tenue de tout débat sérieux en France ? Qui a fait de l'insécurité, de l'immigration et de la nation des sujets tabous ? Qui surmédiatise la morale et ses avatars « sociétaux » ? Qui est la source primitive de toute négation du réel ?

Tu as compris. Les journalistes lisent tous la presse, si anémique qu'elle soit. Tous tes JT, toutes tes informations viennent de là. De cette Pravda.

Je te l'accorde, ils n'ont jamais appris la subtilité. N'empêche, tu ne vois rien des énormes manipulations dont tu es l'objet.

Le Syrien al-Assad est élu en pleine guerre civile, c'est une élection sans valeur, un simulacre, une provocation. L'Ukrainien Porochenko est élu en pleine guerre civile, c'est réglementaire, démocratique, universel et valable. La sécession de la Crimée, c'est une parodie de plébiscite, une horrible ingérence quasi-hitlérienne. Au Kosovo, le peuple s'est déterminé de manière libre et légitime. Quand la dictature est bonne, c'est une transition démocratique (Égypte), quand elle ne l'est pas, c'est une junte au pouvoir (Birmanie).

Toujours en Ukraine, nous avions d'un côté la manif « sympa et joyeuse », bon enfant, avec des fleurs, c'est la fête, de l'autre les « ultra menaçants » en « treillis », « cagoulés » et « armés de bâtons » (*Le Nouvel Obs*, le 28/04/2014). Tu vois, nos journalistes rivalisent avec les plus audacieux des fonctionnaires de Pyongyang. Quand je pense que *Le Monde* parle de la Chine comme d'une « dictature obnubilée par une vision binaire du monde, très politique, ce qui la rend assez prévisible » (le 20/05/2014)...

Ce que tu appelles « vérité » ne dépend que de la position de nos journalistes. Depuis que le conflit syrien a débuté, la seule et unique source des médias français sur ce qui se passe dans la région est l'Observatoire syrien des droits de l'Homme, organisme fondé et géré par un caissier installé en Angleterre. La déontologie loin derrière l'idéologie.

« Taisez-vous, Elkabach ! » George Marchais n'a jamais prononcé cette phrase, pourtant tu en étais persuadé. « On nous a fait croire que le nuage de Tchernobyl se serait arrêté à nos frontières. » L'État n'a jamais cherché à mentir sur la progression du nuage radioactif, pourtant tu en étais persuadé. Bérézina était une défaite, il y a beaucoup de fer dans les épinards, Hitler a refusé de serrer la main de Jesse Owens, etc.

Si tous les journalistes racontent la même chose, le mensonge devient vérité. Celui qui a le contrôle du présent a le contrôle du passé. Comme les gens n'ont aucune culture, on réécrit impunément leur mémoire, ce *devoir*. Notre travail de culpabilisation collective est important. On peut citer comme exemple les lettres de dénonciation, légende noire que nous entretenons à des fins morales et auto-flagellatrices. Pour que l'Internationale soit le genre humain, il faut abattre toute fierté nationale. Depuis des années, leur nombre a été largement et impunément surévalué. Il fut compris entre trente et cent-mille lettres par an, essentiellement des règlements de compte familiaux et envieux. La dénonciation de Juifs ? 2 % des lettres. « Très peu », selon Serge Klarsfeld, malgré la prime de cinq-mille francs offerte par l'occupant au délateur. Si l'on ne veut se baser que sur des chiffres, l'épuration exécuta deux fois plus de personnes que toute la période de Vichy. Qui le sait ? Qui le dit ? Le Mal doit être le plus mauvais possible, quitte à réécrire le passé. L'idée est toujours d'inculquer aux Français le sentiment qu'ils sont nés coupables, et demeurent suspects, surtout *par les temps qui courent*. « Le passé était raturé, la rature oubliée et le mensonge devenait vérité » (*1984*).

Tu imagines bien qu'il y a des sujets plus sérieux que le fer dans les épinards. Voilà des décennies que tous nos médias te mentent sur l'immigration qui n'aurait pas bougé d'un millimètre depuis Brennus, voilà des années que tous nos médias te mentent sur l'insécurité, puisqu'on brûle globalement moins de voitures que sous Pépin le Bref et qu'il est surtout question d'un « sentiment », donc d'une impression, donc d'un préjugé – le *Lab* et « les décodeurs » du *Monde* seront d'accord sur ce point.

Et même si tu as *sous les yeux* ce que nous persistons à nier, tu persisteras à douter de ton jugement. Tu ne fais pas le poids. L'homme seul a toujours tort. Nous sommes les helminthes du réel, nous réécrivons le présent.

Je veux te donner un exemple récent. Après les diverses affaires concernant DSK (Sofitel, Carlton...), quantité de témoignages et d'éléments nouveaux ont été publiés, parfois par de grands médias, évoquant de possibles victimes à l'étranger. Or sur Internet la plupart de ces informations ont été... nettoyées. Tous ces témoignages n'existent plus. Une manière légale de faire disparaître les témoins gênants. Nous avons ce pouvoir.

En réalité la plupart du temps nous ne trichons pas, pas vraiment. Disons que nous savons choisir, rappeler, ou oublier.

Par exemple, en ne consacrant nos gros titres qu'aux Noirs tués par des Blancs dans l'Amérique « raciste », en martelant trois faits divers choisis et non-représentatifs pour imposer notre vision du monde, dans laquelle les gentils Noirs sont victimes des méchants Blancs.

Pour l'occasion, les races existent, et sont même déterminantes. Le *Nouvel Obs* en personne (le 27/11/2014, par… François Durpaire) s'est même livré à une analyse raciale de l'insécurité – aux États-Unis, parce qu'en France, c'est *social*. « Ça n'arrive qu'aux mêmes », prétendait Taubira. Tu en es convaincu, puisque nous ne parlons que des mêmes.

La réalité, c'est qu'aux États-Unis, des Blancs sont deux fois plus tués par des Noirs que l'inverse. Alors que les Noirs ne représentent que 13 % de la population, contre 64 % pour les Blancs (*Wall Street Journal*, 2010). C'est ballot, tous nos limiers ont dû passer à côté de ce détail.

Mais personne ne le saura jamais.

L'assassinat d'un Blanc par un Noir ne sert pas la ligne du Parti.

Tout ce que nous publions doit être imprégné de notre morale. Les faits bruts n'ont aucun sens. Par exemple, si au lieu de bidonner son reportage comme tout le monde un journalisme scrupuleux va dans un bidonville, son objectif ne doit en aucun cas être de décrire ce qu'il y voit, comment il est accueilli. En croisant les doigts très fort, il doit demander au premier Rom qui ne l'insultera pas s'il a peur des amalgames. Par politesse ou par malice, ce dernier répondra « oui » et le journaliste pourra titrer : « Roms : la peur des amalgames ».

Quand le Pape se rend à Strasbourg, il suffit qu'une Femen montre ses seins sur un autel pour éclipser sa visite, à laquelle assistaient pourtant des milliers de personnes.

Quelle information as-tu retenu ? Nos journalistes savent y faire.

Pour eux, hiérarchiser l'information et angler un papier n'est pas tricher. C'est une simple mise en conformité, nécessaire à la bonne compréhension du monde par le lecteur.

L'antiracisme, le knout du régime, va de pair avec une mobilisation intensive en faveur de la « diversité ». Nous avons mis au point une sorte de racisme de compensation, que nos communicants ont baptisé « discrimination positive ». Une morale égalitaire conséquente ne pouvait déboucher que sur une sélection raciale méthodique, taboue mais consciente et organisée, de ceux qu'on estime handicapés par la société. Un rééquilibrage, en somme. Ça se traduit la plupart du temps par une mise en avant des Noirs et des Maghrébins, dans toutes les séries, les publicités, les films, les émissions de divertissement. Théorie de simple exposition : tu dois t'y habituer, et si possible aimer les personnes exposées.

À l'initiative du CSA, toutes nos chaînes ont diffusé une semaine durant des spots animés par leurs vedettes, « promouvant la diversité française ». Les grands groupes suivent le mouvement, parce que c'est dans l'air du temps. La diversité, c'est comme le bio, l'équitable, la charité : c'est vendeur. Tous doivent nommer au faciès. Le Conseil économique, social et environnemental se désolait de l'échec de la Charte de la diversité, pas assez contraignante et mal comprise. « Beaucoup d'entreprises interprètent le concept de diversité dans un sens très large » et agissent surtout pour l'égalité hommes-femmes ou l'intégration des handicapés « en l'éloignant très souvent de la population concernée par sa création » (France TV Info, le 23/09/2014). Les idiots d'entrepreneurs n'ont pas compris que c'est une sélection raciale qu'on attendait d'eux.

Racisme ? Mais non, tout ça, c'est le Bien. C'est pour la bonne cause. Le mauvais racisme, c'est celui que nous combattons, et il n'a qu'un sens, ne peut venir que du Blanc. Jean-Vincent Placé peut trouver qu'il y a trop de Blancs au Sénat, il sera soutenu par les associations antiracistes. Si Willy Sagnol, en des termes infiniment plus mesurés, trouve qu'il y a trop de Noirs dans le foot, il sera lynché par les mêmes associations.

Quand des élus PS disent de Vallaud-Belkacem qu'elle « incarne une France jeune, diverse et moderne », c'est-à-dire juvénile, tout sauf blanche, et domestique, personne ne s'étonne que mérite et parcours ne pèsent plus rien eu égard aux critères susnommés. « Si j'avais été un homme blanc de soixante ans, à compétences égales j'aurais eu moins de chance d'être nommée ». Fleur Pellerin admet qu'un ministre du gouvernement socialiste de la patrie des droits de l'Homme est choisi d'abord pour sa morale, son sexe et sa race, avant son cerveau, son mérite et son talent. C'est comme ça que ça marche.

L'antiracisme est une religion.

« Le monde pleure un grand homme. » « La seule figure comparable, c'est Gandhi. » « Le géant s'est éteint. » « Comment la vie d'un homme a changé le monde. » « Hollande salue un résistant exceptionnel et un conquérant magnifique. » « Grand jusque dans la mort. » « Icône mondiale de la réconciliation. » « Une grande lumière s'est éteinte dans le monde. » « Un facteur d'unité, d'harmonie. » « Un sourire qui venait du plus profond de l'âme. » « Héros de l'humanité. » « Madiba le bien aimé. » « Un des hommes les plus sincèrement bons », selon Obama. L'AFP a fait un direct sur sa mort. Toute la classe médiatique et politique, y compris Marine Le Pen, y est allée de sa révérence.

Les petits Blancs viennent de perdre leur totem préféré. Mandela, le sauveur terroriste canonisé sur les restes de sa nation exsangue, n'était lui-même pas un trompeur ; avant d'être un bon prisonnier et un mauvais président, il n'était qu'un inconnu qui se battait pour son pouvoir. Les milliers de petits Blancs martyraires qui ont fait de lui leur Dieu, voilà les trompeurs. C'est grossier comme le Bien et le Mal, la récompense et la punition, manichéen comme un prêche de BHL, et c'est pour ça que ça fonctionne. Le savoir et le réel sont des données superflues.

À part « I have a dream », qui sait quoi que ce soit de Martin Luther King ? C'est un totem.

Les antiracistes qui ont totémisé Taubira savent-ils qui elle est ?

« Qui croit que les races existent encore ? Aient jamais existé ? », demandait-elle le 25 novembre 2014. « Nous sommes les créoles, c'est-à-dire que nous sommes une race indescriptible et c'est merveilleux », s'enthousiasmait la même en 1993. Lilian, fais quelque chose !

Quand Obama a été élu, on a assisté à un prodigieux délire de masse, autant des journalistes que des foules. Ces millions d'individus en transe de par le monde avaient instantanément perdu tout recul, toute capacité de réflexion individuelle, parce qu'un Noir – plutôt beige – venait d'être élu président des États-Unis.

L'homme noir est le totem du Parti intérieur. Ce climat d'adoration et d'idolâtrie est parfait pour nos idéologues. Le totem coupe le monde en deux : ceux qui le vénèrent et les autres. Nous, tolérants, altruistes, généreux, humanistes, et eux intolérants, réactionnaires, étriqués, racistes.

La plupart du temps, les gens prendront la position qu'on attend d'eux.

Et on n'oublie jamais de maintenir la pression. Les spectateurs sont habitués aux œuvres engagées, aux films à message, aux publicités morales, à lire « Say no to racism » sur les banderoles des stades. On marche contre le racisme, on chante contre le racisme, on rit contre le racisme… Chaque événement sportif ou artistique est l'occasion de promouvoir le « vivre ensemble », de rappeler la « force du métissage » ou la « richesse de la diversité ». Tous les jours, des manifestations « culturelles » en font la promotion. Partout, tout le temps, dans tous les discours, tu dois n'entendre que ça, quel que soit le sujet, avec toujours une dose de menace infamante, pour motiver le citoyen rétif, qui finit par développer les bons réflexes, et porter à son tour la bonne parole, menace infamante comprise.

Comme tu n'as aucune mémoire, tu ignores que les antiracistes tiennent exactement le même discours alarmiste depuis plus de cinquante ans. Le 20 novembre 1960, le journal du MRAP titrait : « Un climat de haine ». Le journaliste Emmanuel Debono a relevé cette expression, dans la bouche des antiracistes, en 1971, 1973, 1974, 1977, 1980, 1985 et 1986. Expression qui a également été utilisée tout au long des années 90 et 2000, la plupart du temps pour lutter contre le Front national et la tentation d'autres politiciens de chasser sur leurs terres. Comme le disait Pierre-André Taguieff, « la dénonciation de la « libération » ou de la « banalisation de la parole raciste » est un lieu commun de la rhétorique antiraciste » (*Le Point*, le 28/11/2013).

Pour qu'un « climat » soit réel, pas besoin de faits : les journalistes font la pluie et le beau temps. Certes, pour maintenir la croyance en le Diable, il faut l'exhiber de temps à autre.

Il faut reconnaître que le Français ne nous aide pas. Trop domestiqué sans doute. Nous dépensons beaucoup d'argent en rapports, circulaires, commissions, conseils, projets de loi, études, préconisations, expertises concernant les « discriminations », dont on fait toujours grand cas, mais elles demeurent désespérément pleines de vide. Elles permettent malgré tout d'alimenter le bruit de fond. Tu n'y vois que du feu.

Je vais te donner quelques exemples, parmi nos coups les plus audacieux.

Un bon militant du Parti doit te convaincre que tu hais ton prochain – la culpabilité t'aidera à mieux l'accepter. Nous ne sommes pas aux États-Unis, mais nous avons l'islamophobie. Même démarche : il suffit de souligner certains faits, et d'en ignorer certains autres, fussent-ils beaucoup plus significatifs. Il suffit de publier, comme *20 minutes*, le 1er avril 2014, un article sur la « preuve » d'une « progression » de l'intolérance et du racisme, « selon la Commission nationale consultative des droits de l'Homme », pour qui « la crise » et « la libération de la parole raciste » « jouent un rôle certain » dans le fait que les musulmans sont devenus « les boucs émissaires de la société ». Cette « preuve » est reprise et largement commentée par tous les journaux télévisés.

La preuve en question ? « 226 faits recensés en 2013 soit +11,3 points par rapport à 2012. »

226 faits en un an.

Davantage de Françaises sont violées en une seule journée, selon l'Observatoire national de la délinquance.

C'est le même principe que la charité : certaines victimes ne valent pas notre attention. La Commission des droits de l'Homme n'a aucune raison de se passionner pour les Françaises violées, et exige plutôt que l'on « renforce l'éducation » – entendez l'endoctrinement – pour lutter contre les amalgames et les *a priori* contre les musulmans. « Car plus le niveau culturel est élevé, moins on est raciste. » En lisant cela, si tu étais attentif à notre logique, tu en déduirais immédiatement que le racisme est lié à la pauvreté. Donc, comme la pauvreté excuse tout, tu en conclurais qu'être raciste n'est qu'une question de malchance. Non, non, non. Aussi vrai que la morale dépasse la réalité, le racisme est hors sociologie. Il est le mal absolu.

Grâce à nous, 226 « faits » rendent soixante-cinq millions de français passibles des camps de rééducation. Tu es prié de te sentir coupable d'avoir 0,00035 % de compatriotes islamophobes. Nos militants, les mêmes qui te diront qu'ils ne « faut pas généraliser » sont conditionnés pour prendre la partie pour le tout, la partie pour ce qui sert le Parti. « Les homosexuels » pour la LGBT, « les femmes » pour les féministes, « les lycéens » pour une poignée d'anarchistes. « Les lycéens parisiens toujours mobilisés » (*Le Monde*, le 7/11/2014), « Les lycéens attendent des sanctions » (*Le Figaro*, le 6/11/2014). Voilà ce qu'on doit titrer quand treize pignoufs empilent des poubelles pour sécher les cours au nom d'un cadavre encore tiède.

Ne va pas croire que l'article de *20 minutes* est un autodafé déontologique isolé. *Le Monde* s'est rué sur la même étude pour titrer : « Les Français de moins en moins tolérants ». Leçon de grand journalisme : « Globalement, la "tolérance" des Français aurait ainsi baissé de 12 points depuis 2009, selon un indice construit par une équipe de chercheurs de Sciences Po partenaire du CNCDH [...] Cette hausse de l'intolérance s'accompagne cependant d'une baisse globale de près de 20 points des actes et menaces à caractère raciste, antisémite ou islamophobe [...] Pour la Commission, la baisse des actes et menaces à caractère raciste (– 14 points pour un total de 600 faits) ou antisémites (– 30 points, 423 faits) pourrait être trompeuse et s'expliquer par les difficultés qui peuvent exister à déposer plainte dans un commissariat pour ces motifs. »

Tu as compris ? Le journaliste constate que l'intolérance baisse d'après les (maigres) faits recensés, mais la Commission déduit qu'elle augmente quand même en vrai, fais-lui confiance. Pour une fois, on s'autorise à extrapoler les chiffres au-delà du nombre de plaintes. Et on t'a concocté un petit « indice de l'intolérance » de derrière les fagots dont on ne sait rien, mais c'est Sciences Po qui s'en occupe, donc acquiescez et fermez-là, tas de gens au niveau culturel bas.

Le message que fait passer *Le Monde* est le suivant : les inquiétudes face à l'immigration ou au manque d'intégration ne sont rien d'autre que de l'intolérance primaire. Pour avoir le droit de s'inquiéter sans être intolérant, il faut être musulman.

Quand l'État islamique déclare ceci : « Si vous ne pouvez pas trouver d'engin explosif ou de munition, alors isolez l'Américain infidèle, le Français infidèle, ou n'importe lequel de ses alliés. Frappez sa tête avec une pierre, égorgez-le avec un couteau, écrasez-le avec votre voiture, jetez-le d'un lieu en hauteur, étranglez-le ou empoisonnez-le. »

Tu dois en priorité penser ceci : « Ces déclarations risquent d'accentuer le climat islamophobe en France, et renforcer le repli identitaire dans les milieux radicalisés » (« l'experte » Myrian Benraad, citée par *Le Figaro*).

Quand des petits Blancs se font ensuite abattre ou égorger, quand un touriste français se fait décapiter par des terroristes, tu dois en conclure avant tout que l'islam est « pris en otage » (France 24, le 24/09/2014) et tu dois t'indigner avant tout de « ces atrocités qui retombent sur les musulmans du monde entier » (*Le Parisien*, le 25/09/2014). Et tu dois même avoir le réflexe d'approuver un titre aussi indécent que celui-là : « Assassinat de Hervé Gourdel : détestable tentation islamophobe » (*L'Humanité*, le 26/09/2014).

Le fait que 27 % des jeunes Français soutiennent l'État islamique (ICM) doit rester dans ton esprit un détail. Mieux vaut une décapitation qu'un amalgame.

Bref, nous sommes les publicitaires de l'islam. Interlocuteurs bien choisis, parole donnée aux phobiques de la « stigmatisation ». « Les musulmans de France mobilisés », « indignés », « horrifiés », titre-t-on en parlant d'une centaine d'individus – rarement musulmans – rassemblés autour de Boubakeur, d'Hidalgo, de la CGT, de SOS Racisme et du MRAP, les mêmes qui défilent habituellement pour la Palestine. « Ce n'est pas le vrai islam. » « Ce n'est pas le vrai communisme. » « Ce n'est pas le vrai socialisme »... Nous avons toujours été d'un parti, jamais du réel. Nous sommes capables de transformer la décapitation d'un Français en une campagne géante de lutte contre l'islamophobie, et tu ne broncheras pas.

Tu as beaucoup de chance que je t'explique tout ça. Tu es un vrai privilégié.

Comme je ne te cache rien, je peux même te dire que nos troupes ne sont pas infaillibles. Elles ont encore du mal à gérer la réalité « armée et dangereuse ».

Tant que ça se passait dehors et loin, tout allait bien.

Jusqu'à ce 18 novembre 2013, où un homme muni d'un fusil à pompe est entré au siège de *Libération*, a tiré une décharge de chevrotine sur un photographe stagiaire, avant de disparaître dans Paris. Trois jours plus tôt, le même homme avait fait irruption dans les locaux de BFM TV, armé et menaçant, mais n'ayant semble-t-il pas su faire fonctionner son arme.

Tu as déjà oublié ? Nous n'avons parlé que de ça pendant une semaine.

Fabrice Rousselot, directeur de *Libé*, s'est aussitôt indigné « qu'un individu s'en prenne à la presse ». Il est vrai que tu t'étais plutôt habitué au contraire. Quoi qu'il en soit, tu dois comprendre que c'est mille fois plus grave qu'un banal fait divers. Un grand oui à « l'éloge de l'insécurité » (*Libération* du 18/08/2010), mais par contre la presse, hé ho, là, c'est pas du jeu. Tant que la criminalité se passe entre prolétaires, elle n'a aucune importance.

Plus question d'évoquer l'hypothèse du « déséquilibré », si chère aux médias dès lors qu'advient un « fait divers » dans les locaux du Parti. « Quand on entre avec un fusil dans un journal, dans une démocratie, c'est très, très grave, quel que soit l'état mental de cette personne », a déclaré à l'AFP le directeur de publication du journal, Nicolas Demorand. Les déséquilibrés ont ordinairement la correction de ne poignarder qu'à l'extérieur des rédactions. C'est ajouter l'irrévérence à l'abolition du discernement.

Dans le doute, la presse attaquée jouera toujours la même carte. Le qualificatif de « tireur fou » est suspect pour *Rue89*, qui imagine qu'on veut dissimuler la responsabilité d'un tueur « supposé blanc » (Le 19/11/2013). Comme lors de l'affaire Merah, comme lors de l'affaire Méric, c'est un « climat qui dégénère » (France Info). Depuis 1960.

Dispositif de choc déployé devant les rédactions parisiennes. Politiciens et médias serrent les rangs. On se prend à rêver d'un Breivik français, parfait pour diaboliser le Front national et la droite trop à droite. Quelques jours après avoir appelé à interdire le journal *Minute*, Manuel Valls, à genoux devant *Libé*, évoque une « scène de guerre » (il ne visite pas Marseille très souvent) et déclare : « On ne peut pas accepter qu'on s'en prenne à un journal. » C'est vrai, l'État accepte déjà fort civilement qu'on s'en prenne à des policiers, des enseignants, des commerçants, à tous les honnêtes citoyens dépourvus de carte de presse, faudrait voir à ne pas exagérer. Pour une fois, c'est « une fusillade qui n'a rien à voir avec la démocratie ». Les cartons ne sont pas citoyens. Le tueur de masse s'exclut du champ républicain.

« Nous continuerons », clame *Libération* en éditorial, pour rassurer son lectorat d'Air France. Voilà que *Libé* ne jure plus que par la police et la sévérité. Demorand se met à déplorer un « niveau de violence élevé en France ». Vite, prends des photos, conserve les exemplaires comme des reliques, *le jour où le sentiment d'insécurité s'est emparé de* Libération, c'est comme la comète Hale-Bopp, ça passe près du soleil quelques jours et ça repart pour des milliers d'années dans le silence éternel des espaces infinis. Évidemment, c'est rare donc ça impressionne les illuminés. « Un sentiment d'horreur », glapit Demorand. Nous aurions dû les mettre au courant : on appelle ça le *réel*.

Il semble loin, le bon vieux temps de « l'insécurité fantasmée » (Le 19/09/2012).

« On a besoin de vos analyses », a encore dit Manuel Valls à nos fiers avant-gardistes, ceux-là même qui évoquaient les « réseaux de la haine » à propos du soutien populaire et spontané au bijoutier de Nice, coupable de s'être défendu contre son braqueur.

Ah, c'est certain, ils ne se sont pas défendus, nos reporters. Une vie d'écriture « résistante », d'idéaux, de valeurs solidaires, pour se disperser comme une volée de moineaux quand claquèrent les tirs, en laissant le photographe à son agonie – ça va, c'était un stagiaire –, avant de se retrancher dans leurs petites boutiques, auprès de leurs amis du gouvernement, bien planqués derrière tous ces policiers qu'ils haïssent.

Il y a eu Diab, il y a eu Merah, il y a eu Dekhar, il y a eu Nemmouche. À chaque fois, sous la pression morale du pouvoir et des médias, l'enquête s'est hasardée sur la piste « néo-nazie », à chaque fois les « premiers témoignages » parlaient de « Blanc », de « type européen », de « yeux bleus », de « crâne rasé », le tout sur fond de « climat nauséabond » et de « discours qui divisent ».

Systématiquement, nous chercherons à tirer profit du réel, à le retourner à notre avantage. Notre chère Caroline Fourest, que même le CSA juge partiale – c'est un exploit –, vit dans l'affaire Nemmouche l'occasion d'exiger du citoyen que le « signalement » – la délation – des déviants devienne un « réflexe citoyen » (le 4/06/2014).

La réalité se joue de ceux qui veulent l'ignorer : le tireur, Algérien d'origine, avait été condamné dans l'affaire Rey-Maupin, des assassins d'extrême-gauche. Merah, lui-aussi Algérien, déjà condamné à de multiples reprises, était un terroriste islamiste. Même profil que Nemmouche.

Mais au fond, qui s'en soucie ?

Qui se rappelle de ce que je suis en train de te dire ? Tout va trop vite, l'information est d'une telle surabondance que tout événement de plus d'un mois n'a jamais existé, à moins que nous ne décidions le contraire. Il nous suffit de mentir beaucoup et de rectifier un peu pour avoir l'avantage sur la réalité. Nous n'avons pas à demander à nos journalistes de rester prudents. Au contraire, qu'ils continuent, même grossièrement. Le temps joue pour nous.

Voici ce que l'on pouvait lire dans un seul et même article, sur le site de *Libération*, quelques jours après l'affaire Dekhar. « Nous continuerons à travailler avec nos propres armes qui sont celles, non violentes, de la liberté et du journalisme [...] En raison de nombreux débordements, *Libération* a décidé d'interdire la publication de nouveaux commentaires sous cet article. »

Sur certains sujets « sensibles », la censure – des robots qui réagissent aux mots interdits – supprime plus de 95 % des commentaires (*Le Parisien*, le 18/07/2014). Quand l'inquiétude populaire cherche à s'exprimer, on lui envoie nos bots nettoyeurs.

Le 29 juin 2014, *Le Point* décide de retirer un sondage publié sur son site, « Faut-il retirer aux Français d'origine algérienne leur double nationalité ? », au motif que le sondage était « lamentable et consternant », selon Étienne Gernelle, directeur du *Point*. 81 % des dix-mille votants répondaient « Oui ». Rendre compte de l'opinion n'est pas le travail de nos journalistes. 76 % des français pensent qu'on ne peut plus rien dire sans se faire traiter de raciste. 60 % des français pensent que la France se dissout dans le mondialisme et le multiculturalisme (IFOP, 2014).

L'opinion est contraire à la ligne du Parti, nous devons la combattre et la dissimuler.

Quand tu prends connaissance du traitement par nos médias des affaires Nemmouche, Merah ou Dekhar, quand tu constates que nos médias nient l'insécurité, tu es tenté de croire qu'ils dissimulent les crimes des autres. Que nenni. En accusant le racisme, la haine et l'intolérance, nous dissimulons *nos propres crimes*. C'est précisément au nom de l'antiracisme que nous avons fait venir Merah, Dekhar, Nemmouche, au nom de la tolérance qu'on a pardonné leurs innombrables fautes graves, qu'on les a laissés monter en puissance dans le crime, et c'est au nom de l'amour inconditionnel de tout ce qu'ils représentent qu'on a fini par armer leur bras.

Insécurité, immigration, identité. Plus nous hurlons, plus nous menaçons, plus nous accusons, plus nous avons quelque chose à cacher. Ainsi l'affaire Méric. C'était le 5 juin 2013. « Un jeune militant de gauche battu à mort par des skinheads. » Ce n'est pas un drame de la bêtise ordinaire : c'est un scandale national. Nos médias ne peuvent pas tolérer que quelqu'un soit tué « pour ses idées », d'autant qu'elles sont de gauche. Pas question de renvoyer dos à dos les uns et les autres. Militer à l'extrême gauche, si violemment que ce soit, reste respectable. L'ennemi, le seul, c'est Goldstein. Dans une lettre manuscrite, le président Hollande a écrit aux parents de la victime : « Clément incarnait une jeunesse exigeante et ardente. Il était notre fierté. »

Il est un principe auquel nous sommes attachés, au sein du Parti intérieur. Nous l'appelons le *Zugzwang*. Ce terme d'échecs signifie que tout prochain mouvement du joueur va le faire perdre ou lui causer un dommage irréparable. C'est un sacrifice que la règle du jeu finit par rendre obligatoire. C'est ainsi que nous devons voir les choses : le bon membre du Parti doit faire abstraction de toutes les conséquences de ses actes. Mieux : il doit continuer à agir, en prenant des risques de plus en plus grands. Nous sommes assis à une table de jeu et nous n'avons fixé aucune limite à nos investissements. Pour l'heure, nos gains sont miraculeux. Si la chance venait à tourner, toujours nous devrons aller au-delà de la perte. Perdre n'est rien. Nous ne perdons que si nous renonçons à notre morale. Se sacrifier pour elle, c'est toujours gagner.

# 5

# LE CAMP DES SEINS

*Les femmes du Parti étaient toutes semblables.*

**Orwell, *1984***

Expéditeur*rice*: Béatrice Abalam.

Destinataire : *Camarade* Moyen.

Avant tout, je remercie le camarade Loki de m'avoir mis en copie les échanges précédents. Je reconnais bien là son intransigeance quant à la transparence et la diffusion des informations, si privées soient-elles. Quand il s'agit du Parti, aucune précaution n'est à écarter.

Je comprends qu'on te fasse pénétrer la sphère du Parti en commençant par les médias, mais à mon avis le féminisme est bien plus important. Derrière les médias, il y a des gens bien plus concernés et proches du terrain. Il y a nos associations, nos citoyen-nes, nos collectifs, nos alternatifs, nos militant-e-s, nos artistes, bref, il faut de tout pour défaire un monde, et la Cause que je défends est je crois autrement plus vitale que le sort des journalistes.

Je suis une féministe, du modèle le plus pur et le plus abouti qu'ait jamais engendré le Parti. L'égalité des sexes, il n'est pas de meilleure illustration pratique du *Zugzwang*. Tu vas comprendre pourquoi. Toutes mes *prédécesseures* ont échoué, parce qu'elles n'ont jamais osé faire ce que fait le Parti. Elles étaient persuadées – j'ai été comme elles –, qu'il existait une égalité naturelle entre les femmes et les hommes.

Au début, je haïssais toute perspective d'inégalité biologique. Chaque fait qui semblait renforcer cette idée me rendait folle de rage, sans que je parvienne à m'expliquer pourquoi. Mais je sentais bien aussi que notre militantisme menait à une impasse. Malgré notre conditionnement, les différences persistaient, revenaient de plus belle, à chaque fois que nous tentions de les éradiquer.

Pourquoi ?

Parce qu'en comparaison d'un ovule, gros, rare et cher, tes milliards de spermatozoïdes n'ont aucune valeur. En une année tu peux féconder des centaines de femmes, je ne peux procréer qu'une fois. On appelle ça « *anisogamie* », et c'est l'origine de toutes nos différences sexuelles.

L'anisogamie explique que les mammifères femelles s'investissent plus que les mâles dans leur progéniture : nous ne pouvons pas mettre notre précieux œuf dans plusieurs paniers, donc nous le couvons avec jalousie.

La rareté de l'ovule confère à l'acte sexuel féminin une grande valeur. Logiquement, l'homme est toujours plus demandeur, plus entreprenant, moins regardant que la femme. « L'existence d'un certain choix de la part de la femelle paraît être une loi aussi générale que l'ardeur du mâle », disait Darwin.

Puisque le consentement de la femme vaut cher, c'est à l'homme de séduire et de payer.

La femme fait de son ovule un trophée qu'elle offre à celui qui gagnera la compétition entre mâles reproducteurs. Le statut social donne de la valeur à la semence masculine, à tel point, comme l'a dit Smith, que l'homme de pouvoir n'a généralement rien à payer pour coucher. D'où le désarroi de Dominique « vous savez qui je suis » Strauss-Kahn, quand il est victime d'un regrettable empêchement.

J'étais la première à penser que les choix de partenaire étaient culturels, que nous étions victimes du patriarcat, conditionnés par la société masculine. Mais tous les mammifères font la même chose : les mâles choisissent un physique, les femelles un rang social. Les serpents ou les mouches drosophiles en font autant.

Notre gros ovule explique donc la quête de puissance masculine, et toutes les inventions destinées à impressionner qui en découlent. À travers toutes ces civilisations, toute cette science, tout cet art, tout ce pouvoir, tout cet orgueil, les hommes ne cherchent jamais qu'à prouver leurs capacités à investir, le bon état de leur génome, pour avoir le consentement des femmes. Nous, les femmes, valons tout ce que l'homme a été capable de créer, rien de plus, rien de moins. C'est pour ça que nous devons faire preuve de retenue. Malinowski, le célèbre anthropologue, a vérifié partout cette tendance : une femme qui cède aux avances du premier venu « implique qu'elle attache trop peu de prix à sa propre personne ». Et surtout à son ovule.

Même la jalousie est une question d'ovule. L'homme sera plus jaloux s'il apprend que sa femme couche avec un autre homme, plutôt que si elle en tombe simplement amoureuse. On lui vole son ovule ! À l'inverse, la femme sera plus jalouse si elle apprend que son homme tombe amoureux d'une autre femme, plutôt que se contenter de coucher avec. On lui vole son investisseur !

La valeur de l'ovule explique notre horreur du viol. En tant que féministe, j'ai changé d'avis plusieurs fois sur le sujet. Je pensais d'abord que le viol était un scandaleux symbole de la domination masculine. Puis j'ai décidé qu'il ne devait pas être considéré comme grave, puisque ça ne faisait que conforter l'idée d'une supériorité masculine. Je voulais répandre l'idée qu'il n'existait que dans nos cultures occidentales, qu'il était une invention chrétienne. En réalité, les chercheurs ont montré que le viol était perçu comme la chose la plus traumatisante qui soit, par les femmes de toutes les cultures, et qu'il était réprimé par les hommes de la manière la plus impitoyable qui soit, dans toutes les cultures – sauf dans la nôtre, tu vas comprendre pourquoi.

Le violeur ne paye pas son accès à l'ovule. C'est un vol très grave, celui du consentement, de l'identité féminine fondamentale. Les autres mâles sont impitoyables avec les violeurs : ils punissent un tricheur.

L'anisogamie explique enfin tous nos échecs, à nous, féministes. Durant ces longues années de militantisme, nous n'avons fait qu'illustrer la phrase de Rosset, en faisant coïncider désir de bien agir et effet de mal faire, pour aboutir toujours aux effets les plus scabreux.

Nous avons voulu émanciper nos sœurs de l'homme, d'abord par le divorce. Or, le mariage était à notre avantage : l'homme devait payer très cher l'accès à l'ovule de sa femme – vierge. Depuis le divorce et la libération sexuelle, les femmes ont perdu leur garantie d'investissement. Elles ont peu de moyens de contraindre le mâle à payer sur le long terme. L'homme peut divorcer et retrouver facilement une autre femme. Les études montrent que c'est beaucoup plus compliqué pour la femme, surtout si elle a des enfants. Comme disait Alice Glenn, une femme qui vote pour le divorce est une dinde qui vote pour Noël.

Avec le divorce par consentement mutuel (1975), avec le sexe banalisé avant le mariage, les hommes considèrent que les femmes sont devenues plus faciles, ils ont donc tendance à se contenter du sexe, en limitant leur investissement au strict minimum, comme avec des prostituées. Les femmes en concluent que les hommes sont plus intéressés par des relations à court terme, elles se comportent donc en conséquence, en limitant leur réserve et en envoyant des signaux de disponibilité sexuelle encore plus décourageants pour les mâles en quête d'investissement à long terme… Etc.

Partant du principe que les femmes étaient les égales des hommes, et qu'elles devaient elles aussi butiner à leur guise, nous avons fait peser sur nos sœurs un conditionnement social fort, pour les inciter à la débauche. La femme libre, selon moi, se devait d'être une salope. Ce consentement conditionné a été une catastrophe. Les femmes ne valant plus rien, les hommes ne leur donnaient donc plus rien. L'abondance de l'offre a fait chuter les cours.

À l'époque nous ne savions rien de l'anisogamie : les femmes « libérées » passeront toujours pour des suppôts de Satan, tant auprès des autres femmes, qui y voient une concurrence déloyale, qu'auprès des hommes, qui ne voudront jamais miser un kopeck sur elles, de peur d'être à leur tour victimes de leur comportement « libéré ». Les hommes se sont mis à tromper et mépriser massivement les femmes libres.

Sans un repère comme le mariage sans divorce, beaucoup de couples ne sont plus unis que par la violence. On appelle ça le « bond-test » – ou test du lien. Sans un contrat solide, les femmes ne sont plus sûres de rien : comment savoir si l'homme ne va pas se contenter de coucher avant de prendre la tangente ? Pour jauger la capacité de leur homme à investir, elles n'ont pas d'autres moyens que de lui faire vivre un l'enfer, exiger cette fameuse *preuve d'amour*. Ce qu'il est prêt à subir sera un indicateur de sa capacité d'investissement.

La contraception, à laquelle plus de 90 % des Françaises ont recours, ne devait pas porter préjudice au respect de la femme. Elle a contribué à censurer sa valeur, en séparant l'acte sexuel de l'acte reproductif. L'avortement, qui concernera une femme sur trois au cours de sa vie, a renforcé cette tendance. L'abolition de la prostitution en fera autant : c'est nier la valeur de l'acte sexuel féminin. Le refus progressiste de punir le viol est lui aussi une erreur. Nous voulions sous-entendre que l'acte sexuel ne valait rien, donc que nous n'étions pas prisonnières de l'homme ou de notre vagin. C'était encore une façon de dévaluer les femmes.

Quand les Femen appellent, le 22 mai 2014, je cite, « toutes les Françaises à baiser, sucer, se faire lécher, branler, doigter, pomper, niquer autant d'étrangers qu'elles le peuvent », elles commettent la même erreur.

Le 17 janvier 2014, *Libération* publiait la tribune de Beatriz Preciado, philosophe espagnole. « J'invite tous les corps à faire la grève de l'utérus. Affirmons-nous en tant que citoyens entiers et non plus comme utérus reproductifs. Par l'abstinence et par l'homosexualité, mais aussi par la masturbation, la sodomie, le fétichisme, la coprophagie, la zoophilie… et l'avortement. Ne laissons pas pénétrer dans nos vagins une seule goutte de sperme national catholique. » Beatriz Preciado pensait aussi que l'anus, qui n'est pas discriminant – les hommes et les femmes en possédant un – devait devenir le « centre universel » de la sexualité.

C'est discriminer nos camarades constipés et hémorroïdaires.

Et cette philosophe, pour sage qu'elle soit, n'a pas compris que l'acte sexuel est lié de façon hormonale à l'acte reproductif, et que pour ignorer ce lien il ne suffit pas de se concentrer très fort et d'utiliser des membranes en latex. Chaque année, nous ramassons à la petite cuiller les jeunes filles encouragées à pratiquer l'échangisme ou le libertinage de campus. « Le sexe sans entraves est plus rare que les licornes. » Isadora Wing avait raison. L'acte sexuel, protégé ou non, est lié à la reproduction, à l'enfant, à un investissement émotionnel très fort.

Dans une société classique, on estime qu'une femme sur six est infidèle, et que trois hommes sur huit sont infidèles (Dawkins, 1976). Avec la pression médiatique incitant à la « libération sexuelle », c'est-à-dire à la déflation féminine, l'infidélité concerne aujourd'hui 43 % des Français (contre 19 % en 1970). Une femme sur trois et un homme sur deux sont infidèles.

Selon l'historien Lawrence Stone, « il est peu probable que cette période d'extrême permissivité sexuelle se prolonge très longtemps sans générer un puissant retour de bâton ».

Je suis de cet avis.

Je ne sais pas si nous avons été manipulées par l'homme, ou aveuglées par la Cause, mais nous avons commis de nombreuses erreurs. Tout notre militantisme s'est édifié sur des erreurs. Contraception et avortement, libération sexuelle, parité… Chaque fois que l'on a tenté de mettre fin à l'exploitation des femmes, on a réussi à les exploiter davantage. Mon discours ne te paraît pas très féministe, n'est-ce pas ? Patience, tu vas comprendre.

Avec l'explosion des divorces et le recul des mariages, la femme est lésée sur tous les tableaux. Elle ne gagne plus à se marier, et perd à divorcer. Les divorces se sont multipliés par trois en trente ans. On en dénombre plus de cent-trente-mille par an. Un mariage sur trois.

Notre seul réconfort est de constater que beaucoup de familles n'y survivent pas. Un enfant sur dix vit dans une famille « recomposée » (Insee, 2013). Les pays où l'on divorce le plus sont les plus progressistes, Scandinavie en tête. Plus les couples se comportent de manière égalitaire (partage de tâches), plus ils divorcent. Seuls 26 % des ménages français sont composés d'un couple ayant un ou des enfants. 40 % des enfants de familles divorcées ne maintiennent pas de liens avec le parent n'ayant pas eu la garde, qui est souvent le père. Plus d'un million de pères français. La taille des familles se réduit, le nombre de célibataires a doublé en quarante ans.

L'éclatement des familles est une bonne nouvelle pour le Parti, mais ça ne doit pas masquer les échecs du féminisme à l'ancienne. 70 % des femmes estiment que le féminisme ne les concerne pas. Le problème du féminisme a toujours été les femmes. Elles ne sont pas une équipe, elles sont une multitude de rivales, toutes manipulées par leurs hormones et cette fichue anisogamie.

Nous avons vraiment tout essayé.

Lorsque nous avons fait la promotion du travail auprès des femmes, nous leur avons mis la pression pour qu'elles cessent d'enfanter. Le problème, c'est que seules les vraies idéologues du Parti ont suivi.

Et quand bien même les femmes travailleraient toutes sans avoir d'enfant, ça ne résoudrait pas leur mal-être : nous serions toujours tourmentées par nos désirs et victimes des inégalités biologiques. De plus, travailler est un enfer sans récompense. Notre statut acquis de haute lutte, ne vaut rien aux yeux d'un homme : il continue à choisir les jolies femmes. Nous investissons dans le vide. D'autant que les femmes, même riches, continuent à choisir les hommes en fonction de leur statut social.

Certes, les bénéfices d'une telle situation reviennent au Parti. La promotion de la femme au travail a multiplié par deux le nombre de consommateurs dépendants, ce qui est une excellente chose. En revanche, pour nous les femmes, l'amélioration se fait attendre. Toutes les mesures prises en notre faveur ne sont que pis-aller. C'est encourageant, mais jamais suffisant.

Certes, considérer l'enfant comme une tâche ménagère est un progrès : nous, féministes, pensons qu'il est un fardeau pour la femme, et il est heureux que nous soyons entendues. Ne pas avoir d'enfant par praticité économique et jouissive est une étape importante de la domestication, vers la juvénilité, dans le refus des responsabilités et de la nature. Mais qui cela concerne-t-il ? Seules 25 % des Françaises disent préférer travailler plutôt qu'élever leurs enfants. Comment en vouloir aux 75 % restantes ? D'un point de vue biologique, elles ont raison.

Nous avons tout fait pour criminaliser leur libre choix. L'allaitement a un temps été proscrit, l'instinct maternel est devenu une maladie honteuse. Rien de pire qu'une femme au foyer, ce sous-être qui se prend encore pour un mammifère. « Aucune femme ne devrait avoir le droit de rester à la maison pour élever ses enfants. Les femmes ne devraient pas avoir la possibilité de choisir, précisément parce que si elles l'ont, elles seront trop nombreuses à opter pour cette solution. » Ce discours sans appel de notre grande Simone de Beauvoir entrait assez en contradiction avec nos principes d'émancipation, et il continuait à faire payer aux femmes leur biologie, puisqu'il ne résolvait pas le problème fondamental du désir d'enfanter.

Pour parler franchement, j'étais persuadée qu'une fois que les verrous sauteraient, avec un féminisme d'État, nous verrions l'égalité se réaliser, avec autant de femmes que d'hommes dans tous les secteurs dits masculins. J'ai été bien naïve. D'abord, les femmes font les frais d'un mode de vie qu'elles s'imposent, sous la pression de leurs professeurs, de leurs amies, de leur famille ou des discours dominants. « S'émanciper » d'un époux revient à se soumettre à une situation, à l'État, à un patron inconnu. Ensuite, leur entrée massive dans le monde du travail et nos politiques égalitaires n'ont fait que révéler des inégalités profondes. Si les femmes veulent accorder plus de temps à leurs enfants, elles sont prêtes à renoncer à une partie de leurs revenus. À partir de là, les comparaisons de salaires ne veulent plus rien dire. Les hommes, obsédés par leur seul statut, se fichent de faire des heures supplémentaires, d'avoir à déménager pour un cadre moins attrayant, de moins voir leurs enfants, de passer des semaines ou des mois loin de chez eux, de supporter le manque de confort, le danger physique et une plus grande pression au travail.

En France, on prétend souvent que la différence de salaires hommes-femmes est de 25 à 30 % du salaire brut. Sauf que si on élimine les préférences de carrière et qu'on aligne les temps de travail, l'écart devient marginal (entre 2 et 8 %). Et ce que l'on ne dit jamais, à secteur et âge équivalent, c'est que la productivité des hommes est supérieure. Selon l'Insee, à temps complet, ils travaillent en moyenne 56 heures contre 51 pour les femmes (+8,9 %). Dans tous les domaines, ils travaillent davantage et leur productivité horaire est plus importante (INSEE, 2004). « Si discrimination il y a, elle est très faible », admet l'économiste Cécile Philippe (*Les Échos*, le 28/06/2011). Pour l'anecdote, les femmes les moins bien rémunérées par rapport aux hommes sont les dirigeantes qui se fixent leur propre salaire.

Partout, les femmes font de leurs enfants une priorité. Dans toutes les cultures, le travail est divisé en fonction du sexe.

Nous voulions agir pour changer ça. J'étais certaine que les femmes étaient des idiotes manipulées par les hommes et que c'était plutôt à l'État de les manipuler. Ça ne suffira jamais. Il ne suffit pas de faire comme si nous étions égaux et de voter des lois, comme tous les gouvernements progressistes, en « incitant » les mères à travailler, et les pères à s'occuper des enfants autant qu'elles. On peut couvrir le pays de crèches, on peut obliger les femmes à faire des maths, ça ne résoudra pas le problème des sexes.

Faire du « plafond de verre » – une éventuelle machination des mâles pour nous empêcher de prendre leur place –, la théorie unique pour expliquer les différences de réussite entre les sexes a été l'une de nos plus grandes erreurs. J'ai voulu y croire, à ce complot machiste, de toutes mes forces. Ça a longtemps entravé ma recherche de *vraies* solutions.

Mets-toi à notre place : dans à peu près tous les domaines, on partait avec 60 % d'étudiantes et on arrivait à moins de 20 % de chercheuses. Même chose pour les responsabilités politiques, au sein des entreprises, de l'enseignement supérieur, etc. C'était pour nous une preuve absolue de « l'empêchement » fait aux femmes. Nous avons tout dit contre cette « sous-représentation ». Notre dogme était clair : tout le monde étant biologiquement égal, il y avait forcément une oppression sociale quelque part. Et bêtement, nous avons perdu des décennies à combattre cette oppression imaginaire, comme l'autre crétin chargeait ses moulins à vent.

Nous avons dû nous rendre à l'évidence. Premièrement, les filles n'ont jamais voulu faire ce que font les garçons. « Où qu'on aille, on constate que les femmes ont moins tendance que les hommes à voir ce qu'il y a de fascinant dans les ohms, les carburateurs ou les quarks », écrivait la spécialiste des sciences sociales Patti Hausman.

Deuxièmement, dans leurs domaines, les garçons ont toujours mieux réussi que les filles. Il existe davantage de garçons surdoués que de filles surdouées. Pour nous, féministes, c'était briser un tabou monstrueux que de l'admettre. Certaines n'y sont pas encore parvenues. Mais je sais désormais que notre avenir passe par cette reconnaissance.

Le message n'a pas été facile à faire entendre, parce tous les tests de nos savants montraient que l'intelligence moyenne des hommes et des femmes était à peu près la même. Il y avait certes un avantage masculin dans la pensée abstraite, et un avantage féminin dans le langage, mais rien d'insurmontable. Non, le problème ne venait pas de la norme. Il venait des *anormaux*.

Je vais essayer de t'expliquer ça simplement. Tu sais, camarade Moyen, parce que tu généralises honteusement, que les gens normaux mesurent entre un mètre soixante et un mètre quatre-vingts. À mesure que l'on s'éloigne de cette norme, dans un sens ou dans un autre, le nombre de personnes concernées diminue. Jusqu'à arriver à un seul homme très petit (quarante-et-un centimètres) pour un seul homme très grand (deux-cent-soixante-douze centimètres). Et l'humanité entre les deux. De même il y a quelque part un imbécile sans égal, et un génie sans égal. Eh bien ces deux-là seront aussi des hommes, non des femmes.

L'intelligence, elle aussi, se répartit sur une courbe en cloche, dite de Gauss. La loi normale. Au milieu de la courbe, la majorité. Puis une décroissance continue vers les extrémités. Ça veut dire qu'il y a les gens normaux, très majoritaires, et les autres. Ça veut dire que l'égalité n'existe pas.

Le QI moyen, c'est 100. Au-delà de 145 ou en deçà de 55 on parle déjà de surdoués ou de débiles. Ça ne concerne que 0,6 % de la population. Ce sont des anomalies.

Crois bien que je me suis renseignée sur le QI. J'avais bien l'intention de le dénoncer, comme un avatar du patriarcat oppresseur, sans validité.

Nos savants sont formels : le haut QI implique la réussite, de hauts revenus, des aptitudes mathématiques, une forte mémoire de travail, la rapidité de traitement de l'information et de résolution de problèmes, un potentiel analytique, abstrait et cognitif élevé. Certains affirment même que personne n'a jamais pu créer quoi que ce soit avec un QI inférieur à 120.

Non seulement nous sommes tributaires de gens anormaux, mais le point essentiel, c'est que plus nous allons vers les grands génies (ou vers les grands débiles), plus le nombre d'hommes par femme augmente. Toutes nos études le démontrent, du QI aux analyses des résultats scolaires : les hommes sont plus extrêmes.

Prenons par exemple les résultats du bac.

Admis : 44 % de garçons, 56 % de filles. Davantage de garçons sont recalés. L'enseignement « adapté » et « relais » est trusté par les garçons, à plus de 75 %.

Assez bien : 43 % de garçons, 57 % de filles.

Bien : 59 % de garçons, 41 % de filles.

Très bien : 60 % de garçons, 40 % de filles.

L'excellence et la médiocrité sont plutôt masculines. Les filles sont plus nombreuses autour de la moyenne (mention passable – assez bien). Les garçons redoublent, sont en échec scolaire et interrompent précocement leur scolarité nettement plus souvent que les filles.

Ainsi s'explique la supériorité statistique des filles au collège, au lycée, en début de supérieur, puis leur lente érosion au cours du supérieur, qui se poursuit à mesure des degrés franchis ; recherche, hauts diplômes, professorat, titres, récompenses, etc. Le fameux pipeline qui fuit.

Je pensais qu'une telle chose était due au potentiel féminin bridé par les hommes. Mais ces données n'ont pas bougé d'un pouce depuis la création des tests scolaires et l'invention des tests de QI. Ce qui signifie que la pression sociale du féminisme et les politiques incitatrices des États n'y ont rien changé. Le retard des filles dans les pays musulmans n'est que légèrement inférieur au retard des filles dans les pays dits « progressistes », où « l'émancipation » est effective depuis plusieurs décennies. On ne constate aucune évolution sur l'attribution féminine de prix Nobel entre la première partie du XX$^{e}$ siècle et la seconde.

Dans le privé, le taux d'employées aux postes de directrices et de cadres correspond aux prévisions des tests de QI (autour de 35 %). En revanche, les cadres et patronnes employées d'État en France (ou employées fédérales aux États-Unis) dépassent largement ce pourcentage, ce qui témoigne d'une politique de discrimination en leur faveur. Même chose pour la recherche : 21 % de chercheuses dans le privé, 31 % dans le public. Le « plafond de verre » correspond donc à une distribution normale des intelligences supérieures. Il est artificiellement modulé par la coercition d'État.

Sans discrimination positive, le taux de femmes dans les grandes écoles scientifiques ne varie pas. Par exemple, à Polytechnique (140-150 de QI), il oscille autour de 15 %. À la Mensa, société conditionnant le recrutement de ses membres à un résultat d'au moins 130 à un test de QI standard, on compte une femme pour deux hommes. À partir de 145 de QI, une femme pour huit hommes. Et quand on avance du côté des génies, à partir de 180 de QI, on se retrouve à moins d'une femme pour vingt hommes.

Camarade Moyen, n'en tire aucune gloire mal placée : 99,99 % des hommes ont un QI inférieur à 160. Je te parle de personnes rarissimes, capables de marquer l'histoire, dans des domaines tels que l'art, la philosophie ou la science. Les femmes représentent 3,2 % des manuels d'histoire. Il ne suffira pas, comme le préconisait un rapport d'État de janvier 2014, de « contractualiser avec les éditeurs de manuels pédagogiques un nombre équilibré de personnages féminins et masculins, et une répartition équilibrée des rôles sociaux des hommes et des femmes ». Sais-tu pourquoi ?

Parce qu'on compte six femmes prix Nobel de physique et de chimie, pour 362 hommes (1,6 %), et une femme, Maryam Mirzakhani, médaillée Fields de mathématiques, pour 55 hommes (1,8 %).

Si nous nous accrochions à notre logique du plafond de verre, à notre théorie de l'empêchement, nous serions obligés d'accuser les femmes qui ne cherchent pas à devenir Marie Curie d'être des idiotes soumises, et les hommes qui ne leur cèdent par leur place d'être des ordures perverses.

Même Simone de Beauvoir reconnaissait qu'il y avait là un problème fondamental. « Il y a des femmes de talent : aucune n'a cette folie dans le talent qu'on appelle le génie. » Les écoles de pensées sont toutes masculines, les grands penseurs, les grands génies, sont presque tous des hommes. La grande histoire n'a retenu aucune découverte, aucun édifice, aucune composition, aucun système de pensée ou de philosophie d'origine féminine.

Nous pouvons toujours, comme le font certaines de mes camarades, compiler quelques noms de femmes et essayer de rivaliser : ça ne suffira pas. L'anomalie de l'extrême intelligence est presque toujours masculine.

Les différences aux extrêmes entre garçons et filles sont si importantes, si constantes quel que soit l'instrument de mesure, qu'elles ne peuvent en aucun cas relever d'un biais, d'une erreur, d'un artéfact ou d'un parasitage culturel.

La divergence aux extrêmes ne se vérifie pas seulement à propos de l'intelligence. Les hommes sont en moyenne plus agressifs que les femmes (trois hommes « agressifs » pour deux femmes), mais le *sex ratio* des individus considérés comme « très agressifs » est de huit hommes pour une femme. Là encore, les conséquences sont lourdes : plus de 90 % des meurtriers sont des hommes. Même topo pour la volonté de dominance, elle aussi liée à la testostérone. Si tu prends une femme au hasard, il n'est pas improbable qu'elle soit plus agressive, intelligente, ou dominante qu'un homme pris au hasard. En revanche, la probabilité de tomber sur une femme cumulant très haute agressivité, très forte intelligence et très grande volonté de dominance est *extrêmement* faible.

Pourquoi ? Pourquoi la variabilité des hommes serait-elle plus grande ?

Anisogamie, encore et toujours. Un seul homme peut avoir des centaines d'enfants en un an. Le génome masculin a donc hérité d'un plus grand risque de mutations (favorables ou défavorables) et le cerveau masculin y est plus sensible que le cerveau féminin. L'homme qui hérite de mutations favorables peut les transmettre massivement, en fécondant quantité de femmes. Ceux qui ont des mutations défavorables, tristes rebuts de l'évolution, sont éliminés. C'est pour ça que le rôle de sélection de la femme est capital. C'est pour ça que l'homme doté de bonnes mutations doit les mettre en évidence, en impressionnant, en peignant la Joconde ou en jouant au tennis. L'inégalité qui règne entre les hommes, comme les créations culturelles de l'Homme, sont entièrement dues à la sélection des femmes. L'inégalité est le prix de la civilisation. C'est sans doute ce qui a permis à notre espèce de s'adapter rapidement à des situations nouvelles, et de survivre jusqu'à maintenant.

Bref, nous en sommes arrivées à la conclusion suivante : il y a trop de différences comportementales, trop de différences d'aptitudes entre les hommes et les femmes, pour envisager de les réduire par des actions sociales, sans porter préjudice à quiconque.

*Nous sommes différents.* Nous ne sommes pas égaux. J'ai longtemps eu l'intuition qu'une telle différence existait. Longtemps je l'ai combattue, refusée, niée. L'idée d'une *construction sociale* nous permettait d'échapper à tout principe de réalité. Mais notre grande cause était au point mort. Notre engagement n'essuyait que des revers. C'était une évidence : nous raisonnions mal. À force de parler à nos savants, j'ai compris. Au fil du temps, j'ai appris à accepter cette idée, et même à en faire une force. Connaître le réel pour mieux le détruire. « Connais ton ennemi », voilà l'enseignement clé du Parti, voilà le secret de toute victoire. C'est en connaissance de cause que nous devons mener ce combat contre la nature elle-même. Notre gloire n'en sera que plus grande.

Je me souviens comme si c'était hier de la sortie du président de Harvard, Lawrence Summers.

« Si les femmes sont moins nombreuses que les hommes à enseigner les sciences, c'est peut-être parce qu'elles sont moins douées pour ces matières. »

À l'époque, comme tout le monde, j'avais été scandalisée.

Aujourd'hui, je comprends.

Je voulais tant croire en la force du militantisme. J'étais persuadée que ce n'était qu'une question de temps. Mais, comme le reconnaissait la féministe Susan Estrich, attendre que se brise les différences entre les sexes, « c'est attendre Godot ».

Alors j'ai cessé d'attendre. J'ai attaqué de plus belle les différences entre les sexes. J'ai haï les hommes, et méprisé les femmes. Et j'ai fini par comprendre que ça ne servait à rien. Que le militantisme culturel, législatif, incitatif, compensatoire, ne servait à rien.

Nous nous sommes fourvoyées, ridiculisées dans cette voie. Et certaines continuent à le faire, annihilant la cause auprès du grand public.

Devrions-nous nier que dans les sports de haut niveau, les femmes sont 11,45 % moins performantes que les hommes ? Devrions-nous, comme Arte le 25 janvier 2013, affirmer que si les hommes sont plus grands que les femmes, c'est parce qu'ils les privent de nourriture depuis toujours ? Que doit-on inventer pour justifier les écarts d'espérance de vie ? Comment allons-nous expliquer qu'hommes et femmes ne présentent pas la même réponse métabolique à l'alcool, ni à la moitié des médicaments communs ?

Contrairement à certains cadres du Parti, je ne pense pas qu'il faille se contenter de nier le réel. Il faut lui rentrer dedans, voilà mon avis.

La parité n'est qu'un cache-misère, une énième fausse bonne idée. Elle ramène les femmes à leur infériorité. De quel amour-propre peuvent-elles bien se prévaloir, celles qui devront leur place à un quota plutôt qu'à leur talent ? Ça n'a aucun sens. On ne peut échapper à notre condition si nous devons nos promotions uniquement à notre condition.

Même notre Constitution européenne en a perdu la boule. Notez la contradiction, à trois aliénas d'intervalle : « Est interdite toute discrimination fondée notamment sur le sexe »

(Article II-80). « Le principe de l'égalité n'empêche pas le maintien ou l'adoption de mesures prévoyant des avantages spécifiques en faveur du sexe sous-représenté » (Article II-83).

Et la parité reste à sens unique. Pourquoi ne pas l'imposer à la médecine (80 % d'étudiantes), à l'École nationale de la Magistrature (90 % d'auditrices), à la psychologie (80 % de diplômées), ou encore à l'équitation (80 % de cavalières) ? Et la danse, la gymnastique, la couture, le shopping, le journalisme, la natation... Que fait-on pour les acteurs pornos, les hommes mannequins et prostitués, en moyenne moins bien payés que leurs collègues de sexe féminin ? Que fait-on pour les hommes qui meurent quatorze ans avant les femmes, qui vivent plus souvent dans la rue, sont jugés plus sévèrement par les tribunaux, sont davantage contrôlés et emprisonnés, ne peuvent pas jouer de leurs charmes pour être recrutés, pardonnés, ou amnistiés ? Et pourquoi pas la parité à l'armée, chez les routiers, les boxeurs, et pourquoi ne pas l'imposer en prison (3 % de prisonnières), comme le réclamait le député Jacques Bompard ? Voilà pourquoi la parité n'a aucune logique.

Comme la majorité des gens – en particulier les femmes – ne veulent pas de femmes au pouvoir, la parité nous oblige à nier la démocratie. Investir des femmes parce qu'elles sont des femmes. Le contraire de l'idéal républicain, par idéal républicain. 41,6 % de femmes se sont présentées aux législatives en 2007. 18,5 % de femmes ont été élues. Aux municipales de 2008 et 2014, malgré les listes paritaires, à peine une femme pour neuf hommes a été élue maire. Si on laisse les gens choisir, ils voteront pour les hommes. Que va-t-on faire ? S'arranger pour regrouper les 40 % de candidates dans 40 % des circonscriptions ? Obliger les partis à présenter 80 % de femmes pour espérer avoir 40 % d'élues ? Mettre un pistolet sur la tempe des électeurs (et des électrices) ?

Ce ne sont pas des solutions.

Même si j'ai gardé de vieux réflexes, je suis contre toutes les mesures symboliques, tout le pinaillage qui consiste à s'attaquer aux jouets, à la couleur des cartables, au sexisme de la langue française, et à tant d'autres futilités. En octobre 2014, le député Julien Aubert a été sanctionné par l'Assemblée nationale pour avoir persisté à donner du « Madame le président » à Sandrine Mazetier, qui exigeait d'être nommée « Madame la présidente », selon des règles non admises par l'Académie, mais fixées par l'Assemblée.

Il y a quelques années, les Américains ont supprimé les « Mrs » (madame) et les « Miss » (mademoiselle), pour un « Ms » plus neutre. Soit la suppression délibérée d'une valeur. Les dindes se précipitent pour applaudir Noël. À une époque, j'étais la première d'entre elles… Je voulais que Big Brother devienne Big Sister. Ou Big, tout court, encore que c'était jugé stigmatisant envers les personnes en surpoids. Après m'être investie dans les commissions visant à réformer totalement la langue, j'ai renoncé. Trop de mots posaient des problèmes insolubles. Un médecin, un marin, un camelot, devenaient une médecine, une marine, une camelote. Une femme grand couturier ne supportait pas d'être qualifiée de grande couturière. Amateur devenait amatrice, bonjour le sexisme… Il est expert, elle est experte. Un coureur, une coureuse ? Un homme public, une femme publique ? Encore pire.

Évidemment, je ne peux pas critiquer le fait que des tas d'universités, d'administrations et d'associations aient adopté servilement le langage aux norm-e-s certifié-e-s sans genr-e. Mais les féministes doivent le savoir : ça ne va rien changer.

Le problème n'étant pas symbolique, on ne le résoudra pas avec des symboles. Mettre Joséphine Baker au Panthéon, comme le proposait Régis Debray, ce serait profaner Marie Curie.

Certaines camarades de lutte me désespèrent. Elles refusent toute vision d'ensemble, et persistent à se battre pour des choses qui ne changeront jamais leur condition.

Par exemple, pour *Rue89* (le 6/09/2014), l'attente dans les toilettes pour dames est une « inégalité sexiste ». Un prof de Sciences Po propose d'apprendre aux petits garçons à uriner assis, de rétrécir les toilettes des hommes – discrimination positive –, de permettre aux femmes d'uriner debout moyennant l'usage d'un gadget, ou encore de simplifier les vêtements féminins et d'imposer aux hommes d'emmener leurs enfants avec eux pour « cesser de voler nos places aux toilettes, à nous les femmes» – c'est la journaliste qui parle.

Les toilettes publiques sont «un puissant opérateur de genre au service de sa protection et de la police des genres», qui «peuvent devenir un véritable cauchemar, un lieu de violence et de harcèlement au quotidien» (*Slate*, le 11/06/2014).

Toi, camarade Moyen, est probablement «cisgenre». Ça veut dire que ton identité de genre est – bêtement – alignée avec le sexe qu'on t'a assigné à la naissance. Oui, la pédiatrie est fasciste. Tu as de la chance, les toilettes publiques seront pour toi un pur moment de bonheur.

Mes camarades de lutte ne devraient pas faire comme si l'identité sexuelle se distribuait au hasard. Certes, je reconnais que la théorie du genre est une bonne avancée. Mais encore une fois, on ne parle que de solutions sociales, quand le mal est biologique. Les «compétences égales» ne pourront exister tant que les individus seront biologiquement inégaux.

Pour résumer, la théorie du genre, ça consiste à poser un bon diagnostic cardiaque, puis à opérer les reins du patient.

Julie Sommaruga (PS): «Cet amendement a pour objet l'intégration dans la formation dispensée dans les écoles élémentaires d'une éducation à l'égalité entre les femmes et les hommes et à la déconstruction des stéréotypes sexués. Il s'agit de substituer à des catégories telles que le "sexe" ou la "différence sexuelle", qui renvoient à la biologie, le concept de "genre", qui montre que les différences entre les hommes et les femmes ne sont pas fondées sur la nature, mais sont historiquement construites et socialement reproduites. »

« Un concept qui montre. » Avec une dose de constructivisme et un zeste de reproduction sociale, en bon français, ça s'appelle une *théorie*. Soyons honnêtes, assumons ! Parler d'étude de genre revient à parler de démocratie soviétique.

« La théorie du genre, ça n'existe pas », assurait Najat Vallaud-Belkacem en juin 2013. La même déclarait, deux ans plus tôt : « La théorie du genre, qui explique "l'identité sexuelle" des individus autant par le contexte socio-culturel que par la biologie, a pour vertu d'aborder la question des inadmissibles inégalités persistantes » (*20 minutes*, le 31/08/2011). Justement, elles persisteront tant que l'on ne s'en prendra qu'au contexte socio-culturel.

Le projet de loi sur « l'égalité femmes-hommes » partait sur de bonnes bases, allant jusqu'à dicter l'enseignement du genre aux médias. « Les formations à la profession de journaliste dispensées par les établissements d'enseignement supérieur comprennent un enseignement sur l'égalité entre les femmes et les hommes et la lutte contre les stéréotypes, les préjugés sexistes, les images dégradantes, les violences faites aux femmes et les violences commises au sein des couples » (Article 16).

« Ce dispositif pédagogique s'inscrit dans la lutte contre les inégalités – de réussite scolaire et d'orientation notamment – entre les filles et les garçons. Son objectif est donc de remettre en question les normes qui font que chaque sexe adopte, dès le plus jeune âge, un certain comportement. Par exemple, les filles, encouragées à jouer à des jeux plus doux, sont plus sages alors qu'il est considéré comme normal que les garçons soient plus turbulents. Par la suite, elles se tournent davantage vers les métiers de soins peu qualifiés et moins payés, elles délaissent les filières scientifiques malgré de bons résultats scolaires, ce qui perpétue la division traditionnelle des rôles » (*Le Monde*, le 31 /01/2014).

Encore une fois, les féministes s'autodétruisent : d'après *Le Monde*, les filles s'adonnent à des jeux sages *parce qu'on leur impose*, elles ne deviennent pas scientifiques *à cause de la cour de récréation*. Pour *Le Monde*, la femme est une chose inerte, fragile et influençable, qui à aucun moment de sa vie adulte ne peut échapper à ses parties de marelle. En revanche, *Le Monde* n'explique pas pourquoi tant d'enfants doués de type « premier de la classe », isolés, brimés et battus, ont persisté à briller pour réussir scolarité et carrière. Avec assurance.

« Les études de genre s'intéressent à la façon dont la société façonne les identités et les comportements », ajoute la sociologue Laure Bereni. « Elles postulent qu'il n'y a pas de déterminisme biologique en la matière. Dès lors, si les choses sont socialement construites, c'est qu'elles ne sont pas immuables, qu'on peut les contester. »

Cette malheureuse n'imagine pas à quel point le déterminisme biologique guide son existence.

Combien de profs idéalistes ont essayé de « déconstruire » les normes, en mettant en place des jeux mixtes, avant de constater amèrement que ça ne fonctionnait jamais ?

La théorie du genre a vécu en Scandinavie, en Israël et aux États-Unis. La croyance en le déterminisme culturel y était en vogue dès 1920. Nos théoriciens français du genre, qui courent après les pays « en avance », ont à peu près un siècle de retard. Je m'en veux d'avoir contribué au succès de ces vieilles thèses, en faisant tout pour les répandre.

Comme on ne peut ni atténuer les différences, ni égaliser les sexes, il n'y a qu'à prétendre que les unes et les autres n'existent pas, c'était l'idée. Ça ne suffira pas, même si on commence la rééducation dès la maternelle. Pardon, dès la « première école », préconisation officielle, car « maternelle » renvoie à la mère.

Récemment, l'AFP signalait au peuple de France, saisi d'effroi, que le dictionnaire numérique réalisé par des écoliers contenait nombre de définitions jugées « sexistes » et « stéréotypées ». Stéréotype : « Idée, opinion toute faite, acceptée sans réflexion et répétée sans avoir été soumise à un examen critique, par une personne ou un groupe, et qui détermine, à un degré plus ou moins élevé, ses manières de penser, de sentir et d'agir. »

Stéréotypes ?

– Toutes les études montrent que les stéréotypes les plus courants sont les plus exacts, et que certains, comme ceux qui concernent les

différences sexuelles, sont plutôt sous-estimés que surestimés.
- Prétendre que les préjugés sont globalement faux est une façon d'afficher notre supériorité morale, mais ça ne résoudra pas nos problèmes.
- Une étude a révélé que les préjugés des professeurs envers leurs élèves étaient justes, confirmés par des tests objectifs, sans être contaminés par des stéréotypes raciaux, sociaux ou sexistes.
- L'effet Pygmalion (les résultats des individus se conformeraient aux préjugés qu'on véhicule sur eux) n'a jamais été confirmé.

« Même si leur père change leur petit frère, écrivait la psychologue Judith Rich Harris, même si leur mère conduit un camion, les fils jouent au foot et les filles sautent à la corde. Les parents peuvent être persuadés que garçons et filles sont identiques par essence – qu'une petite fille est un petit garçon sans pénis ni testicules –, les enfants ne sont pas dupes. » « Il y a un problème, nous fait-elle encore remarquer. Nous habillons nos enfants de manière unisexe. Nous les laissons choisir leurs jouets. Nous donnons l'exemple. Les femmes conduisent, fument, dirigent. Les hommes changent les couches, font la cuisine et promènent leurs enfants. Mais nos fils et nos filles, plus que jamais, s'accrochent aux stéréotypes. Si les enfants sont plus sexistes que les adultes, comment peut-on croire que ce sexisme vient des adultes ? »

Les gendarmettes de la crèche peuvent travestir, imposer la parité de marelle, expurger les manuels scolaires, traquer les dictionnaires numériques, inverser les rôles, réduire les toilettes des garçons, punir les comportements stéréotypés… Les stéréotypes feront leur chemin, parce qu'ils reflètent la réalité, ils en sont l'instantané, le Polaroïd. Une réalité qui n'est pas culturelle, puisqu'elle se base sur deux mécanismes ayant une durée de vie infiniment plus longue que le féminisme : l'évolution et le groupe.

Oh, je te prie de croire que ça ne me fait pas plaisir. Mais la réalité n'a aucune raison de me faire plaisir, contrairement à la morale de Big Brother, qui va en triompher.

Nous n'arriverons à rien en postulant que la nature est fondamentalement bonne, que les hommes et les femmes sont biologiquement égaux, qu'il suffit de censurer tout ce qui a trait à leur sexe pour qu'ils le demeurent. C'est tellement absurde. Nos camarades de lutte en arrivent à élever des enfants auxquels on cache l'origine de la vie, auxquels on ne « donne » pas de sexe. Ainsi un petit suédois nommé « Pop » et un petit canadien nommé « Storm » ont grandi dans le mensonge et le tabou, sans que personne ne sache s'ils étaient garçon ou fille. Ça ne suffira pas. Il ne suffit pas de nier les choses pour qu'elles cessent d'exister.

Dans certaines écoles suédoises, on a banni les pronoms personnels. Pour que filles et garçons « puissent investir tout l'espace ». Voilà ce qu'on peut en lire dans *Le Nouvel Obs* (le 7/02/2014) : « Une petite fille fait une grosse colère pour mettre une veste rose, mais sa maman ne veut pas qu'elle choisisse une couleur… de fille […] Un instituteur un peu surpris s'entend expliquer par une de ses collègues : "Même si on te voit nu, on ne saura pas si tu es masculin ou féminin. Ton sexe intérieur ne correspond pas forcément à ton sexe extérieur" […] Pendant que leurs parents refont leur monde, dans la chambre d'enfant les petites filles jouent à la poupée, et les garçons aux jeux vidéo… »

En France, on veille à ne pas se laisser distancer. En témoigne cet article sur la journée de la jupe d'un lycée de Nantes (conseillée aux garçons) : « Super, la Journée de la jupe ! lance Charles, le papa, un chef d'entreprise de trente-huit ans. Parce que ça emmerde tous les tradis qui disent qu'il faut un papa, une maman, se marier et habiller les garçons en bleu… » Et Ambroise, sept ans, a-t-il envie de porter une jupe ? « Ah non ! », s'écrie le blondinet. « Vous voyez comme ils sont formatés… », soupirent les parents, qui ont pourtant acheté "des poupées et une cuisinière" à leurs garçons » (*Le Figaro*, le 16/05/2014).

Désolé, Charles, mais tu es au moins autant formaté que ton fils. Et encore, tu n'es qu'un amateur.

« Mon fils de cinq ans aime porter des robes. […] Oui, je suis un de ces pères qui essaient d'élever leurs enfants de façon égalitaire. […] Je fais ainsi partie d'une minorité, cela m'est apparu clairement entre-temps, qui se rend ridicule de temps à autre. Par conviction. En ce qui me concerne, cela a à voir avec le fait que je ne voulais pas dissuader mon fils de porter des robes et des jupes. Parce qu'en les portant il ne s'est pas fait d'amis à Berlin, il ne me restait, après mûre réflexion, qu'une possibilité : protéger mon petit gars et porter moi-même une jupe. En définitive je ne peux attendre de la part d'un enfant en bas âge le même volontarisme qu'un adulte [...] Je suis donc devenu le modèle » (*Slate*, le 6/10/2012). D'après le journaliste, il s'agit d'un choix « altruiste et courageux ».

Le problème est que la biologie n'a que faire de la notion de « choix », croyance naïve en la toute-puissance de l'humain domestique, qui pourrait tout choisir : son sexe, sa race, sa fierté, sa mort... L'enfant veut, donc l'enfant est. Ça ne suffira pas.

Le 8 juillet 2014, un contributeur du site du *Nouvel Obs* proposait aux hommes de s'épiler et aux femmes de ne plus le faire, pour bousculer les stéréotypes. « Toutes à poils, tous sans poils. Tous à poils, toutes sans poils. Peu importe. Chacun devrait avoir le choix. C'est une liberté fondamentale. »

Ça te fait rire ? Toi, camarade Moyen, ça ne t'affole pas, les différences sexuelles. Pour toi, ce n'est pas injuste, ni triste, ni grave, ni dangereux. C'est comme ça. Si ton fils veut jouer à la poupée, tu le laisseras faire. Si ta fille veut jouer au camion, tu la laisseras faire. Ça t'est égal. Tu es sans doute majoritaire, comme tous les imbéciles. La plupart des parents sont très libéraux vis-à-vis du choix des jouets ou de carrière. Personne ne pousse les jeunes filles vers la psychologie et les garçons vers les mathématiques. De nombreuses études ont montré qu'en moyenne, les parents ne traitaient pas les garçons et les filles de façon différente.

Ce qui démontre à quel point le militantisme social est voué à l'échec.

Nous n'avons aucune chance d'imposer nos modèles. Nos sujets seront réfractaires aux expériences de « correction ». Chaque tentative s'est soldée par un échec lamentable. Ça te dit quelque chose, le mouvement kibboutz ? Vers les années 1940-1950, ses responsables lancèrent une politique d'égalité sexuelle totale. Les femmes furent encouragées à assumer des fonctions masculines. Elles étaient très motivées idéologiquement, et elles entrèrent en nombre dans le monde de la politique, des affaires et du travail. Mais, malgré le conditionnement, ces femmes et leurs filles ont fait machine arrière, pour reprendre des rôles plus traditionnels. Les filles sont allées plus loin que leurs mères, en exigeant de passer plus de temps avec leurs enfants. Et finalement, les différences entre les sexes sont devenues plus grandes à l'intérieur des kibboutzim qu'à l'extérieur.

« Le Parlement peut tout, disait le juriste Jean-Louis Delolme, excepté faire une femme d'un homme, et vice versa. »

Les différences sexuelles se retrouvent chez tous les primates, et chez presque tous les mammifères. Un ver de terre mâle a un cerveau différent d'un ver de terre femelle (*Science*, août 2012). Chez les humains, les macaques rhésus ou les bovins, le lait maternel diffère selon le sexe de l'enfant (Hinde, 2014). Les vaches et les lombrics sont-ils victimes de constructions sociales ? Quand on parle de théorie du genre, la seule « construction sociale » bien identifiée, c'est la théorie du genre.

« Si les femmes et les hommes se ressemblent, peuvent occuper les mêmes rôles, peuvent avoir les mêmes comportements sans que cela choque, il n'y a plus de modèle breveté pour leurs relations : tout est à inventer [...] On ne sait pas ce que peut être une société d'égalité, mais on soupçonne quand même que c'est une perspective plus stimulante pour le XXIe siècle. » L'auteur(e) de cette belle réflexion, Marie Duru-Bellat, travaille à l'Observatoire sociologique du changement et à l'Institut de recherche sur l'éducation, où elle sans doute chargée de soupçonner les perspectives stimulantes. D'autres l'ont fait : en 1961, l'écrivain Kurt Vonnegut, dans son roman *2081*, imaginait que tous les avantages « injustes » (biologiques) soient compensés par un « handicapeur général ». Les hommes forts sont lestés par du plomb, de même que les ballerines. Les beaux visages sont masqués. Les présentateurs radio ont un défaut d'élocution. Les gens intelligents reçoivent des décharges dès lors qu'ils tentent de profiter de leur intelligence.

Perspective stimulante, peut-être, mais ça ne suffira pas. Ça ne va pas assez loin. Il ne faut pas faire pression sur la nature, il faut la *modifier*.

C'est précisément ce qu'ont fait John Money et Anke Ehrhardt. Ces psychologues ont été consultés en 1984 par des parents de jumeaux, dont l'un a été victime d'un accident, à l'âge de sept mois. Suite à une malformation, le pénis du petit David a été gravement endommagé par une circoncision manquée. Les psychologues ont conseillé aux parents d'élever cet enfant comme une fille. Ils ont recommandé l'ablation des testicules et l'administration massive d'œstrogènes à la puberté, pour que son corps devienne celui d'une fille. Par chirurgie, on lui a même reconstruit des organes génitaux féminins. On lui a donné un prénom féminin et tout le monde l'a traité comme une petite fille.

On a oublié un détail : l'action prénatale de la testostérone. Au fil de sa croissance, les psychologues ont noté que leur jeune sujet avait des manières de « garçon manqué ». Énergie physique considérable, entêtement remarquable, tendance à dominer. « Je n'aime pas les jouets qu'on me donne. Moi j'aime traîner avec les garçons, grimper aux arbres et tout ça », déclarait-il. Malgré toute la bonne volonté des médecins, de ses parents et de son entourage, l'enfant de s'est jamais habitué à être une fille. À l'âge de quatorze ans, sa colère et sa frustration étaient extrêmes. À l'instant où il s'est mis à avoir des idées suicidaires, ses parents lui ont révélé ce qui s'était passé. « D'un coup, tout s'est éclairé, a-t-il raconté. Les choses avaient enfin un sens et j'ai compris qui j'étais et ce que j'étais. »

David et son frère jumeau ont déclaré que le docteur Money les avait forcés à simuler des actes sexuels, pour mieux « réassigner » leurs identités respectives. En 2002, le frère de David est mort d'une overdose de médicaments. En 2004, David s'est suicidé. Ses parents s'en sont pris à John Money. Pour se défendre, ce dernier accusa l'extrême droite.

Nous devons du respect à John Money. Il est le père (ou plutôt le *parent 1*) de la théorie du genre, et son désir d'égaliser était sans doute sincère. Le problème est qu'il n'allait pas assez loin. Il manquait de connaissances pour réussir. Hélas, au Parti, beaucoup des nôtres persistent à croire qu'il suffit de bricoler un vagin ou de trancher un pénis, puis de faire comme si, pour changer du tout au tout la personnalité d'un individu sans lui porter préjudice.

Le mal est bien plus profond. Il remonte aux premiers âges de la vie. Le mal, c'est la reproduction sexuée. Ce qu'il faut, c'est la supprimer. Et *biologiquement*, il faut corriger les différences sexuelles. On ne peut pas compenser une inégalité biologique par une inégalité sociale.

Dans *Le Meilleur des mondes* d'Huxley, le conditionnement commence avant la naissance. C'est au minimum ce qu'il faudra pour combattre la nature.

Quand on constate que le dimorphisme sexuel est largement prénatal, on peut soit imaginer que les pères envoient des ondes machistes aux fœtus, soit décider qu'il faut agir contre la nature, au niveau prénatal.

Les hommes ont un taux de testostérone beaucoup plus élevé que les femmes, et on constate que les femmes au taux plus élevé que la moyenne sont moins souriantes, réussissent mieux les tests de rotation mentale et moins ceux d'aisance verbale, ont davantage d'aventures extraconjugales, ont une présence plus forte et une poignée de main plus énergique.

Un fœtus privé de testostérone devient morphologiquement une fille.

Les hormones sont la clé de l'égalité. L'administration d'hormones sexuelles permet de féminiser les cerveaux masculins et de masculiniser les cerveaux féminins.

Récemment, la psychologue Virginie Valian faisait cette – très juste – déclaration : « Parmi nos proches parents tel que le macaque rhésus, les chercheurs ont découvert que les femelles jouent avec des poupées bien plus que leurs frères, qui préfèrent, eux, les ballons et les petites voitures. Il paraît peu probable que les singes aient été endoctrinés par des stéréotypes d'un catalogue [...] Nous n'acceptons pas la biologie comme un destin absolu... Nous vaccinons, nous inoculons, nous médicalisons... je propose que nous adoptions la même attitude à l'égard des différences sexuelles ».

C'est ce féminisme-là, l'avenir ! Toute la technologie occidentale doit être mise au service de l'égalisation globale des sexes, en les supprimant biologiquement, pour créer à la place ce que l'on désire depuis toujours, une espèce asexuée, enfin libre, enfin égale. Après quoi, nous règlerons leur compte aux différences intellectuelles, morphologiques, émotionnelles…

À cœur vaillant rien d'impossible. Tout se transforme.

Bien entendu, il faut assurer la perpétuation : ce ne sera que l'occasion de mieux la contrôler. De la raciser une bonne fois pour toutes.

La « facilitation » de la garde alternée, l'adoption pour tous, la multiplication potentielle du nombre de « parents » ou « d'ayants droit », constituaient déjà autant de pas vers la domestication totale.

Nous sommes d'accord pour dire que l'enfant est le fardeau de la femme, et que sa conception doit devenir un acte médical indépendant de l'acte sexuel. François Hollande pensait lui-même qu'une femme pouvait parfaitement se passer d'un homme pour concevoir. En novlangue, on appelle ça « artsem ». « Tous les enfants devraient être procréés par insémination artificielle et élevés dans des institutions publiques » (*1984*). Même si nos savants faisaient en sorte que l'homme ne puisse disposer que d'un seul spermatozoïde par an, ça ne suffirait pas à égaliser les comportements, car seule la mère restera certaine que l'enfant est le sien, et s'investira donc toujours plus que le père. Si l'on veut détruire toute la valeur du consentement féminin, il faut non seulement détruire l'ovule, mais tout le mécanisme hormonal qui se rattache aux sexes et à la conception.

Je me mets à rêver que, dans un premier temps, on pourrait recourir aux mères porteuses volontaires, avant de totalement échapper à la reproduction sexuée, peut-être en créant des usines à bébés, pleines de ventres artificiels. C'est le seul moyen de détruire les conditions sexuelles. Il faudra ensuite réassigner hormonalement tous les individus, avant la naissance, avant même l'embryogenèse, afin de bloquer tout processus de sexualisation. Vaste et excitant chantier !

Bref, j'ai compris que les femmes n'avaient pas à être comme les hommes. Elles n'ont pas, comme le souhaitait Joy Sorman, à être vulgaires et à se rouler sous la table. La vérité, c'est qu'il ne doit plus y avoir ni femmes, ni hommes. Nous ne voulons plus la victoire des femmes, nous voulons leur disparition. Nous ne voulons plus gagner la guerre des sexes, nous voulons les détruire. Ils sont un obstacle au grand projet égalitaire du Parti.

# 6

# À L'ÉCOLE DE DRESSAGE

*Nous allons vous presser*
*jusqu'à ce que vous soyez vide,*
*puis nous vous emplirons de nous-mêmes.*
**Orwell, *1984***

Expéditeur : Professeur Locuste.

Destinataire : Monsieur Moyen.

« Donnez-moi une douzaine de nourrissons en bonne santé, bien formés, et l'environnement avec les caractéristiques que j'indique pour les élever. Je vous garantis que je peux prendre n'importe lequel au hasard et le former à devenir n'importe quel type de spécialiste de mon choix – médecin, avocat, artiste, commerçant, et, oui, même mendiant ou voleur, quels que soient ses talents, ses penchants, ses tendances, ses aptitudes, ses inclinations et la race de ses ancêtres. »

Ce credo behavioriste, énoncé en 1930 par John Watson, doit rester le nôtre.

Je partage l'enthousiasme de la camarade Béatrice. Notre objectif, au fond, est de changer l'Homme. C'est le sens du Progrès. Notre dressage doit devenir définitif. Qu'on me permette, quant à moi, d'agir aussitôt l'enfant né.

Je suis chargé des programmes d'enseignement du Parti. J'ai travaillé dans le primaire, le secondaire, et j'ai longtemps enseigné dans le supérieur. Mon rayon, c'est le dressage. Je vous prie de croire que je sais de quoi je parle.

Le Parti a toujours eu, et je m'en félicite, la manie de l'éducation. C'est la solution à presque tout. Nous ne parlons que d'éduquer et de rééduquer, nous devons tous, en permanence, nous dresser les uns les autres. Chaque individu passe au moins le quart de sa vie entre nos mains, parfois davantage. Nous avons couvert le pays d'écoles et de cursus, devenus obligatoires. Les parents ne voient l'avenir de leurs enfants qu'à travers nos enseignements et nos diplômes. Autre bel exemple de dressage : nous avons imposé l'idée que cette école coûtant huit-mille euros par élève – cent-cinquante milliards par an – était « gratuite ».

Éduquer, quel mot merveilleux. Étym. : « Former, apprivoiser, dresser. »

Là où je ne suis pas d'accord avec ma camarade Béatrice, c'est lorsqu'elle interprète le *Zugzwang* comme une possibilité d'admettre que le Parti ait pu, à un moment donné, avoir tort. Le Parti a *toujours* eu raison. C'est ça, le *Zugzwang*.

Je ne partage pas sa volonté dangereuse, à mon avis à *la limite du tolérable* pour un membre du Parti, d'aller fouiner du côté des sciences du vivant, pour soi-disant mieux les détruire. Les ignorer, c'est mieux que les détruire. On ne peut guérir aucun mal par la biologie, qui est elle-même le mal.

L'éducation doit rester notre grand et bel espoir : éduquer le criminel pour ne pas avoir à lui couper la tête, éduquer l'écolier pour qu'il récite la bonne morale, éduquer le peuple pour qu'il admette qu'il a toujours tort. Nous devons présumer que l'homme est malléable, modifiable, améliorable, sans quoi notre action et notre dogme même n'auraient aucun sens.

La seule chose que je peux concéder, à la rigueur, ce sont des erreurs de méthode. Quand bien même nous ne parviendrions pas à égaliser les individus aussi vite que nous le voulons, nous pouvons – et nous devons – faire croire que la chose est possible, et imminente. Sans quoi nous serions accusés d'imposture, et perdrions la foi de la populace.

Le désir d'égalité est le moteur du Parti.

L'homme a un ego qui s'estime lésé, nous voulons lui rendre justice. Réparer les injustices, c'est la base de notre communication. Tous nos actes, toutes les campagnes de « droits » et de taxations sont menées à ce titre.

La vie est tellement injuste. Même s'ils sont plus intelligents, même s'ils ont subi une opération correctrice, les myopes ne peuvent devenir officiers pilotes d'avion ou d'hélicoptère. Les moches sont parfois privés de sexualité, les nains de basket, les anorexiques de sumo, les obèses de gym. Eh bien nous considérons que c'est une honte. Nous voulons une société d'espoir. Nous voulons que les aveugles puissent devenir pilotes de ligne et que les manchots aient enfin accès au chocolat.

Si l'on veut égaliser des humains qui n'ont pas la même chance, la loi doit les traiter de manière différente ; par exemple, aider les pauvres et sanctionner les riches. Donc décréter que les individus sont *inégaux en droit*. L'inverse de la déclaration de 1789. Si l'égalité est à ce prix, nous n'hésiterons pas une seconde.

« Nous commandons à la vie. À tous ses niveaux. Vous vous imaginez qu'il y a quelque chose qui s'appelle la nature humaine qui sera outragée par ce que nous faisons et se retournera contre nous. Mais nous créons la nature humaine. L'homme est infiniment malléable » (*1984*).

Vous trouvez ça effrayant ? Je trouve ça excitant. Si l'homme est infiniment malléable, rééducable, ré-assignable, le maître est tout puissant. Il peut – et même il doit – modifier l'homme, tant que subsisteront en lui des signes de résistance à la domestication totale.

L'apprentissage est tout, le reste n'est rien. Voilà le dogme. Le cerveau est vierge, aussi disponible pour l'Éducation nationale que pour les publicités de TF1. « C'est sur une page blanche que s'écrivent les plus beaux poèmes », disait Mao, « l'humaniste » de François Mitterrand (*L'Express*, le 23/02/1961), l'idole de tous les membres du Parti, de cinquante-sept à quatre-vingt-dix-sept ans. La Chine de Mao, mais aussi l'URSS de Lénine, le Cambodge de Pol Pot, ont utilisé le principe de table rase pour s'approprier le pouvoir et rééduquer les individus. Big Brother doit s'en servir pour justifier le conditionnement.

Le savant Lyssenko, qui combattait la génétique réactionnaire, en affirmant que les plantes étaient totalement influencées par le milieu, fut le favori de Staline plusieurs années durant, personne n'osant s'opposer à lui. À peine cinquante ans après sa déchéance, nous sommes parvenus à étendre à l'homme sa merveilleuse pensée.

Tout le monde en est persuadé : la biologie n'est rien. Admettre le caractère génétique du sourire (les bébés aveugles sourient tout autant que les bébés qui voient), c'est déjà du *déterminisme*, c'est déjà une hérésie. « Nous ne pouvons faire autrement » que de « prendre cette position », a constaté le biologiste marxiste Stephen J. Gould en 1998.

Oui, il nous arrive d'être de mauvaise foi, et tyranniques (Gould et ses amis ont forcé des biologistes à abjurer la biologie), mais notre avantage, c'est que nous sommes inattaquables. Nous sommes toujours contre la haine, contre la guerre, contre le sexisme, contre le racisme… Personne ne peut nous critiquer. Nous sommes des anges. Les anges ont la morale pour eux. Et quand ils ne parviennent à triompher, ils peuvent toujours accuser le Diable.

Puisque nous pensons comme Rousseau (Jean-Jacques, pas Sandrine) que tout le monde naît bon (« Seul le nouveau-né est sans tache », chantaient les Khmers rouges), puisque notre État est plus tentaculaire et puissant que jamais, alors les inégalités sont le fait du Diable. Les enfants sont victimes d'un milieu malfaisant. Les parents, la pauvreté, les structures fixes. La droite. Voilà la corruption.

C'est ce milieu fascisant qui les rend mauvais et inégaux.

Il faut donc contrôler ce milieu, et corriger les individus.

Big Brother EST l'ange, il est Dieu. Il est toute la vérité, et rien que la vérité. Lui seul détient les clés du bonheur de tous les peuples et de toutes les âmes. Il est le maître suprême.

Big Brother, qui est un dieu jaloux, considère les parents, la famille et l'hérédité comme ses concurrents et ennemis.

Les enfants étant des êtres malléables, ils doivent être arrachés à leurs parents pour être rééduqués, reprogrammés, réassignés par l'État, pour les enrégimenter à vie sous la bannière du progrès. On les confisque à leur milieu délétère, on maîtrise au mieux leur expérience par un long dressage, notamment en les préservant des influences familiales, bourgeoises et incultes (en un mot : de droite), et on les conditionne à se donner à fond pour la société de consommation, sans oublier de voter pour les « forces du progrès ».

Est ainsi née l'éducation morale, dite nationale. Son objectif n'a jamais changé : conditionner les citoyens pour la grandeur de leur nation – ou plutôt de leurs maîtres. Avant, cette réussite passait par le patriotisme, le travail et l'intelligence. Aujourd'hui, elle passe par la morale et la consommation. Comme le reste, l'Éducation nationale suit la domestication. J'en veux pour preuve le fait qu'elle soit mondialement considérée comme une chose « bonne » et comme un critère essentiel de la mesure du développement humain (IDH).

On s'en doute, la réalité est différente : « Malgré tous les beaux discours, notait le biologiste René Dubos, l'objectif de la plupart des écoles, y compris les universités, est le conditionnement social plutôt que le développement de l'individu. »

L'Éducation nationale *obligatoire*, troisième bastion du Parti après l'information et l'université, est une tentative de contrôle des pensées, de la culture et plus habilement de la morale. Pensée par les universitaires, dispensée par les enseignants, elle a l'étonnante propriété d'être sublimée par les élèves eux-mêmes. Leur examen « moral », tacite, est permanent, et ils progressent autant grâce à leur conformisme qu'en vertu de connaissances objectives.

En France, tout ce qui est institutionnel ne peut qu'être aux ordres de la morale dominante. CNRS, Éducation nationale, et même la hiérarchie policière. Le non-conforme est toujours écarté.

Le savoir descend d'en haut bien plus vite qu'un penseur dissident ne pourra jamais y monter.

Nos universités, d'inspiration soviétique, abritent 95 % d'intellectuels proches du Parti, de pétitionnaires professionnels qui cadenassent l'ensemble des disciplines dites « sciences humaines », les plus politisées et médiatisées. Ceux qui rédigent manuels et programmes, comme les journalistes, réécrivent le passé, recréent l'homme, contrôlent le savoir. Leur seule obsession est de dominer le monde universitaire et de maintenir cette position.

Pour asseoir leur légitimité, ils consacrent beaucoup de temps à l'obtention de diplômes reconnus, à travailler dans des écoles prestigieuses, uniquement pour se donner une forme d'autorité mandarinale, qu'ils pourront dispenser eux-mêmes à leurs bons élèves. Le diplôme est un brevet de conformisme.

Le Parti a réussi à imposer une large coalition de diplômés ayant dûment accompli leur interminable cursus, qui ne se donnent qu'une seule mission : maintenir entre eux et les autres cet interminable cursus. Plus il en coûtera pour entrer dans le club, plus la place sera prestigieuse, plus leur statut en dépendra, plus le réel sera maintenu loin de nos étudiants. Plus la liberté coûtera cher.

Nous avons fait en sorte que personne ne puisse bousculer notre ordre établi de lécheurs de bottes. Aller publiquement à l'encontre de la morale dominante, de l'autorité scientifique, médiatique et morale, est quelque chose que beaucoup de gens ne peuvent pas faire. Avant de miser, un joueur calcule simplement les risques de son investissement. Ces calculs conduisent à peu près tous les théoriciens à atténuer à peu près toutes leurs théories. Nous privilégions le calcul à la vérité.

Il faut un mobile sérieux pour se révolter, et nous n'en laissons aucun, à personne. Un professeur installé n'aura pas le courage de remettre en cause son investissement, dont on a fait en sorte qu'il devienne indépassable (une réputation, un statut, un bon salaire, des conférences, des réceptions, des colloques, des années d'études et de recherche), pour enseigner une vérité susceptible de tout lui faire perdre parce qu'il aura sur le dos ses confrères, les médias, les pouvoirs publics et les milices étudiantes.

De toute façon, beaucoup de directeurs de recherche sont nommés directement par le Parti, par l'Élysée, les syndicats, ou les amis bien placés. L'université est très semblable au milieu médiatique. Même coterie, même système de reproduction sociale, de légitimation interne. Si vous déviez, vous sortez. Pas de mécréants dans nos églises.

« L'excellence » ne doit surtout pas échapper à Big Brother. Rien ne standardise autant que les grandes écoles. Avec l'ENA et autres fabriques de socio-démocrates bien comme il faut, quotas de « défavorisés » inclus, nous traçons les voies sacrées du dogme, menant droit au sommet de l'État. Il suffit de regarder dans le détail ce que sont devenus les étudiants de la « promotion Voltaire » du camarade Hollande pour s'en convaincre. Tous répartis « aux postes clés de la République » (*Le Figaro*, le 4/04/2013).

Il faudra s'efforcer d'être plus discret : le formatage de cette école est si grossier que le jury de la promotion 2011 s'en est ému. « Uniformité de comportement, voire de pensée. » Tendance à « choisir le confort apparent des formules convenues, reprises jusque dans le vocabulaire des modes administratives ou médiatiques [...] Difficultés à porter un jugement motivé sur les réformes en cours, à apporter la comparaison » (*Le Figaro*, le 12/06/2012).

Comment entre-t-on à l'ENA ? Il n'y a pas d'épreuve scientifique. Un test d'expression écrite niveau collège, quelques connaissances technocratiques. Le plus dur, c'est peut-être de se concentrer suffisamment pour retenir toutes les inepties administratives qui offrent l'admission. Certains réussissent à le rater quand même, comme la ministre de l'Éducation Najat Vallaud-Belkacem, deux fois. Mais les bonnes relations, vous comprenez.

Elle n'a pas eu besoin de se rabattre sur la « promotion diversité », celle des candidats « issus de milieux défavorisés », recrutés, préparés et entraînés au concours. La marche était trop haute pour la première fournée, intégralement recalée (AFP, le 11/04/2011). Ne vous faites pas de souci pour eux : les portes de la politique leur sont grandes ouvertes. Sinon, il y a Sciences Po : grâce au regretté Richard Descoings, environ cent-cinquante élèves « issus de lycées classés ZEP », rejoignent chaque année les sept-cent-soixante-dix méritants qui ont réussi le concours d'entrée (*Libération*, le 30 juillet

2014). L'excellence est devenue morale. Et bien payée. Directeur de l'IEP Paris, Descoings gagnait près de quarante-cinq-mille euros bruts par mois, selon la Cour des comptes, qui dénonçait en 2012 l'explosion des primes – plusieurs dizaines de milliers d'euros annuels – que s'octroyait le personnel, sans oublier l'opacité de la rémunération des enseignants. Pour soixante heures de cours dispensées par an, certains doublaient leur traitement de professeur des universités. Du propre aveu de l'école, 70 % de ses ressources proviennent de l'argent public. En 2009, 30 % des diplômés de Sciences Po ayant un emploi travaillaient à l'étranger.

Nous en sommes fiers. Et nous y agissons en toute tranquillité : il n'y a guère que la Cour des comptes pour s'intéresser à nous de temps à autre. Vous ne vous demandez jamais qui contrôle l'enseignement supérieur ? Il est vrai que ce n'est que l'âme de votre nation, grâce à laquelle nous maintenons sous notre coupe toutes les pensées qui comptent.

L'Éducation nationale est un domaine plus délicat. Nous subissons la pression directe des parents d'élèves, et les élèves eux-mêmes subissent notre enseignement, quand les étudiants sont à peu près volontaires. En d'autres termes : nous ne sommes pas tranquilles, et nous avons l'obligation d'entretenir l'illusion de résultats.

Au fil de ma carrière, j'ai établi les conclusions suivantes :

1. Si l'on supprime tous les critères d'évaluation, il n'y a plus d'inégalités visibles, par

conséquent l'Éducation nationale dissimulera son impuissance méthodique et ses erreurs idéologiques.

2. Prétendre qu'il n'y a rien de plus important que l'égalité, prétendre que le milieu et les discriminations génèrent les inégalités, conditionne les écoliers et étudiants, futurs citoyens, à exiger toujours plus d'interventions du maître, afin de les corriger. D'un seul mouvement, ils accroissent leurs dépendances, et la puissance de Big Brother.

Il est important de développer ces deux points.

D'abord, l'école doit détruire tout instrument de mesure. Benoît Hamon a dit vouloir en « finir avec les notes sanctions » (*Le Figaro*, le 24/06/2014). Il a réaffirmé le « refus de toute sélection à l'entrée en master » (Communiqué ministériel, le 25/06/2014). On peut se persuader qu'il n'y a que de « bons résultats », puisqu'il n'y en a plus de mauvais. On donne aux élèves des lettres ou des pastilles colorées plutôt que des notes – pourquoi ne pas essayer, comme dans *1984*, le novlangue ? « *Inbon*, *bon*, *plusbon*, *doubleplusbon*. » On vérifie les « compétences acquises », on évalue sur « la maîtrise des codes scolaires », on supprime contraintes, réprimandes, confrontation aux autres et à soi, punitions, châtiments, publicité des résultats, autorité. Et on explique aux plus attardés que ce n'est pas leur faute. L'illusion de la discrimination offre aux plus imbéciles le bénéfice du doute. « Je ne suis pas un imbécile, je suis la victime d'une société injuste. »

Nous avons intérêt à flatter les imbéciles – ils sont nombreux – en leur offrant ce qu'ils se persuadent de mériter, en faisant tout pour gommer leurs inaptitudes et en leur expliquant que les derniers seront les premiers. C'est précisément ce que fait l'Éducation nationale.

Face aux inégalités persistantes, nous avons misé sur des traitements différents, en sur-investissant dans l'accompagnement des enfants « en grandes difficultés », « en situation d'échec » ou « à problèmes », en cherchant à « mixer » des élèves « de cultures différentes », en abaissant délibérément le niveau des concours, voire en les supprimant. De manière générale, nous finirons par refuser tout système de mesure, puisque les mesures nous trahissent. Notes, Pisa, tests de QI, statistiques sur la délinquance…

On veut désormais « assouplir » l'orthographe. Être moins exigeants avec les mathématiques. Le niveau baisse, sans espoir qu'il remonte, comme l'a admis *Le Monde* (les 20/02/2013 et 27/05/2014). Mais nous ne voulons corriger que la réalité. Détruire les thermomètres, relativiser les notions de réussite et d'intelligence. Je n'admettrai jamais, comme la camarade Béatrice, que notre combat de quarante ans n'ait servi à rien. Ce n'est pas nous le problème. Les tests ne sont pas adaptés. Et nous souffrons du manque de moyens. Nous ne cessons d'investir dans les Zones d'éducation prioritaire (20 % des élèves), si ça ne suffit pas, ça veut dire qu'il faut doubler, tripler, décupler ces arrosages. Et venir à bout de l'idée d'excellence, qui nous plombe. « Éducation égalitaire » ou « égalité des chances », ça veut dire consacrer du temps et de l'énergie aux mauvais, et oublier les bons. Impossible de trop encourager ces derniers : ils doivent se laisser rattraper, pour ne pas creuser les inégalités.

Nous devons tricher. Truquer davantage les résultats du bac, ce que nous faisons depuis des années.

Chaque année, il faut organiser la même effervescence médiatique autour de l'inévitable « bon cru » et du nouveau record de bacheliers. En 2014, les lycéens ont lancé une pétition contre le niveau trop élevé du bac. Quelques heures plus tard, « l'Inspection générale donnait consigne aux correcteurs de revoir la notation, en vue de remonter les notes » (*L'Express*, le 23/06/2014). Une braderie géante, voilà ce que le bac doit être. Jean-Pierre Chevènement a décidé en 1985 que 80 % d'une classe d'âge devait atteindre le niveau bac. Obtenu jadis par 50 % des candidats – qui représentaient 10 % de leur classe d'âge –, le diplôme équivalait à un niveau de 100 de QI. Désormais, comme 90 % des candidats l'obtiennent (plus de 80 % d'une classe d'âge), son niveau est inférieur à 85 de QI. Peut-être nettement inférieur, puisque ceux qui n'ont pas le bac n'ont souvent jamais essayé de le passer, il est donc difficile de déterminer sa valeur réelle.

C'est bien ! Mais pas suffisant.

Nos fonctionnaires font du zèle : ils ne notent plus sur 20, mais sur 24 (alors que la moyenne pour obtenir le bac reste à 10). Notes gonflées, points ajoutés, programmes allégés, épreuves sur mesure… On appelle ça « l'harmonisation ». Et si les profs n'y mettent pas du leur, l'administration repassera derrière eux. De la dissertation, nous sommes passés à la composition, puis à la « réponse organisée », puis au questionnaire à choix multiple et à la simple récitation d'une bribe de cours, avec extrême indulgence des jurys. « Voir chaque année une proportion plus élevée de candidats réussir à l'examen, c'est une promesse de la République envers ses jeunes », rappelait Benoît Hamon (*Le Figaro*, le 29/06/2014). Plus de cinq-cent-mille lauréats par an. Hélas, ce succès artificiel entraîne un taux d'échec colossal à l'université, où plus de la moitié des bacheliers généraux entrent chaque année.

N'ayez crainte : nous travaillons précisément à aligner le niveau de l'enseignement supérieur sur celui du bac. L'objectif Pécresse était d'avoir 50 % de diplômés du supérieur dans les jeunes générations. Pas besoin de compétences pour consommer et travailler dans le tertiaire, ce à quoi tout le monde se destine, ce à quoi nous destinons tout le monde. Pourquoi voudriez-vous que l'Éducation nationale ou que nos universités, dans un monde que nous avons voulu fictif, se battent pour offrir des aptitudes et obtenir des résultats, quand une illusion de réussite globale suffit ?

Pour flatter le besoin de reconnaissance et faire croire qu'on maîtrise la situation, on offre les diplômes en espérant que personne ne le remarquera.

Nous devons être impitoyables avec les enseignants qui n'ont pas encore compris que la sévérité et l'exigence faisait du tort à la morale du Parti. Nous devons faire des exemples, comme ce collègue, écarté de la fac de droit de Besançon pour avoir saqué sa classe. « Le jeune professeur, tout juste agrégé, confie être "surpris et désolé" par la réaction des étudiants, mais aussi "déçu de ne pas avoir réussi à se faire comprendre", rapporte la doyenne. Selon elle, cette hécatombe résulte d'un choc entre deux mondes, opposant un thésard habitué aux jurys très exigeants, qui aurait "placé la barre un peu haut", et une promotion d'étudiants "indisciplinée et dont le problème de maturité se pose réellement". "Certains manquent en plus de culture générale de base", ajoute-t-elle » (*Le Parisien*, 12/02/2014).

Le niveau affligeant de culture, d'orthographe, de réflexion, ne doit plus préoccuper, pourvu qu'on occupe les jeunes. Pendant que les étudiants font la fête, jouent à la révolution en bloquant leur faculté, ils n'encombrent pas les rues. Ni les bibliothèques. C'est jubilatoire : ces jeunes font exactement ce qu'un pouvoir peut espérer d'eux. *L'ignorance, c'est la force.* Pas seulement celle des élèves et des étudiants : celle des professeurs et des décideurs aussi.

Plus besoin de culture scientifique, historique et littéraire pour trouver sa place dans notre société. Tout ce qui compte est d'impressionner son monde. La pensée encombre, nuit à la docilité. Savoir, c'est devenu répéter. Ça suffit en tout cas pour entrer à l'ENA. À juste titre, nos jeux télévisés vénèrent les quidams doués pour retenir quantité d'informations ineptes. Connaître ses classiques audiovisuels offre le pouvoir et parfois la richesse. La télévision devient donc socialement plus importante que l'histoire, la philosophie, la science. L'intelligence se résume à en restituer le verbiage. C'est un concours de disponibilité cérébrale.

Dans un devoir universitaire, le copier-coller suffit à convaincre. Personne ne cherche à se cultiver ; tout le monde veut donner l'impression de l'être. « La France est un pays où il est plus important d'avoir une opinion sur Homère que d'avoir lu Homère. » Stendhal est toujours d'actualité. Vous ne rencontrerez plus de gens qui pensent, mais seulement des êtres pourvus d'avis. Sous les anecdotes et le bagout, sous le matelas conformiste, l'ignorance doit être épaisse, insondable.

Près de 30 % des jeunes sont des illettrés.

Plutôt qu'enseigner, nous continuons à prêcher l'épanouissement spontané des compétences : tout élève ne demande qu'à nous éblouir, à condition qu'on ne l'embête pas avec des règles, du savoir, des contraintes et des méthodes. Nous devons multiplier en ce sens les « classes pilotes », sortes de crash-tests scolaires. Pour apprendre ce qu'est un complément d'objet direct, on parle de développer « plusieurs intelligences », « naturaliste, musicale-rythmique, corporelle-kinesthésique», pour «retrouver le bonheur d'apprendre».

Dans *Le Nouvel Obs* du 4 avril 2014, une enseignante se réjouissait du fait que ses élèves aux intelligences multiples produisent des «slams stupéfiants», tout en concédant que ça coûte quinze-mille euros par classe et que les «difficultés des élèves à l'écrit restent très importantes». Et de conclure, convaincue: «Nous incarnons l'avenir de l'Éducation nationale, c'est le bon sens même.»

Peu importe les gamelles, l'important est de garder la foi. Le 10 mai 2014, *Le Nouvel Obs*, toujours, se demande pourquoi la France aime tant l'échec. Alain Boissinot, nommé par Vincent Peillon «président du Conseil supérieur des Programmes», qui refuse l'idée d'un examen comme le bac, estime que la France manque de diplômés (peu importe qu'ils soient qualifiés), qu'elle est «enfermée dans le pessimisme et la culture du passé» à cause de son vieux fond «janséniste», pour qui il existe des gens prédestinés. Cet homme «de gauche» de par ses «racines» se félicite que les taux de réussite scolaire remontent quand on est moins sévère avec les élèves. Le «pari de la confiance». Peillon parlait «d'école de la bienveillance». Boissinot croit pour sa part en une «conception positive de la nature humaine». «Nous devrions aussi tous relire Victor Hugo qui défendait le progrès de la société humaine par l'éducation: c'est si galvanisant.»

Stimulant, galvanisant... Rien de tel que la morale du Parti pour motiver nos troupes.

Comme essayait de le dire Christiane Taubira, « l'Éducation nationale permet à chacun d'être le meilleur de ce qu'il peut devenir ». Et même si, pour ce faire, nous devons nous prendre pour Frankenstein.

Jamel Debbouze suggérait, comme « traitement de fond pour l'école », d'y généraliser le théâtre d'improvisation ; tant qu'à faire le sien, celui-là même que vont applaudir, en connaisseurs, Hollande et ses ministres. Une proposition, financée par Marc Ladreit de Lacharrière (un autre de nos milliardaires militants), qui « coïncide parfaitement avec les analyses savantes des experts » (*Le Nouvel Obs*, le 7/09/2014).

Il faut communiquer mieux, afin d'expliquer aux parents combien apprendre le *slam* et le *stand-up*, en développant son intelligence corporelle-kinesthésique relève de l'instruction publique.

Les enfants en bas âge ne doivent y échapper : à la maternelle, on pratique le « parler bambin » pour « réduire les inégalités » (*Le Nouvel Obs*, le 20/11/2014).

Bien entendu, tout ça ne va pas sans un certain chahut bon enfant. Des profs renoncent à toute idée d'enseigner, sous prétexte qu'ils font des monologues devant des classes livrées au désordre. Ils ne sont pas assez militants. Ils estiment par exemple que le vivre ensemble ne vaut pas leurs salaires de « sous-payés » selon l'OCDE (2 596 euros net pour un prof des écoles, 3 389 pour un prof de lycée). Beaucoup d'enseignants potentiels renoncent à postuler par peur d'être affectés dans un quartier sensible – quartiers désertés par les enseignants expérimentés. Confraternellement, je veux leur rappeler que le préjugé est un crime par la pensée.

Tant les vocations se perdent, certains rectorats abaissent le niveau de recrutement de leurs enseignants. En région parisienne, vous pouvez être titularisé en obtenant au concours une moyenne de… 4/20 (*Le Figaro*, le 16/05/2014).

Je peux les entendre sur un point : nos écoles, comme les locaux de *Libération*, doivent rester un sanctuaire. Le Parti, c'est la Cité interdite. Or 49 % des directeurs d'écoles disent avoir été agressés durant l'année scolaire 2012-2013 (*Le Parisien* du 29/04/2014). On ne peut pas blâmer les jeunes, puisqu'ils sont des victimes. Et on peut comprendre que l'utilisation des écoles pour « réguler les conséquences des flux démographiques » (Robert Redeker) provoque çà et là quelque émoi. Mais on ne peut pas tolérer que nos enseignants finissent par baisser les bras. Ils n'ont qu'à travestir leur échec sous de « nouvelles méthodes d'apprentissage », en affirmant qu'au moins, dans leurs classes, il y a de la vie. Et parfois des morts aussi, mais ce n'est pas si grave. Le plus grave n'est pas que la violence entre dans notre camp de rééducation. Le pire, ce serait que les parents en fassent sortir leurs enfants. Face aux inquiétudes, nous devons garder la main. Quand votre chien enfreint une règle, vous le punissez. Raccourcir la laisse, c'est le réflexe de tout bon maître. Les gens se plaignent de l'Éducation nationale ? Double dose pour tout le monde. Les parents se plaignent du désordre et du manque d'autorité ? Montrons-leur qui commande en confisquant leurs prérogatives, en leur interdisant ce geste de dressage ultime qu'est la fessée. Ce sera un beau symbole. 87 % des parents français en sont toujours adeptes (UFE, 2007). 95 % des grands-parents, 95 % des parents et 96 % des enfants en ont reçu.

Pour nous, ce sont d'abord les parents qu'il faut punir, s'ils ne respectent pas les préconisations officielles. On peut par exemple leur retirer leurs enfants. Tout le monde doit comprendre que l'autorité n'appartient qu'à Big Brother. Interdiction absolue et formelle est faite aux enseignants de lever la main sur un élève. Même consigne est donnée aux policiers. Et comprenez bien que *vous*, policier, enseignant, parent, êtes en définitive les véritables *élèves* (étym. : personnes instruites par un maître), et que *vous* n'avez aucune autorité légitime à exercer sur quiconque, et que, très au-dessus de *vous*, il y a nos minorités protégées, puis l'État, la loi, la morale et Big Brother, le *seul* maître, le *seul* qui soit habilité à punir et dresser.

À gauche comme à droite, on envisage régulièrement d'interdire l'école à domicile (proposition de loi UMP du 18 décembre 2013), au motif que cette « désocialisation volontaire » est « destinée à soumettre l'enfant [...] à un conditionnement psychique, idéologique ou religieux » et qu'elle doit donc être, au minimum, soumise à « un contrôle de professionnels agréés par l'Éducation nationale ».

Seul le conditionnement de Big Brother est légitime. Comme le préconisait Vincent Peillon dans un français – heureusement – réformé : « Il faut être capable d'arracher l'élève à tous les déterminismes, familial, ethnique, social, intellectuel. » (*JDD*, le 2/09/2012).

Pour le même Peillon, « l'école a un rôle fondamental, puisque l'école doit dépouiller l'enfant de toutes ses attaches pré-républicaines pour l'élever jusqu'à devenir citoyen. Et c'est bien une nouvelle naissance, une transsubstantiation qui opère dans l'école et par l'école, cette nouvelle Église avec son nouveau clergé, sa nouvelle liturgie, ses nouvelles tables de la loi » (*La Révolution française n'est pas terminée*, Seuil, 2008).

Le projet est clair : nous devons détruire un monde qui n'est pas le nôtre, effacer son passé, renier sa grandeur. Et bien entendu, promouvoir notre morale, enseigner la doctrine qui pourra contrer les préjugés, notamment par le biais des associations « sensibilisatrices » qui se battent pour obtenir l'agrément pour « démanteler les préjugés », c'est-à-dire rééduquer vos enfants. Dès le primaire, des documentaires sur l'homophobie. La colonisation, la collaboration. Il faut apprendre à vos chérubins la culpabilité, la haine de soi et l'indignation, inculquer les discours de supériorité morale, auxquels tant des nôtres doivent tout. Il faut apprendre à un animal domestique qu'il n'a pas de patrie, mais un maître. Il faut apprendre au petit Blanc combien se haïr peut lui rapporter. Et comme toujours, multiplier les petites réformes pour faire hurler les parents d'élèves, à intervalles réguliers. Si nous parvenons, alors que tout ce que nous faisons devrait jeter la France dans la rue, à pousser les parents d'élèves à entamer une grève de la faim contre les seuls *rythmes scolaires*, nous gagnons. Nos syndicats ont leur part de mérite.

« Enfin une femme à ce ministère ! » s'est félicité Christian Chevalier, de SE-Unsa, quand Najat Vallaud-Belkacem a été nommée. « Un des derniers bastions réservés aux hommes vient de tomber », a ajouté Sébastien Sihr, du SNUIPP. Même son de cloche du côté des associations de parents d'élèves, la FCPE, par la voix de son président Paul Raoult, tout comme Valérie Marty, de la PEEP, se réjouissant que ce « grand ministère très féminisé » soit dirigé par une femme (*L'Express*, le 26/08/2014). Au fond, nos apprentis dresseurs sont tranquilles : personne ne songe à trop les déranger. L'Éducation nationale peut en toute quiétude sensibiliser, conscientiser, éduquer et rééduquer.

L'enfant est réceptif à la compétition morale. Dès sa première rédaction naïve, il faut le récompenser. Nous devons organiser entre lui et ses pairs des concours de bonnes intentions, pour la paix, le climat, contre les discriminations. Les meilleurs sont parfois lus à l'Assemblée.

On conditionne la compétition morale à venir. On leur suggère des objectifs, des raisons d'être. Redistribuer les richesses. Se battre pour les droits des migrants. Lutter contre la faim dans le monde. Voilà comment ils pourront exister. Le professeur remercie les parents, les parents congratulent le professeur. Beau dressage, félicitations. C'est moi.

Et ceux qui manifestent des prédispositions seront récompensés. Ça, c'est la carotte.

Pour l'adolescent, c'est encore plus simple. Il aura tendance à s'opposer à tout ce qui ressemble à de l'autorité. Manière d'exister, de prouver aux siens son appartenance et sa loyauté. Il croit faire ça pour lui, de manière libre et rebelle, quand il s'astreint à plaire à son groupe, pour y acquérir un statut. Avec pour but final de s'attirer les faveurs du sexe opposé.

Si l'on veut manipuler un jeune, il faut manipuler sa nature de suiveur.

De nombreuses expériences ont montré que le meilleur moyen de souder un groupe était de lui désigner un ennemi. C'est ce que nous faisons : l'ennemi, Goldstein, est tout ce qui empêche la domestication, c'est-à-dire l'égalité, la jouissance sans entraves, les récompenses en continu, pour tous. On incite nos jeunes à se rebeller contre tout ce qui s'apparente à une contrainte, à un obstacle au progressisme. À exiger des actes, et plus vite que ça. Les exiger auprès de qui ? Qu'ils l'implorent ou qu'ils l'insultent, c'est toujours au maître qu'ils s'adressent. Là est la plus grande force de Big Brother. Il parvient à inciter ses élèves à se liguer contre lui, mais pour exiger *davantage* de lui. Ils n'existent en définitive que par lui.

En rabâchant à l'enfant qu'il ne doit sa réussite et son potentiel qu'au milieu, on amorce un processus qui le conduit à s'en remettre – sa sécurité, ses responsabilités, ses désirs, son être et sa vie – à son milieu, donc à l'être omnipotent qui y règne. Big Brother, en l'occurrence. On conditionne le futur citoyen à exiger toujours plus de domestication. On fait comprendre à l'élève que c'est le seul moyen d'exister et d'acquérir un statut. J'ai dit que les élèves sublimaient l'Éducation nationale. Voilà le moyen de dominer que nous leur offrons : par l'orthodoxie, la dénonciation, la compétition morale.

On s'efforce de faire croire à ces jeunes qu'ils sont dangereux, uniques et rebelles, quand ils ne sont que bien dressés. Les chiens les mieux récompensés deviennent nos gardiens les plus obéissants. Tous entretiennent au sein du groupe la peur d'être exclu, dissuadent celui qui aurait l'absurde idée de ne pas suivre, de ne pas prôner davantage de juvénilité et de domestication.

La carotte des jeunes, c'est finalement tenir le bâton. Devenir punisseurs auxiliaires. L'éducation utilise la pression du groupe pour mieux transmettre le témoin de sa morale. Les enfants doivent dépasser en sévérité leurs parents et leurs enseignants, traquer chez leurs proches les symptômes de non-orthodoxie. Ils doivent surveiller, corriger et dénoncer, de manière citoyenne.

Nous aimons les jeunes parce qu'ils font exactement ce que nous attendons d'eux. Les étudiants sont nos curés. Ils se précipitent sur tout ce qu'on leur donne, en matière de wokisme, d'inclusivité et d'intersectionnel, croyant ainsi se rebeller contre l'ordre établi quand ils en sont les plus fervents supports. Le militantisme de campus, les études interminables, leur petit monde festif, associatif, engagé, l'infinité de petites revendications que nos syndicats leur suggèrent (cannabis, LGBT, bourses, etc.), sont autant de moyens de les contrôler. La fac est le bac à sable du Parti. Songez au « rebelle » Bruno Julliard, dirigeant de l'Unef, devenu responsable socialiste, conseiller ministériel, premier adjoint au maire de Paris. Faire le rebelle ou l'ENA, même résultat. On canalise ainsi l'agitation sociale, en offrant aux perroquets rouges des places confortables et un statut moral inespéré.

Le rebelle ne veut pas la fin de Big Brother, jamais de la vie : il exige que Big Brother en fasse plus, qu'il soit encore plus puissant, qu'il s'occupe encore plus de lui. Manifester pour demander des droits, c'est le plus parfait état de sujétion dont un maître puisse rêver. Toute sa vie, le militant sera persuadé de « bousculer », d'être tout à fait « subversif », quand il ne sera qu'un toutou voulant apprendre davantage de tours. Demander plus de domestication, c'est ce que font la gauche et l'extrême gauche, de toute éternité. Nous en sommes fiers, de ces « baiseurs de système » si pressés de se joindre à la grande orgie des rentiers de l'impôt. Méritocratie morale. Un simple enfant qui cherche la baffe peut devenir membre d'honneur du Parti intérieur et jouir à vie de ses privilèges. Comme le disait Smith, songez à Cohn-Bendit.

Nous devons appuyer les provoc' de tous ordres, subventionner les films qui « dérangent », salarier les humoristes « poil à gratter », rien ne doit plus être valorisé que la rébellion conformiste. « Je peux cracher des horreurs du moment qu'on sait que je respecte la tragédie de l'holocauste et que je défends les immigrés », a déclaré Nicolas Bedos (*Le Monde*, le 18/01/2014). Tu as tout compris, mon grand. Su-sucre.

À Paris se tient chaque année le Salon du livre libertaire, dans un immense local offert par le contribuable sur ordre du pouvoir socialiste, où des anticapitalistes font des affaires en vendant des livres anarchistes vingt-cinq euros pièce, les mêmes qu'on retrouve bien achalandés dans les grandes surfaces. À chaque fois que le Parti parvient à faire entrer un « baiseur de système » dans ce salon, il sème sa morale, et gagne sur le long terme. Je vous laisse deviner qui baise qui.

Big Brother investit pour l'avenir et dompte la bêtise. Il donne un peu de mou dans la laisse aux « idées » de la jeunesse, excite les tribus de la justice sociale contre les patrons du CAC, contre les cent familles, contre les 1 %, contre les privilégiés, contre la police, contre l'ordre réac' et bourgeois, contre la droïte, contre les Blancs.

La vraie rébellion ne sera jamais vantée par le Parti. La subversion, ce n'est pas ce que les médias adorent et les États subventionnent. Ce n'est pas non plus le collectif réactionnaire que vous imaginez, de ceux qui ont abdiqué leur pensée pour faire toujours exactement le contraire de ce que nous préconisons. Le contraire d'une erreur est souvent une autre erreur : ceux-là nous rendent un fier service, et matérialisent ce Goldstein que nos jeunes apprennent à haïr en groupe, à travers la dérision branchée de Barthès.

Big Brother se nourrit de tous les « rebelles » qui n'exigent jamais sa fin, mais sa considération et ses doubles rations. Big Brother a détourné à son profit la rébellion et la marginalité, si bien que ces deux termes sont devenus gages de statut. Comme en URSS et dans *1984*, une fois récompensés par le régime, les « rebelles » en deviennent les meilleurs policiers.

Notre dressage est infaillible.

Je pense que vous-même n'en doutez plus une seconde, compte tenu de la foi que vous nous accordez.

On vous fait croire qu'on travaille à modifier l'environnement pour vous rendre heureux ; en réalité, nous nous concentrons sur votre dressage pour vous rendre aveugle. Plutôt que vous satisfaire, nous vous persuadons que vous le serez si vous continuez à nous suivre.

Si le bonheur est le but de l'homme, il suffit de lui apprendre à aimer ses malheurs. Comme l'écrivait Huxley, « tel est le but de tout conditionnement : faire aimer aux gens la destination sociale à laquelle ils ne peuvent échapper ».

Aimer votre malheur, aimez le Parti. Voilà votre solution.

Laissez-moi vous éduquer.

Pour dresser un animal, il faut lui désapprendre la vie. Briser son jugement. Pas par la force brute, comme dans les films, mais simplement par le bruit de fond, une patiente décoction de terreur et de désir. Un harcèlement rendu invisible par l'habitude.

Dans les années 60, vous parliez, sans mauvaise intention, d'infirme, de taudis, de grosse, de nègre. Vous avez ensuite parlé d'handicapé, de ghetto, de personne enrobée, d'individu de race noire, parce qu'il était plus *correct* de le faire. Puis vous avez parlé de personne diminuée, de quartier populaire, de femme ronde, de personne de couleur, parce qu'il était plus *correct* de le faire. Vous parlez maintenant de personne en situation de handicap, de zone sensible, de personne qui s'assume et de minorité visible, parce qu'il est plus *correct* de le faire.

Qui vous a *corrigé*, durant toutes ces années, si imperceptiblement que vous en avez à peine eu conscience ?

Depuis toujours, nous faisons peser sur vous cette peur d'être incorrect. Nous sommes installés dans votre conscience, vous le savez, et vous ne pourrez pas nous en déloger.

Sans doute parlerez-vous dans quelques années de citoyen en impondérabilité transitoire, de faubourg transcendant, de personne à la membrane avantageuse, de citoyen épidermiquement nanti.

Certes, les catégories mentales demeurent. Nous n'arrivons pas à réellement les modifier. La vie nous a installé dans le crâne un programme de survie primaire. Nous pouvons vivre sans jamais saisir l'époustouflante complexité théorique de la relativité, de la mécanique quantique ou de l'administration française. En revanche, il vaut mieux distinguer clairement les choses de la vie, par exemple considérer que les lampadaires ne sont pas relatifs, et qu'un traumatisme crânien ne l'est pas non plus.

Nous héritons d'une capacité à élaborer des définitions radicales, sans quoi nous serions nous aussi condamnés à l'indécision pathologique. Jour-nuit, noir-blanc, homme-femme, etc. Qu'il existe un crépuscule, des métis ou des transsexuels ne remet pas en cause ces catégories, ni leur pertinence pratique.

Nous avons réussi à vous persuader du contraire. Les préjugés sont des résistances mentales à notre dressage. Il importe donc de les briser.

On vous a appris à ignorer vos catégorisations (« faut pas généraliser »).

Mieux : on vous a appris à inverser vos préjugés, en l'échange d'une récompense (l'estime sociale). On vous apprend, par exemple, que les humains naissent bons et égaux. C'est le contraire d'un préjugé. Ça s'appelle une doctrine.

Par les temps qui courent, vos préjugés vous seront moins utiles que notre endoctrinement. Apprenez à vous en accommoder.

Abandonnez-vous au maître.

Toute identité repose sur la morale.

L'intégrité morale est plus importante que l'intégrité physique.

Nos récompenses et nos punitions, parce qu'elles sont morales, triomphent du réel.

La rue vous terrorise, mais vous cherchez à vous persuader du contraire. Comme un tigre face à un cerceau en feu, on perçoit chez vous malaise et volonté de fuir, mais la peur du fouet est la plus forte. L'homme conditionné s'efforcera toujours et en toute circonstance d'afficher son attitude « sans préjugés », comme le fauve se contraindra de sauter à travers les flammes. Les préjugés sont là, mais par sa doctrine, le maître les écrase.

Si d'aventure, par égarement, vous *préjugiez*, vous vous infligeriez une grave blessure identitaire. Entorse morale. Vous vous puniriez alors vous-même, par la honte et l'autodénigrement, à moins que vous n'effaciez l'incident de votre esprit. Nous faisons tous la même chose : notre cerveau est un incinérateur à réalité. Les meilleurs ne sont pas conscients de se mentir. Ceux qui promettent d'améliorer le monde se sont convaincus de leur philanthropie.

Ils sont dupes de leur cerveau, croient agir par idéal, pour des valeurs. Ce n'est que la peur, le conformisme. Notre inconscient est un putschiste, qui nous manipule en associant le manque d'orthodoxie au dégoût universel que procure un organisme en décomposition. L'ennemi pue. Il est nauséabond, rance, dégueulasse. Ses idées ramènent à la douleur, à la peur, à la mort. Il est un paria qu'il faut lapider ou ignorer.

Vous n'y échappez pas. Tout individu est conditionné à suivre le groupe. « L'évolution des mentalités », c'est un troupeau qui change de direction au gré de la volonté des bergers, par peur de l'exclusion, des coups de bâton, ou des crocs des chiens.

Vous faites partie de ce troupeau. À des degrés divers, nous sommes tous conditionnés – et dresseurs apprentis. On se ment, on se manipule, on se surveille soi-même. Vous acceptez de modifier vos pensées, de modérer vos avis, de parfois nier votre vision du monde. Vous vous soumettez au politiquement correct. Vous êtes endoctriné.

« Ils peuvent nous faire dire n'importe quoi, absolument n'importe quoi, mais ils ne peuvent nous le faire croire. Ils ne peuvent entrer en nous » (*1984*).

*Nous sommes entrés.*

Le dressage est une réussite.

Nous avons réussi à faire en sorte que vous deveniez le flic de votre propre pensée.

*La nouvelle aristocratie était constituée,*
*pour la plus grande part, de bureaucrates,*
*de savants, de techniciens, d'organisateurs*
*de syndicats, d'experts en publicité,*
*de sociologues, de professeurs, de journalistes*
*et de politiciens professionnels.*

**Orwell, *1984***

# PARTIE

# III

# CRÉATURES

# 7

# LE BESTIAIRE DU PARTI

*Il n'est pas important de savoir qui détient le pouvoir, pourvu que la structure hiérarchique demeure toujours la même.*

**Orwell, *1984***

Expéditeur : Maxime Geschöpf.

Destinataire : Monsieur Moyen.

Ne m'en veuillez pas, mais comme l'un de nos anciens dirigeants, j'ai vu de la lumière et je suis entré. Je n'ai pas pu résister. Je veux vous faire lire quelque chose. Voici le genre de petites distractions auxquelles je m'adonne encore, entre deux conseils, pour ménager mes neurones. J'ai retrouvé ce portrait écrit il y a six mois. Je visais même à le publier, sous pseudonyme. Ouvrez les guillemets, je me cite :

Que nous le qualifiions d'*intellectuel,* que nous le considérions comme un philosophe (étym. : amoureux de la sagesse), que Ségolène Royal lui trouve l'esprit « nuancé », qu'on le prenne pour un cinéaste, un écrivain, un témoin d'autre chose que son nombril, dit tout de notre époque.

Cinéaste raté, avec à son actif *Le Jour et la Nuit*, incontestablement et malgré Delon le plus mauvais film français de tous les temps (Dieu sait pourtant que la concurrence est rude), écrivain le plus connu et le moins lu de France (et pour cause, nous dit Buffon : « Ceux qui écrivent comme ils parlent, quoiqu'ils parlent très bien, écrivent mal »), le héros des quarante désastreuses se joue malgré tout du réel, des rires aux déboires qui s'attachent à ses pas comme une malédiction divine. Comment ? En dénonçant des monstres, de Saddam à Kadhafi, sans passer par DSK ni Polanski. En étant dans les bons hôtels au bon moment. Bangladesh, Rwanda, Pakistan, Bosnie, Géorgie, Égypte, Libye, Ukraine… Pour nos médias, il n'en faut pas plus pour être apôtre de vérité. « La Libye, opération réussie », dira *Le Monde*, avant que le pays ne sombre dans un chaos inédit. Mais les caméras étant reparties avec l'opérateur, nul n'éditera le chaos.

Mascotte favorite des présidents depuis Mitterrand, président du conseil de surveillance d'Arte, membre de celui du *Monde* (Bergé, Niel, Pigasse), actionnaire de *Libération* (Ledoux et Rothschild), chroniqueur au *Point* (Pinault), édité par Grasset (son ami Lagardère). « La célébration du vingtième anniversaire de sa revue, *La Règle du Jeu*, que presque personne ne lit, a néanmoins donné lieu à une réception extravagante à laquelle ont accouru la plupart des responsables des grands médias. La dégradation du crédit de la presse est-elle tout à fait étrangère à la surface médiatique qu'occupe, quoi qu'il advienne, quoi qu'elle fasse, une personnalité au crédit à ce point frelaté ? » (*Le Monde diplomatique*, le 24/12/2010).

Oligarque du réseau mondain du Parti, ami des payeurs – les investisseurs –, ami des payés – les politiciens et les journalistes –, penseur impensable, prudhommesque metteur en scène de son Lui, de cet ego flottant, de cette morale apatride, de cette machine communico-progressiste, de cette tragédie qu'on s'interdit de trouver comique, de cet « homme de théâtre » dont Valls, Sarkozy, Hollande se sont précipités pour applaudir la dernière pièce – contre toute attente, une mise en scène de lui-même –, vite déprogrammée faute de public.

BHL est le seul enfant qui joue à faire pan-pan avec un bâton en étant persuadé qu'il tue pour de vrai. Personne n'a osé le lui dire. Tout le monde a joué avec lui. Tout le monde a décidé de le prendre pour BHL. Le triomphe de la juvénilité, le fou debout sur sa pierre, le cuistre adoubé intellectuel, le millionnaire BHL, ses amis, ses tartes, ses psychotropes, sa chemise, ses trucages, ses maîtres à penser imaginaires (Botul), sa plenelisation des sources, sa coiffure, ses indignations… Comme Hollande, comme les médias, BHL est une œuvre. Caricature de la dualité morale la plus fanatisée, qui demande aux Français de se mondialiser et aux Juifs de ne pas s'assimiler, BHL, le philosophe-abîme, le Rémi Gaillard de la diplomatie, le Patrick Montel de la géopolitique, est l'entartage permanent du paysage médiatique, le nez rouge du clown, le Moi-président du Parti. Comme Jamel, il veut introduire le théâtre d'improvisation (le sien) au milieu des champs de bataille (les vrais). C'est impunément qu'il s'intitule partout « représentant des opinions publiques européennes ». Comment les médias pourraient-ils dénoncer une hypocrisie de sa part, puisque les trois quarts d'entre eux le prennent au sérieux ?

« Un danger le guette », a dit de lui Mitterrand. « La mode. » Comme il le sous-estimait, nous l'avons tous sous-estimé. La mode, c'est lui. La mode de gauche, celle qui va jusqu'au bout, déchaîne les armes, laisse des faits en ruines, et revient déjà avant la fin de la stupeur, cheveux au vent et chemise ouverte, expliquer en direct ce qui a manqué au réel pour devenir un rêve d'enfant.

Derrière la lassitude, ses voyages et nos sourires, la possibilité d'un BHL est un séisme mental pour des millions de Français. BHL nous fait tous, moi le premier, douter du réel, il est une preuve irréfutable du triomphe de la morale et du faux… si les conséquences de ses actes n'étaient pas, elles, conformes à ce que l'on attendait : le désir engendrant le pire. Mais les caméras le suivent et lui ressemblent, si bien qu'il est condamné à demeurer la somme de ses bonnes intentions. Cet histrion, cet ectoplasme, ce « Sartrien conséquent » (dixit lui-même), témoin procureur au procès d'un ouvrier accusé de racisme, a-t-il vraiment déclaré que les larmes permettaient de négliger la présomption d'innocence ? Oui, on a les images. Mais BHL, l'homme-écran, annihile toute conviction, et les pièces qui vont avec. Il a l'incroyable capacité de survivre à tout ce qu'il détruit. Il échappera toujours aux lois temporelles. Il est au-dessus, il est mythologique, il est notre divinité des foudres et du désordre, Seth, Baal, Typhon, indifférent à toute vérité, *globe-trotter* de la pensée unique et des bons massacres, fou de la morale comme il y a des fous de Dieu, voilà la force de l'idée dans toute sa puissance, voilà l'humain à visage barbare, qui veut écraser des gueules à coups de talon. BHL, l'homme aux semelles de sang, n'est pas seulement l'imposture dans toute sa pureté. Il est la mode, la modernité, le Progrès, un défi permanent lancé aux faits, le plus sublime exemplaire de tout le bestiaire du Parti.

*Créature*, subst. fém.

Produit quel qu'en soit la nature spécifique.

Élément de la création doté ou non doté du statut de « personne ».

Produit d'une entité quelconque.

Production issue de l'art.

Être engendré par l'homme.

Personnage issu de l'imagination.

Être démoniaque émané de la Puissance du Mal.

Personne qui, devant sa situation à quelqu'un, se fait son agent, pour le pire comme pour le meilleur, et n'hésite pas à abdiquer sa dignité.

Exemplaire de l'espèce humaine.

Notre époque qui chérit les tares et régale les menteurs met en lumière les créatures les plus aptes à proliférer sur le cadavre de votre patrie. Un mélange de dompteurs et de domptés, de phénomènes morbides propres à la domestication lucrative, à ce cirque que vous nommez « politique ».

C'est envoyé, non ?

Sublime, forcément sublime BHL. Il y en a un seul autre, d'encore plus sublime, mais je le garde pour la fin.

J'ai été un politicien. Une vie de coups bas, accaparée par la quête de pouvoir, une vie dédiée à la jouissance, sous toutes ses formes. J'ai tout fait pour ça. J'ai pris tout ce qu'il y avait à prendre. Nous avons passé une vie à nous battre ; au fond nous étions tous les mêmes.

Je suis un vieil homme, j'ai tout vécu, et je suis heureux de mourir. Parce que je n'ai plus rien à gagner, ni à perdre, je puis tout dire. Qui nous sommes, nous, les politiciens, les créatures du régime, comment nous fonctionnons, comment nous avons fait de votre patrie notre esclave, et comment – il n'y a pas d'autres mots – nous la baisons.

C'est peut-être ce qui lui donne sa force, mais BHL n'est pas un vrai politicien. Il a placé son cynisme au service de sa morale ; les vrais politiciens font le contraire. Porte-paroles de Big Brother, nous formons sa secte d'hémisphères gauche, de trompeurs conscients, parmi lesquels se sont égarés quelques rares croyants. Taubira est de ceux-ci, c'est ce qui en fait l'idole des moralistes. Qui plus est, elle est noire, et a été traitée de primate. C'en est pourtant une, tous les scientifiques s'accorderont sur ce point. Pas parce qu'une femme qui « exerce son intelligence devient laide, folle et guenon », comme le prétendait Proudhon, un de ses maîtres à penser, mais parce que nous appartenons tous à l'ordre des primates. Quand on qualifie Taubira de « lionne » (*Terrafemina*) ou de « tigresse » (Bruno Masure), personne n'y voit rien à redire.

Notre nature nous effraie à ce point que nous trouvons ça méchant et infâme de comparer à un singe un être humain, surtout s'il se nomme Taubira. Moi, je suis d'accord avec Goasguen : les seuls primates sont au FN. D'ailleurs, quand il dit ça, personne ne moufte ; c'est bien la preuve qu'il a raison. Taubira, en revanche, y toucher, c'est faire pleuvoir les tribunes. Scandalisons-nous avec les feudataires du Parti.

Christine Angot : « Nous n'avons rien dit parce que nous ne savons pas comment faire, comment dire ce que nous ressentons, nous ne trouvons pas les mots pour expliquer la terreur qui nous saisit à la gorge, la peine radicale, plus que profonde, radicale, une tristesse qui touche le fond, que nous éprouvons, cette histoire de banane nous tue. »

Virgine Despentes : « Christiane Taubira s'étonnait de ce qu'aucune "belle et haute voix" ne se soit élevée pour la défendre, et en l'écoutant j'avais envie de lui dire : c'est vous, Madame, la belle et haute voix. Nous pensons que vous feriez une formidable présidente de notre République. »

Yann Moix : « Votre personne, comme une sorte de caisse de résonance, présente cette particularité, quasiment inédite, de dévoiler à elle seule, de stigmatiser sur elle seule, les nombreuses maladies dont notre pays est aujourd'hui atteint. Puissiez-vous, Madame, exister encore longtemps, et incarner cette Marianne au visage plus humain, moins éthéré, moins lisse aussi, que celle dont rêvent les nostalgiques d'une France éternelle qui, pour notre grand bonheur, n'eut jamais la moindre réalité et, ne leur en déplaise, n'existera jamais. »

Philippe Besson : « Ce à quoi nous assistons depuis des mois a un nom : il s'agit de la mise à sac méticuleuse du pacte républicain. [...] Ceux qui s'expriment partout, tout le temps, représentent une France moisie, haineuse, fermée, peureuse. [...] Dans les années 30, en Allemagne, on expliquait que les Juifs étaient tous voleurs, menteurs. On se rappelle comme l'histoire finit. »

Autant Taubira m'est respectable, autant j'exècre ces larbins du régime. Nos convaincus. Vous savez, l'auteur investi, tout sérieux, droit dans ses valeurs, l'altruiste gourde qui ne manque pas une occasion de donner sa courageuse opinion, « la guerre, c'est beaucoup de malheur », ou quelque chose d'aussi spirituel. Ces parasites gagnent ainsi l'exposition médiatique qu'ils n'auraient jamais eue par leur talent.

Bref, le déferlement d'hystérie taubiromane se calmait à peine que, dans une démonstration de double-pensée dont nos troupes ont le secret, des indignés de rue se parèrent d'un masque de singe et adoptèrent le slogan : « Nous sommes tous des guenons guyanaises. » En pleine marche contre le racisme, aux premiers rangs tapissés par l'*intelligentsia* du Parti, Taubira appela le *Petit Journal* pour remercier ses bouffons de se montrer si serviles.

La tribune « Nous sommes tous des singes français » (*JDD*) fut signée par Jeanne Moreau et quantité de courageuses célébrités. BHL rassembla la fine fleur de l'antiracisme, à savoir Fourest, Sopo, Léonie, pour « réanimer l'indignation, la colère et la vigilance antiraciste ».

J'aime ces grandes et belles tragédies, et tout l'inattendu qu'elles recèlent. J'aime cette Histoire contemporaine que notre morale écrit, tantôt grotesque, tantôt sublime, souvent les deux.

Quoi qu'il en soit, l'exorcisme fut redoutablement contre-productif. Il faut dire que le soldat Taubira s'était déjà tiré plusieurs chargeurs dans les orteils. Aussi impopulaires qu'elle, ses lois furent rejetées (comme la très laxiste réforme pénale jugée inefficace par 75 % des Français). Ses gaffes, sa pénible emphase, son conformisme trop grossier ont, autant que l'émerveillement de ses obligés, agacé les Français et précipité sa chute. En toute logique, elle est tombée en disgrâce pour ses paroles, et pas pour ses actes. Agissez mal, communiquez bien, on vous aimera : c'est la base. Christiane a été très mauvaise, sur les deux tableaux. Le plus gênant étant peut-être sa prétention littéraire, une logorrhée profuse aussi embarrassante que le mauvais devoir d'un fils de proviseur. D'Aimé Césaire, elle n'est que l'adolescente admiratrice, et jamais le « secours » des poètes ne sauvera ni sa langue ni sa carrière.

Mais la banane est devenue son totem d'immunité. C'est grâce à elle que Taubira, sacralisée par nos dévots, a durablement imposé son mètre et demi dans l'Olympe de nos demi-dieux, et au ministère de la Justice.

Valls et Hollande avaient un message à faire passer : on la soutient malgré les bananes, on ne s'oppose pas à sa démente politique judiciaire et moi, Manuel Valls, je n'ai rien de personnel contre elle.

Certes, elle qui n'a jamais été élue qu'en Guyane et en Europe, qui a fait 2 % aux présidentielles en 2002, va vite être renvoyée dans les placards du PS, en emportant avec elle la fierté de la loi qui porte son nom, cette étape décisive vers le Bien que fut le Mariage pour tous.

Pour qu'elle continue à vivre largement de vos impôts, en arrondissant ses retraites (vingt-cinq ans de députation, ça pèse), n'importe quelle commission confortable fera l'affaire. C'est peut-être mieux comme ça, car Taubira, au contraire de Valls, ne cherchait pas à tromper. Comme Plenel, elle est une passionnée de sa cause. L'incompétence visible, le socialisme éclatant. À chaque fois qu'elle ouvrait la bouche, un millier de Français ouvrait les yeux.

Ça ne faisait pas nos affaires.

Chez un puriste, un Manuel Valls, par exemple, il n'y a plus la moindre trace de cerveau droit. Pas d'instinct, pas d'intuition, uniquement une logique de communication. À l'inverse de Taubira, Valls, « comble de la représentation », comme le disait Zemmour, n'est pas un béni de faciès. Il est d'ailleurs plus représentatif de notre classe politique. Il faut l'être si l'on veut se faire aimer de la gauche tout en étant son épouvantail (5,63 % des voix aux primaires de 2011), si l'on veut demeurer le fétiche de l'ex-droite UMP tout en étant ministre d'Hollande, si l'on veut entrer au gouvernement par la porte de sécurité, comme tout bon ministre de l'Intérieur qui se respecte, sur une succession de postures, menton en avant, bouche pincée, maxillaires contractées, sourcils froncés, regard de faucon et de vrai dur, au ras des berges à la Régis Laspalès, en plus méchant qu'idiot, caricature de l'ordre stupide hypnotisant le téléspectateur par son flot d'assertions rassurantes. « La plus grande fermeté », etc.

Ses faits d'armes ? « Dissolution des groupuscules. » Affaire Méric, affaire Vikernes, affaire Dekhar, affaire Dieudonné, la « fermeté » contre l'opportune et éternelle menace fasciste, la caféine favorite des sociaux-démocrates ambitieux.

Parcours conforme : UNEF-LDH-PS. Dernier politicien vivant battu par Robert Hue lors d'une élection. Premier flic de France et dernier Français informé – selon ses dires – des écoutes de Sarkozy dont tout le monde parlait depuis des mois. Comme à peu près un millier de présidents, de ministres, de secrétaires d'État, de rapporteurs et de chargés de mission avant lui, son rôle consiste à annoncer d'un ton grave qu'il faut réduire les déficits, relancer la croissance et créer de l'emploi. Sans oublier les plus démunis.

Valls est un socialiste « pragmatique », entendez « opportuniste ». Il s'est par exemple prononcé en faveur de la GPA : « C'est une évolution qui est incontournable [...], je crois que si celle-ci est maîtrisée, elle est acceptable, et j'y suis donc favorable » (*Têtu*, le 20/04/2011). Avant que cette même GPA ne devienne selon lui « une pratique intolérable de commercialisation des êtres humains et de marchandisation du corps des femmes » (*La Croix*, le 2/10/2014).

Spécialiste en communication pour Jospin, puis trompeur à son compte, Valls n'a pas rempli ses deux objectifs de ministre : lutter contre le Front national et faire semblant de lutter contre l'insécurité. Toujours par la posture et le discours. Un ministre de l'Intérieur de l'ère de la communication semble être condamné à « se rendre sur place », derrière la police et après l'ambulance en cas d'accident, d'émeute, d'incendie, n'importe quoi pourvu que les caméras y soient aussi. Se rendre au chevet du voyou victime d'un accident de la circulation, pour éviter des émeutes, Valls l'a fait (à Villiers-le-Bel, en juin 2012). Tout comme parler de « bousculades » pour qualifier les émeutes du Trocadéro, vous savez, avec pillage incorporé d'un bus de touristes que BFM avait « du mal à dissimuler... pardon à distinguer ». « La fête n'a pas été gâchée », assurait Delanoë. Trente blessés, un million d'euros de dégâts, neuf divisions de CRS mobilisées (*Le Figaro*, le 15/05/2013). Pas de quoi gâcher la fête. Après le réveillon, Valls déclare qu'aucun « phénomène majeur de violence urbaine n'a été recensé sur le territoire » (*L'Express*, le 1/01/2014). Un *phénomène*. On frise l'occulte. L'insécurité, sorte d'OVNI survolant notre radieuse « socialie », est gérée à coups de « condamnations » et de bruyantes intentions. « Le gouvernement sera d'une très grande fermeté. » C'est-à-dire ? On dirait un impuissant qui vous promet une nuit torride. Un ministre de l'Intérieur n'est pour rien dans l'insécurité, pas plus qu'un steward ne peut être responsable du crash de son avion. C'est la Justice qui tient le manche, et la Justice, c'est Taubira.

Vous voulez un autre scoop ? Les ceintures de sécurité ne suffiront pas.

Vous croyez que je crache dans la soupe ? Je fais ce que je veux, c'est ma soupe. Je suis un peu comme a été Georges Frêche – nous militions ensemble dans les cercles maoïstes des années 60 –, et à l'époque on croyait en quelque chose, on prenait des risques pour ça. La politique est devenue si fade… J'ai assez supporté tous ces petits cons hypocrites pour ne pas me priver du droit, avant de crever, de dire ce que je pense d'eux. Ne vous inquiétez pas, ma morale est pure. J'ai toujours défendu le Parti, et il me l'a sacrément bien rendu. Donc ne venez pas m'emmerder.

Bon, je disais donc.

Comme Valls surnageait dans les sondages, Hollande l'a appelé aussitôt, pour le couler avec lui. En politique, brûler ses vassaux est une stratégie basique. Le pouvoir le tuera, l'a déjà tué, il le sait, tout le monde le sait. Mais un politicien professionnel n'est pas programmé pour refuser l'ascension vers le soleil, quitte à s'y brûler les ailes. Prêt à tout, il s'est bien accommodé de Taubira, en proposant de la reconduire à la Justice, ultime aveu de son mépris des policiers qu'il prétendait défendre.

Valls a compris qu'à l'Intérieur on capitalisait par coups médiatiques. Une opération anti-terroriste par exemple, menée en juillet 2013 contre Varg Vikernes, Norvégien jadis condamné pour meurtre, repéré par la section antiterroriste, accusé de mettre en péril la sûreté de l'État parce que sa femme, membre d'un club de tir, possédait des carabines.22 long rifle, parce que lui aimait les couteaux, disposait d'une arbalète et peignait ses voitures en kaki. La panoplie complète du petit terroriste décrite à la page quatre du *Traité de survie d'un gouvernement impopulaire.*

Entre-temps, notre petit Manuel avait vu plus grand. L'antisémitisme, la valeur refuge. Et là, Valls est tombé sur un os. Son dernier combat de ministre de l'Intérieur a ressemblé à un suicide en direct. Reconnaissons un mérite à Dieudonné : sans lui, nous n'aurions pas lu des titres comme « Quenelle à Roissy – La direction d'Air France choquée » (*Le Parisien*, le 31/01/2014), ou encore « Des syndicalistes de la CGT pris en flagrant délit de quenelle » (*Libération*, le 30/01/2014). Nous n'aurions pas vécu la proposition d'une « loi anti-quenelle » à l'Assemblée. Nous n'aurions jamais eu le privilège de voir nos « experts » et autres « décodeurs » s'échiner à déterminer si ladite quenelle tenait plutôt du bras d'honneur ou carrément du salut nazi. Valls était prêt à tout pour défendre le droit à la castagne pour les antifas, le droit aux excréments pour les Femen, le droit au blasphème pour *Charlie Hebdo*, mais une quenelle, ça non. *No pasarán.*

En suivant objectivement l'affaire, pour autant que ce fût possible, on avait du mal à situer le comique. Les ministres se ridiculisaient si superbement eux-mêmes que Dieudonné semblait tout à coup plafonner, tel un *deus* soudain débordé par sa petite *machina*. De cette mise en abyme, on retiendra que Valls, Hollande, Ayrault, Taubira, ministres et autres commentateurs *se sont battus contre des quenelles*, en plein jour et sans masque, devant des journalistes médusés et un public hilare. C'est qu'ils seraient capables de nous bousiller notre antiracisme !

Pourquoi, bordel, pourquoi ? Ne pouvaient-ils pas laisser Dieudonné se quenelliser tout seul avec son projet dément de « réconciliation » ? Avec leur com' et à leur manière, Soral et lui font et veulent la même chose que nous, après tout : du pognon et du pouvoir pour niquer ; ils l'ont, ils se détendent, ça s'arrête là.

Des amis du Parti m'ont expliqué pourquoi nous étions tenus d'agir. Certainement pas parce que Dieudonné, Soral et leurs ananas voyaient des sionistes partout, mais parce que, premièrement, la quenelle risquait d'éloigner définitivement du PS les fameux deux millions d'électeurs issus de l'immigration qui ont fait basculer la présidentielle 2012 (à quoi bon donner le droit de vote aux étrangers si un clown pirate notre machine électorale ?), et deuxièmement, parce que Dieudonné profane, frappe le cœur de la morale, et que ça, ça doit rester interdit.

En concurrençant l'information officielle avec ses millions de cyber-spectateurs, il met en péril le dogme. Il tue l'antiracisme, le discours univoque reposant tout entier sur une Shoah que le Parti s'est totalement accaparée, afin de nous permettre, au quotidien, de polluer et empêcher toute pensée divergente, c'est-à-dire toute expression réelle de la démocratie. Si un pitre irrévérencieux sape cette base-là, l'unité de pensée de notre époque, le ciment des sociétés coupables, comment dès lors continuer à vivre et à terroriser, à être élu et à tromper, à lever des impôts et à détruire des peuples ?

Seule l'instrumentalisation éhontée de la Shoah permet au Parti de salir les non-alignés. En la croyant menacée, certains des nôtres ont été pris de panique. Qu'Arno Klarsfeld conseille de créer le trouble à l'ordre public pour faire interdire tout événement déplaisant, que France Info affirme que Dieudonné est allé jusqu'à lancer des nains, ne nous a pas rendu service.

Un instant, on a eu peur que la justice ne cède pas aussi facilement à nos demandes d'interdiction. Peur injustifiée : le Conseil d'État, dont Arno Klarsfeld est membre, est passé par là en un temps record pour sauver Don Manuel, en s'appuyant sur son mythique arrêt du lancer de nains (décidément) de Morsang-sur-Orge, l'acte le plus parfait que la justice ait jamais rendu, permettant aux autorités locales de priver les nains du droit d'être lancés, en vertu de la « dignité humaine ».

Avez-vous une idée de ce que ça veut dire ?

« Réagir avec dignité », ça veut dire accepter son sort de manière bien élevée. « Mourir dans la dignité », ça veut dire clamser présentable.

Le terme est flou, certes. C'est là tout l'intérêt.

Premier article de la Charte des droits fondamentaux de l'Union européenne : « La dignité humaine est inviolable. » Nul n'est censé ignorer la loi, mais personne ne sait ce qu'est la dignité humaine. L'occulte au cœur du droit. La dignité est une sorte d'honneur plancher, de respect minimal, de considération de base, garantissant tout un chacun contre l'humiliation, soit tout ce que peut souhaiter un animal domestique, avec modalités flexibles selon l'humeur du moment, soit tout ce que peut souhaiter son maître.

« L'émotion causée par l'atteinte au respect de la dignité de la personne humaine » peut constituer un « trouble à l'ordre public », c'est-à-dire la chose la plus arbitraire qu'on ait jamais inventé pour *interdire*.

Voilà comment l'on a interdit les spectacles de Dieudonné. Et voilà aussi pourquoi on a le droit de vomir en public, de se couvrir de honte sur les écrans et dans la rue, de s'exhiber et d'uriner dans les églises. Mais surtout pas d'être lancé en tant que nain. Ne cherchez pas à comprendre, c'est postmoderne.

« L'ordre public n'est pas une science exacte », disait Valls. Vous comprenez pourquoi.

Tous les jours en France, des gens sont volés, agressés, violés, assassinés, en toute dignité.

Nous basons toutes nos valeurs sur la notion de dignité. La justice, l'euthanasie, les droits, l'égalité. La loi n'a plus pour objet de défendre vos intérêts. Elle valide notre régime, fait de la morale une religion d'État. C'est au nom de la dignité humaine qu'on n'enferme plus personne, qu'on ne dispute plus les enfants, qu'on veut piquer les vieux, abolir les frontières, aménager des accès pour personnes à mobilité réduite, donner aux pauvres, taxer les riches, accélérer l'immigration. Tous les êtres humains sont « dignes » de tout exiger de la société, donc de ne plus rien exiger d'eux-mêmes. C'est l'arme du *Zugzwang*. Axel Khan expliquait que l'on ne pouvait mesurer « l'égalité des aptitudes » parce qu'elle touchait à la notion « philosophique ou éthique qui ramène à la notion de dignité humaine » (*Regards*, le 30/10/1997), qui, elle, est incommensurable.

Fermez le ban. Tous égaux et de gauche, sinon ce n'est pas *digne*.

Avec son langage, avec sa communication, Big Brother fait le sacré et défait l'adversité. L'infraction à la morale déclenche l'*indignation*. Les moralistes en ont fait leur mot d'ordre. Vous ne vous étonnez pas de voir des livres à succès intitulés *Indignez-vous* ou des manifestants s'intituler eux-mêmes « les indignés ». Selon Robert Wright, « l'indignation vertueuse est une pose qu'affectionnent les tricheurs afin d'écarter les soupçons ». Une sorte de laissez-passer dialectique. Parfait pour dissimuler nos crimes.

Associations et vigilants du Web constituent la tribu des perpétuels offensés, des petits justiciers qui parlent en votre nom, prompts à dénoncer des propos qu'eux seuls affectent de trouver « indignes ». « L'indignation vertueuse est peut-être l'émotion la plus impliquée dans la pratique de la moralité. Avoir cette émotion vous donne l'avantage sur les autres » (Maxwell, 1990).

C'est notre métier.

Le langage est au fond bien plus important que les politiciens, puisque toute politique est affaire de mensonges. Valls, c'est de la communication et ce ne sera jamais que cela. Sur nos attitudes et nos éléments de langage se concentre tout ce que la planète compte de communicants et de conseillers, chargés d'élaborer les phrases-slogans qui s'englueront à jamais dans vos neurones.

La seule réflexion politique est là. Comment soutirer au peuple son adhésion ? Quelles flatteries, quelle terreur, quelle démagogie ? À l'ombre de la réalité, dans les cabinets de conseil, les laboratoires que sont les QG de partis, on ne pense qu'à ça. Comment leur dire, comment ne pas leur dire, de quoi parler, comment parler. C'est ici que nos alchimistes du verbe créent nos *slogans rassembleurs*, nos *formules choc*, nos *petites phrases*, nos *communiqués*, nos *tweets*, destinés à divers niveaux de compréhension et « d'attentes ». Il faut cibler les publics, adapter ses mensonges, ne pas travestir n'importe comment le réel. Comme l'écrivait Orwell, « le langage politique est destiné à rendre vraisemblables les mensonges, respectables les meurtres, et à donner l'apparence de la solidité à ce qui n'est que vent ».

Tout discours politique est un bruit de fond publicitaire, une imbrication de slogans dépourvus d'articulation logique, censés bercer, rassurer, anesthésier le consommateur. Exactement ce que les fabricants impriment sur les paquets de lessive. « République », « valeurs », « responsabilité »,

« confiance », « justice », « égalité », « rêve », « priorité », « idéal », « pacte », « solidarité », « diversité », « engagement », « redressement », « lutte », « courage », « croissance », « avenir », « ensemble », « relance », « emploi », « réformes », « réussir », « crise », « les extrêmes »…

Faites l'expérience : brassez ces mots et faites-en n'importe quelle phrase. Elle ressemblera toujours à un discours de François Hollande. Glossolalie. Verbigération. Baratin. Parler beaucoup et ne rien dire. Exercice de confusion hypnotique : discours de changement, alternatives illusoires, phrases ambiguës, ininterrompues, mélange de rassurant et d'inquiétant. Comme au fond nous disons tous la même chose, on s'efforce de varier la forme. *Présider autrement* (Jospin), *Le changement, c'est maintenant* (Hollande), *Une politique alternative pour l'Europe* (Cambadélis). *Ordre juste* (Royal). Choc de simplification, redressement productif, observatoire des contreparties, etc., soit, comme le disait Gustave Le Bon, des « sentences imprécises, évocatrices de rêves, que chacun est libre d'interpréter au gré de ses désirs, de ses haines et de ses espérances. En matière de foi le sens réel des mots importe assez peu ».

« Réforme », par exemple, ça plaît. Vous ne savez pas au juste ce que c'est, mais ça doit vouloir dire que les gars bossent, que les choses changent, que ça va surement dans le bon sens. Dès qu'on tient un mot comme ça, qui par la magie des temps prend une connotation positive, on l'utilise au maximum et on l'associe à tout ce que l'on veut promouvoir. Ainsi la prolifération du terme «citoyen», la marque de la domestication. Liste citoyenne, mobilisation citoyenne, sport citoyen, pique-nique citoyen, mouvement citoyen, projet citoyen, révolte citoyenne, etc.

Il ne faut pas oublier les postures. Condamner, «avec la plus grande fermeté», faire part de sa «vive émotion», etc. Ce sociolecte de classe a pour but, «non seulement de fournir un mode d'expression aux idées générales et aux habitudes mentales des dévots, mais de rendre impossible tout autre mode de pensée» (*1984*).

La langue officielle contrôle, atténue, interdit, déforme, corrige, contribue au détachement, à la chosification du réel, au panurgisme, anesthésiant la « base électorale », chose à ce point inerte qu'on se demande quels êtres doués de raison peuvent bien la composer.

À force de permanence et de standardisation des discours, vos cerveaux se ferment, plus personne ne semble entendre ce que nous disons. «S'il n'y a pas accélération, il n'y aura pas l'opportunité qui sera saisie.» «Par rapport à l'emploi il y a trop de chômage et par rapport au pouvoir d'achat il y a trop de vie chère.» Ainsi s'exprimait Manuel Valls. François Hollande n'est pas le dernier à parler français comme un Valls espagnol. Par exemple, le 31 mars 2014, quand il annonce sans le moindre échantillon de conviction son «gouvernement de combat», en lisant sur prompteur un discours écrit, relu et peaufiné par des conseillers payés pour ça, voilà ce que ça donne : « Pas assez d'emplois et donc trop de chômage. » Bon, déjà, faut reconnaître : c'est un sacré poilu, le François. J'aurais pas osé émettre une telle hypothèse. J'ai pas fait l'ENA, ça doit jouer.

« Je n'ignore rien non plus des souffrances de beaucoup d'entre vous à finir les fins de mois. » *Finir les fins de mois.* Une vingtaine de présidents et plus de sept-cents académiciens se cognent dans leur tombe. François Hollande nous explique ensuite que les Français sont « relégués » (?), mais qu'il s'est « forgé » une « conviction intime » pour leur répondre personnellement. « Je vous le confirme ici : le redressement du pays est indispensable. » Mince, je croyais que c'était facultatif. Fallait me le dire, j'aurais bossé plus.

Le meilleur pour la fin : « Mon devoir, c'est de savoir dépasser les résultats immédiats pour inscrire mon action dans le destin d'un grand pays comme le nôtre ». Hé ?

Après de tels attentats linguistiques, ses 13 % de popularité me paraissent prodigieux.

« Le devoir de parler notre langue correctement doit être un engagement du président de la République », disait-il pour être élu (*Le Monde*, le 2/03/2012). « J'ai mis fin à la vie commune que je partageais avec Valérie Trierweiler », communiquait-il une fois président (le 25/01/2014). *Mis fin à la vie commune que je partageais*? Et ils ont publié ça? Et aucun conseiller ne s'est défenestré ?

Ma préférée : « Il doit y avoir une entreprise pour chaque entreprise qui cherche un apprenti et la même chose dans le cas inverse » (*Le Parisien*, le 6/05/2014). Si après une telle phrase il avait hurlé depuis son balcon « je me suis compris ! », il aurait battu le record d'ovations du Général.

Au moins, personne ne risque de l'attaquer sur un tel discours.

Heureusement pour les lettrés – encore que –, nous avons mis au point une autre méthode que les incantations absurdes pour échapper à la critique populaire. Les Dix commandements tiennent en cent mots. La Constitution des États-Unis, en quatre-mille. Le Code d'usages en matière d'hygiène pour les produits à base d'œuf, en dix-sept mille. Le Traité établissant une constitution pour l'Europe, en cent-cinquante-mille.

Si vous ne comprenez rien à ce dernier, c'est normal, c'est fait pour. « La lâcheté rend subtil », disait Cioran. Chaque jour, on allonge la liste des lois, des rapports, des préconisations, des recommandations, des amendements et des règlements. Les institutions du Parti bidouillent incessamment leur cahier des charges pour le soustraire au réel. Les – rares – masochistes qui les liront n'oseront pas dire qu'ils n'y comprennent rien. Ils se résigneront à consentir, comme quand vous faites impatiemment défiler les « conditions générales d'utilisation » pour cliquer sur « J'accepte ».

Vous nous laissez gentiment le soin d'exercer le pouvoir, d'être bien payé, de bien manger, d'avoir les femmes et les larbins, de jouir de nos droits d'espèce supérieure. Sans oublier de nous houspiller le mercredi, d'assister aux cérémonies, de diriger des rapports et de « répondre aux inquiétudes ». Et lors de visites « impromptues » (pour éviter les sifflets et les manifestants), de nous prendre d'une subite passion pour le métier de tourneur-fraiseur. Dialogue d'une dizaine de secondes devant une trentaine de caméras. C'est dans la boîte, coco. Vite chauffeur, on m'attend à La Tour d'Argent. Et si les revendicateurs se font trop remarquer (comme ce syndicaliste de Florange, comme cette chômeuse qui a interpellé Hollande publiquement), on leur propose un poste. Ce n'est pas ce qui manque. Un bon dresseur ne sort jamais sans quelques friandises.

Honnêtement, c'est à nous qu'il faut le reprocher ? « Que comptez-vous faire ? », c'est devenu la question, la seule et l'unique, que le « peuple » autorisé peut et doit poser à un chef de l'État. « Que comptez-vous faire pour les éleveurs de lapins, pour les informaticiens, pour les retraites des plombiers, pour les saletés dans les cages d'escalier, pour les violences faites aux poneys », etc. C'est *vous*, la consternante et permanente exigence de domestication. Ce n'est pas de notre faute si partout où nous allons il n'y a que des mendiants pour nous interpeller avec la même rage exigeante.

Vous ne voulez pas la vérité, vous voulez du rêve. Vous voulez que le maître s'occupe de vous, personnellement, comme papa Noël. Vous ricanez devant la niaiserie des fictions qui finissent bien, et vous exigez de nous qu'on vous serve exactement la même tisane. Seule la fiction a le droit d'être réaliste. Permutation du vrai et du faux. Voilà ce que vous nous dites : « Soyez convaincants, trompez-nous, trompez-moi, encore, plus que ça, mieux que ça, plus précisément que ça. Faites de moi l'unique objet de votre tromperie. Puisqu'au fond, je me fiche d'être trompé : ce que je veux, c'est exister, être considéré, reconnu, par ceux qui représentent le pouvoir. »

La compétence ou la réalité n'a plus d'importance. Hollande est impopulaire simplement parce qu'il ne vous domestique pas assez vite.

Le problème, c'est cette impression de médiocrité continue que dégage notre classe politique. Tout le monde se ressemble, c'est le même fouillis. À force de nous terroriser entre nous, nous sommes tous devenus des centristes immobiles jurant que ça va bouger sec. La droite molle a banalisé notre gauche dure. Tout le monde dit la même chose. Ils veulent tous faire baisser le Front national et gouvernent à la bruxelloise, c'est-à-dire entre technocrates, par communiqués et calculs, sans faire de vagues, pour se gaver le plus constamment possible, en espérant que ça dure.

Ça risque bien de ne pas durer.

Le 26 mai 2014, deux jours après les élections européennes, si vous tapiez « sous le choc » dans le moteur de recherche, vous trouviez des centaines d'articles consacrés à Marine Le Pen, quelques dizaines d'autres évoquant la fusillade de Bruxelles, et un article de la *Dépêche du Midi*, intitulé : « Dévorée par son Yorkshire : les voisins sous le choc. » Plus personne n'a les mots. Pour la presse, Marine Le Pen est l'équivalent d'une fusillade ou d'une femme dévorée par un Yorkshire.

58 % pour l'abstention, puis le FN. Faut admettre, ça déconcerte. Nos élus PS n'ont rassemblé que 6 % des inscrits. Soit environ 4 % des Français. Le PS et l'UMP ont 95 % des sièges à l'Assemblée et au Sénat. Ensemble, ils représentent moins de 15 % des électeurs.

Au *Nouvel Obs*, on s'inquiète d'un nouveau tripartisme qui « met en péril le cadre institutionnel », bafoue la « lente mais inéluctable rationalisation de l'offre électorale ». Je vous traduis : *rationnel*, pour le *Nouvel Obs*, ça veut dire « domestique ».

« Au bout du chemin, n'y avait-il pas l'apothéose d'une bipolarisation rendant, du même coup, la France des tribus gauloises à la normalité démocratique ? L'ordre d'un côté, le mouvement de l'autre » (*Le Nouvel Obs*, le 3/06/2014). Le maître et la promenade, voilà l'horizon social-démocrate. C'est un fantasme de chien qui a ruiné l'Europe.

Je leur ai dit que ce serait peut-être bien de mettre en avant des politiciens jeunes et ambitieux. Ils m'ont répondu que le prochain, ce serait Juppé.

On n'est pas sortis du sable.

Juppé, ses idées fondamentales, c'est combattre le FN, et gouverner à la social-démocrate. Déjà Chirac le qualifiait de « meilleur d'entre nous », ce qui aurait dû nous alerter quant à son potentiel de nuisance et motiver une fouille à corps. Ensuite, j'ai fait un peu de terrain : la France a bien d'autres problèmes que la lointaine possibilité du Front national.

Bon, ils ont voulu Juppé, c'est comme ça. Je les aurai prévenus : on va finir par s'en prendre une vraie. Je dois de mon côté admettre que j'ai souvent sous-estimé notre propagande. Je n'aurais jamais cru qu'on puisse faire frôler le pouvoir à Ségolène ou faire élire François. Je suis vieux. Ou con peut-être. Ou les deux.

Mais s'il faut communiquer, pourquoi persister à envoyer au feu nos apatosaures du Jurassique supérieur ? De toute façon, on sait bien que le programme sera le même, et qu'on aura tous largement – même moi – de quoi bouffer. Les partis sont le Parti. L'offre politique pour animaux domestiques. Un équilibre de plus en plus ténu entre étatisme, privilèges, racket généralisé, et survie économique. Nous autres socialistes sommes allergiques au pouvoir présidentiel : on ne peut assumer notre idéologie sans ruiner le pays. Au pouvoir, ce n'est donc pas « la vraie gauche » ? Si fait. Mais en mode viable. Seul le libéralisme peut financer le socialisme. Le coût de l'idéologie exige un régime pragmatique, qui force la gauche à mettre du sucre dans sa cocaïne. La gauche, c'est la domestication directe. Sa meilleure chance est de laisser faire ce qu'on appelle la droite, qui entretiendra des conditions économiques permettant de sponsoriser la domestication.

Au bout du compte, on finit tous par faire la même chose. Normalement, à gauche, on croit un peu plus en la domestication. « Un maire de gauche, disait Patrick Menucci, c'est un maire qui permet aux enfants de partir en colonie de vacances. » Je me demande s'il existe encore des maires de droite. La vraie droite – ou ce qu'il en reste – n'a pas d'idées, parce que son essence est de défendre ce qui existe déjà. L'instinct, l'autorité, l'ordre, la famille. Un certain goût de la liberté. Une méfiance innée, que les gens de droite eux-mêmes ne comprennent pas. C'est un peu honteux, voyez-vous, parce que ce n'est pas *bien* d'être de droite, de ne pas comme tout le monde s'enthousiasmer au cirque. Un vieux collègue de droite – paix à son âme – m'avait dit un jour : « Les gens de droite sont des aveugles qui ressentent juste. Les gens de gauche sont des aveugles persuadés que tout ira mieux si on déplace les meubles. »

Globalement, hormis quelques résistances passives ici ou là, le monde bascule à gauche. Parce que la domestication la fera toujours gagner. La logique du nombre est fatale à ceux qui misent sur les gens de qualité. Je pense comme Marx que « la quantité est une nouvelle qualité ». Nous autres utopistes aspirons à vivre ensemble entre gens de quantité, c'est tout le sens de la social-démocratie et de l'État-providence. Tous les partis politiques français s'inscrivent plus ou moins dans le courant utopiste, le seul qui paye, le seul qui vous fasse rêver, cher électeur et ami.

Le bestiaire politique est l'exact reflet de vos aspirations. La « rationalisation » de l'offre électorale, ce lissage effroyable des propositions politiques le confirme ; nous vous promettons à tous le pouvoir d'acheter plus, pour être plus égaux. Courir et demeurer, comme Alice et la Reine de Cœur. Bienvenue au Parti des merveilles.

Big Brother doit maintenir la sensation de vitesse, pour pérenniser sa Révolution domestique. L'objectif ultime est, pour le Parti, de stopper le battage des cartes ici et maintenant, pour se maintenir à jamais au pouvoir, ce qu'aucune bande de primates n'a jamais réussi à faire.

Nous avons pris nos dispositions. Nous avons créé suffisamment de fonctions fictives permanentes pour tout le monde. La transmission morale des pouvoirs est assurée dans les milieux universitaires, administratifs et médiatiques. Tout ce qui compte est bien verrouillé. Quant à nous, politiciens, vous avez remarqué, nous ne cessons de perdre les élections, mais nous sommes tous toujours là. Nous avons de quoi recaser tout le monde. Nous avons créé l'Union européenne, un super-gouvernement intouchable, une caste qui se reproduit par elle-même, qui ne tient pas compte de vos aspirations et encore moins de vos référendums, dont la direction n'est soumise à aucune élection, quelles que soient les évolutions politiques des nations.

L'UE décide à votre place à peu près de tout ce que vous devriez décider. « Le développement politique le plus étonnant de cette dernière décennie est l'apparente détermination des politiques d'Europe de l'Ouest à recréer l'Union soviétique. » Gorbatchev pouvait se moquer.

Ça va vous paraître curieux, mais pour jauger le niveau de démocratie d'un pays, il suffit de se demander si les décisions qu'on y prend et les lois qu'on y vote correspondent à ce que veulent les citoyens. Quelques indices, pour vous mettre sur la voie : immigration, Europe, sécurité, limitations de vitesse, Mariage pour tous, etc.

Confiscation du pouvoir dont ne font mystère certains de mes collègues. Claude Bartolone : « Si on suivait la position dominante, on rétablirait la peine de mort et on virerait tous les immigrés » (*France Inter*, le 8/10/2014). Ou Henri Emmanuelli, à propos du Mariage pour tous : « On nous dit que les esprits n'étaient pas mûrs mais quand on a voté l'abolition de la peine de mort, les esprits n'étaient pas mûrs non plus. On l'a fait quand même » (*Le Monde*, le 4/02/2014).

Votre bulletin de vote est l'acte de décès de votre souveraineté. Vous choisissez qui vous voulez, ce sera toujours le Parti qui commandera. Une République « exemplaire » n'est qu'un régime qui triche mieux que les autres. En attendant, l'impôt n'est plus un libre consentement : il est une obligation. Et ça vous paraît normal, parce qu'il faut bien de l'argent pour qu'on s'occupe de ~~nous~~ vous, même si ça commence à faire vraiment beaucoup.

À chaque nouvelle hausse des impôts, en coulisses, nos conseillers murmurent, hésitent. Ne croyez-vous pas que les Français vont réagir ? On leur rit au nez. Réagir ? Fierté, histoire, argent, identité, liberté, souveraineté, on leur a déjà tout pris, et personne n'a réagi.

Tout ça ne durera peut-être qu'un temps, mais pour l'instant nous sommes au pouvoir et nous nous gavons, la banqueroute a été numérisée, repoussée à une date ultérieure par la magie de nos techniciens. Le seul débiteur, c'est vous.

Nous ? Ça va bien, merci. Sans parler de statut, tous les membres du Parti vivent bien, très bien même.

Comme le disait Taine, « sous les prêches de liberté et d'égalité », Big Brother sait parfaitement démêler les « instincts autoritaires, le besoin de commander, de primer, même en sous-ordre, et par surcroît les appétits d'argent ou de jouissance ».

Parmi nos six-cent-mille heureux élus, beaucoup ont de très bonnes places. 1,2 milliards d'indemnités par an. Cent-quarante-cinq millions pour les députés et les sénateurs, huit fois sur dix cumulards (*Le Point*, le 10/09/2013). Le salaire des conseillers régionaux coûte quarante-cinq millions d'euros par an. Et combien de postes d'attachés, d'assistants, d'administratifs, de secrétaires, de commissaires, de rapporteurs, de fonctionnaires, de conseillers communautaires, d'employés de communautés, de présidents et vice-présidents ?

Nous adorons les conseillers. Entre nous, nous conseillons tous et sommes tous conseillés. Conseil constitutionnel, Conseil économique, social et environnemental, Conseil d'État…

Plus de cinq-cent-soixante conseillers ministériels payés plus de dix-mille euros par mois en moyenne, soutenus par quelques milliers de fonctionnaires « de support ». Trois-cents conseillers d'État inamovibles, énarques ou nominés, au salaire moyen de sept-mille euros. Vous croyez qu'ils doivent justifier leurs absences ? Qu'ils sont obligés de travailler ?

Le but est de disposer d'assez de postes parachutes pour les traversées du désert climatisées, histoire de calmer les rancœurs en recasant les amis, souvent nommés au « tour extérieur » (sans condition de diplôme ni de concours).

En 1989, Hollande lui-même se vantait, s'il n'était plus ministre, de pouvoir redevenir « conseiller référendaire à la Cour des comptes », rester un « privilégié » bien payé à travailler peu. La Cour, qui publie de beaux rapports « non-contraignants » (i.e. dont tout le monde se fout), compte sept-cent-trente-cinq membres et coûte deux-cent-quatorze millions par an (2011). Croyez-vous que, depuis son élection, François Hollande se soit élevé contre cette République des sinécures ?

Et les deux-cent-cinquante préfets et quatre-cent-cinquante sous-préfets, inutiles, selon la Cour des comptes, au train de vie de marquis, dont une partie est rémunérée par copinage, sans affectation (*France Soir*, le 5/05/2011) ?

Et les mille-deux-cents fonctionnaires du Sénat, payés de six à vingt-mille euros ? Et les mille-deux-cent-cinquante fonctionnaires de l'Assemblée, payés plus de sept-mille euros en moyenne, jardiniers compris ?

Quant aux parlementaires, ils ont de quoi « finir les fins de mois », comme dirait l'autre, avec les lobbies qui les harcèlent et leur signent des chèques à six chiffres. Il y en a tant que personne n'arrive à les compter. À l'Assemblée, officiellement une grosse centaine ; en réalité, plus de quatre milliers (*Économie matin*, le 22/10/2014).

N'oublions pas les commissaires européens, comme Moscovici, à vingt-mille euros par mois. Ni les ambassadeurs à plusieurs dizaines de milliers d'euros. Ni la haute administration. Ni nos retraites, vingt-trois fois supérieures à la moyenne. Hors avantages en nature, Jacques Chirac perçoit plus de trente-mille euros par mois. Passer par le circuit, c'est en bénéficier à vie. Ceux qui n'en sont pas encore sortis (Juppé, Fabius ou Lang) touchent plus de dix-mille euros mensuels de retraite, qu'il faut ajouter à leurs mandats électifs et autres présidences fictives.

Et les autorités administratives « indépendantes » (AAI) dont les présidents sont nommés en toute indépendance par le président de la République ? On y retrouve notre antiracisme caviar, sous la forme de la Commission nationale consultative des droits de l'Homme, présidée par Christine Lazerges (membre du PS, bonjour l'indépendance), et du Défenseur des droits, qui digère la Halde (trente millions par an). La chose a aussi des vertus recyclantes. Jospin a été nommé président d'une AAI ; son ancien directeur de cabinet, Olivier Schrameck, est président du CSA.

On dénombre une quarantaine d'AAI, il s'en crée une par an. Leurs effectifs (quatre-mille personnes) et leurs dépenses (six-cents millions annuels) explosent. Leur implantation se concentre « dans les arrondissements les plus chers de Paris » (Rapport Dosière & Vanneste, 2010). Et leur utilité ? L'une d'entre elles est chargée du contrôle de la campagne électorale relative à l'élection du président de la République. Bygmalion, tout ça.

Qui dit emplois fictifs dit rapports fictifs, soit un moyen de se partager plus vite le butin. *Marianne* cite l'exemple de Pascale Boistard, membre du PS et secrétaire d'État chargée des Droits de la femme, qui pour son rapport de trente pages sur l'immigration a touché sept-mille-cinq-cents euros (le 20/11/2014). Manque d'expérience : chaque année passent inaperçus des centaines d'autres rapports inutiles rétribuant les obligés du pouvoir, parce que leurs auteurs font quelque effort pour les rendre plus volumineux et verbalement hermétiques. Je ne parle même pas des cabinets de conseil.

Je pourrais en revanche parler de nos invraisemblables « frais » (la seule téléphonie de l'Assemblée représente un marché de plus de cinq millions d'euros, parfois jusqu'à six-mille euros par député), des faveurs fiscales accordées aux artistes et aux amis, des primes de cabinets (douze millions d'euros par an pour quatre-cent-quarante-neuf personnes sous Ayrault, soit plus de deux Smic par personne et par mois)…

Au total, la France compte plus de six-cent-cinquante comités Théodule. Entre autres commissions indispensables, on retrouve « le Comité de l'environnement polaire, le Comité national du calcul intensif » (*Le Figaro*, le 15/01/2014), ou encore le « Comité de la protection des obtentions végétales ». Ils ne se réunissent qu'une à deux fois par an (*Le Point*, le 25/10/2012). Soit un nombre insensé de gens qui ne servent à rien, dont le seul but est bien souvent de laisser leur nom dans la petite histoire, par tel rapport, telle loi, tel amendement.

Et il y a les OVNI. L'Institut du Monde Arabe, dont la construction par Jean Nouvel a coûté plus de cent-quinze millions d'euros, et dont le fonctionnement devait être financé à 60 % par la France et à 40 % par les pays de la Ligue arabe, pour permettre leur « rapprochement » avec la France. Il a finalement été placé sous tutelle de l'État, la Ligue ne payant que le quart de ce qu'elle avait promis. Chaque année, il coûte donc plus de douze millions d'euros au contribuable (Cour des comptes, 2012). À sa tête, Jack Lang, qui trouve sa rémunération de neuf-mille euros par mois « normale » (*La Dépêche*, le 18/06/2014).

Il faut bien comprendre que la plupart des membres du Parti intérieur ne produisent pas la moindre richesse. Nous jouissons des richesses créées par d'autres, par leur détournement plus ou moins opaque. C'est vrai pour les politiciens et la haute administration, mais aussi pour les journalistes et leurs experts préférés. Tous ces gens n'ont rien à nous envier : ils bénéficient des mêmes avantages matériels directs que nous (téléphonie, informatique, restaurants, hôtellerie et transports, frais de bureau, invitations en cascade, sorties et voyages offerts, etc.).

Plus de la moitié de vos gains sont engloutis par l'État, cher électeur et ami. Pas un seul instant vous n'imaginez qu'on détourne l'argent public, le fruit de votre travail. L'État et les collectivités donnent plus de trente-quatre milliards par an aux associations (pour deux millions d'employés), sans se priver d'arroser les satellites politiques du système. Stipendier les exaltés est un bon investissement du Parti. On appelle ça du « clientélisme ». Les syndicats, qui ne concernent que 8 % des salariés, touchent quatre milliards par an de la collectivité. Le ministère de la Culture et de la Communication réserve près de quatre autres milliards à l'audiovisuel public (2014). Et combien d'employés indirects, qui n'existent que grâce aux aides ou à la publicité d'État, comme les journalistes nationaux ?

Enfin, tout ça n'est pas grand-chose. Nos largesses ne sont rien à côté des sommes détournées pour arroser nos électeurs d'en bas, et amis d'en haut. Nous les répartissons, vos richesses, et pas qu'un peu ! La France est un grand pays, et beaucoup de Français produisent. Pour consommer entièrement le butin, plus qu'une caste de privilégiés, il faut une masse de dépendants. Exploitation électorale de la misère : on distribue des cartes d'identité comme des tickets restaurants, on couvre le pays de logements sociaux, et on salarie tout ce beau monde. La France affiche un déficit budgétaire monumental, de quatre-vingt-dix milliards d'euros par an. Il nous en faut plus, toujours plus. Les dépenses publiques s'établissent à 57 % du PIB. Pourquoi ? L'énorme hausse des prestations sociales, qui représentent plus de 45 % des dépenses publiques (quatre-cent-soixante-dix milliards, 24 % du PIB), et augmentent plus vite que le PIB et les impôts (Nouel, 2011). Beaucoup d'ayants droit n'effectuent pas de demande, mais la fraude aux cotisations sociales compense, en dépassant les vingt milliards en 2012, soit 1 % du PIB (Cour des comptes). Notre formidable système social n'est qu'une banale assurance. Tout le monde paye, vous en bénéficiez en cas de tuile. Il n'y a rien d'extraordinaire là-dedans, si ce n'est le fait que ledit système coûte *beaucoup* plus cher qu'une banale assurance. Les centrales syndicales, la caste politique, les rentiers de la morale vous remercient.

« L'art de l'imposition consiste à plumer une oie pour obtenir le plus possible de plumes avec le moins possible de cris », disait Colbert. Nos fonctionnaires passent leurs journées à évaluer les meilleurs moyens de faire avaler au contribuable de nouvelles ponctions. Et vous ne voyez pas ces impôts qui vous affament. Ni cette inflation qui dévore tous vos efforts. Vous en redemandez. Partage ! Relance ! Redistribution ! Un autre terme magique, « solidarité », a toujours bien fonctionné. Surtout « avec les plus démunis ». L'Aide médicale de l'État (réservée aux clandestins et gardés à vue), en pleine explosion, coûte un milliard par an. La France expédie chaque année plus de six milliards d'euros de retraites... à l'étranger. Les cent-cinquante-mille emplois d'avenir annoncés par le gouvernement coûteront deux milliards par an (Heyer). Hollande appelle ça la « justice sociale », ou la dignité humaine appliquée aux tranches fiscales. Formule inventée par... Louis XVI. Payez, c'est pour la justice sociale. Vous n'avez rien contre, n'est-ce pas ?

Réduire les dépenses publiques ? Tous les Français sont d'accord. Mais pas d'austérité, pas celle-là, pas la mienne, trouvez autre chose, prenez chez le voisin, etc. Les domestiqués peuvent renoncer à tout, sauf à la domestication.

Vos prélèvements obligatoires (le total des taxes et impôts) approchent le record de la Suède : 50 % du PIB. Près de mille milliards d'euros annuels. Cent-quarante-cinq milliards d'impôts nouveaux ont été créés entre 2011 et 2013, aussitôt jetés dans le gouffre sans fond du social. Près d'un euro sur deux de vos impôts y passe. Ce n'est plus un simple trou, c'est l'abîme des nations.

Malgré tout, nous parvenons à assurer l'essentiel, à savoir financer des organismes comme l'OMS, le FMI, l'ONU, l'UE, les ONG, la Banque mondiale, etc. Entre six et dix milliards par an pour la seule Union européenne. Trois milliards pour les associations caritatives françaises (*Capital.fr*, le 22/11/2010). Assis sur son pays en faillite, François Hollande a débloqué (ma phrase n'est pas terminée) un milliard d'euros pour la Côte d'Ivoire, cinq de plus pour les banlieues.

L'aide au développement, et ses « objectifs peu réalistes, trop nombreux et peu hiérarchisés » (Cour des comptes, 2012), que Hollande a promis d'augmenter, s'élève déjà à plus de dix milliards de dons annuels (85 % pour l'Afrique), ce qui suffit à certains pour nous qualifier de « mauvais élèves » (*Le Monde*, le 8/04/2014). Il suffirait de supprimer cette seule aide pour *tripler* le budget de la Justice.

On prétend régulièrement qu'il faudrait ramener le déficit (près de 8 %) à 3 % du PIB, chiffre magique censé rassurer, inventé pour Mitterrand par un haut-fonctionnaire, utilisant la méthode éprouvée du doigt mouillé (*Le Parisien*, le 29/09/2012).

Le budget de la France est déficitaire depuis quarante ans. Il faudrait deux pleines années d'impôts pour rembourser la dette publique (deux-mille milliards). Imaginez une seconde que vous gériez votre argent comme l'État. Vous gagnez quinze-mille euros par an, vous en dépensez près de dix-neuf-mille, alors que vous avez déjà cent-vingt-mille euros de dette, pour laquelle vous devez payer trois-mille-cinq-cents euros de pénalités chaque année. Les politiciens ne partagent pas ces préoccupations mesquines. La question des comptes publics est « accessoire », selon Montebourg. Quant à Marisol Touraine, elle se félicite que le déficit de la Sécu s'établisse « seulement » à 12,5 milliards d'euros (AFP, le 19/03/2014).

La différence entre vous et l'État, c'est le principe de réalité. Vous n'avez pas la police, la justice, la morale, l'appareil économique avec vous. Vous n'avez pas le droit d'être « phobique de l'administration ». Vous êtes surveillé par le fisc, menacé de redressement, de saisie, d'interdit bancaire. Et surtout, votre argent, vous l'avez gagné. Vous savez trop bien ce qu'il vous a coûté pour en faire n'importe quoi.

Si j'étais vous, je me poserais deux ou trois questions. Entre autres, par exemple : « Est-ce que mon argent est employé à bon escient ? »

Le nombre de policiers a doublé depuis les années 60. Dans le même temps, la part du budget de la Justice et ses effectifs ont été multipliés par quatre. Vous avez l'impression que l'insécurité a reculé ?

Le nombre d'enseignants du premier degré est passé de deux-cent-vingt à trois-cent-vingt-mille depuis les années 60. Vous avez l'impression que le savoir et l'alphabétisation ont progressé ?

L'immigration extra-européenne censée sauver notre économie et enrichir notre société a explosé depuis les années 60. Vous avez l'impression que l'économie va mieux, que la société est plus enrichie, agréable et cohérente ?

Le nombre de journalistes s'est multiplié par trois depuis les années 60. Vous avez l'impression que la pluralité des opinions et la qualité de l'information en ont fait autant ?

Les prestations sociales ont explosé, de 12 à 30 % du PIB, depuis les années 60 (INSEE). Vous avez l'impression que les bénéficiaires en sont plus satisfaits et mieux insérés ?

En valeur absolue, les dépenses publiques ont été multipliées par quatre-vingts, passant de quinze à mille-deux-cents milliards d'euros depuis les années 60 (INSEE). Les effectifs de l'administration publique et les impôts n'ont jamais été aussi importants. Vous avez l'impression d'avoir davantage de services qu'avant ? De meilleure qualité ?

Vous êtes persuadé qu'un État qui cumule deux-mille milliards de dette, incapable de réguler ses propres dépenses, est qualifié pour gérer les richesses de ceux qui se battent pour les créer. Vous êtes persuadé que la crise n'est que « conjoncturelle », puisque des spécialistes vous le répètent tous les jours. Conjoncturelle ?

Voici quelques décennies, Chirac évoquait « le bout du tunnel » (1975), Mauroy nous parlait de « la reprise au coin de la rue » (1981) et des « clignotants au vert » (1982), Mitterrand se croyait « sur le bon chemin » (1985), Malhuret voyait

« la crise derrière nous » (1988), puis Balladur se persuadait que « le pire était passé » (1994) tandis que le grand économiste DSK tablait sur une « reprise » « solide », « profonde », « forte » et « rapide » (1997), avant que Sarkozy n'affirme que nous étions « sortis de la crise » (2012), et qu'Hollande ne confirme que la crise était « derrière nous » (2012).

Je dis ça, vous faites ce que vous voulez. En fait, non, vous ne ferez rien. Vous le savez aussi bien que moi. Je crois d'ailleurs que c'est parce que le Parti le sait, qu'il m'autorise à vous parler franchement.

J'en profite. Il faut que je vous parle du meilleur d'entre nous. Le *vrai* meilleur, et de loin.

Oui, je sais, je suis un peu long : j'optimise mon temps de parole, déformation professionnelle. J'ai déjà été bien gentil de me taper les thèses sciantes au possible du gâte-papier, de la suffragette et du répétiteur, ça va comme ça, j'ai le droit à mon tour d'en placer une.

Alors, qui, à votre avis, est le plus sublime d'entre nous ?

Celui dont j'ai espéré qu'il transforme notre fin en une belle tragédie, à la mesure de ce qu'a été notre pays. Celui dont j'ai rêvé qu'il nous dise, comme Verlaine, qu'il était l'Empire à la fin de la décadence. Il a répondu qu'il était le « président des bisous ». Jusqu'au bout, costume fripé, alternant les « euh », les reflux gastriques, les regards flous, il dira qu'il faut continuer à accélérer parce que les signes d'un retournement sont bien là, même s'il faut en faire encore plus.

François Hollande.

*Sic transit gloria mundi.*

François Hollande, comme le signe qu'il n'avait un grand potentiel que de négatif, fut élu parce qu'il était ce qui ressemblait le moins à Sarkozy, profitant de journalistes revanchards martelant le message Sarkozy-Fouquet's-bling-bling-président-des-riches-cadeau-fiscal.

C'était joué. Pour la forme, l'instrument de l'humiliation du sortant n'avait qu'à se contenter des habituelles promesses démagogiques. Je prendrai le train, transparence, simplification, réduction des dépenses, République exemplaire, etc. Et François Hollande fut élu. Pépère, fraise des bois, guimauve, Flanby, gouda, pingouin, Monsieur bricolage, monsieur petites blagues, la conjugaison du refus du chef, de la promotion du guichetier social-démocrate, du rien vivant, de l'égal, du normal.

Aurait toujours « le nez bien fait » la tête couronnée ? Même pas, Charles. Vraiment, Napoléon avait raison : pire, l'hérédité ne pouvait pas. Dans un tel système, on finit, comme faisait remarquer Clémenceau, par voter pour le plus bête. Tous les grands hommes de notre histoire… pour en arriver à François Hollande.

Il ne faut pas tirer sur l'ambulance, à ce qu'on dit. Le président, c'est sacré. Pas touche. Du

« respect » pour la fonction. Alors oui mais c'est-à-dire que là on parle de *François Hollande*. Il nous faut une dérogation. Si on ne se décide pas à le détacher de sa fonction, ce super-boulet l'entraînera avec lui jusqu'au fond de l'abîme. « Nous avons été aspirés par le naufrage du vaisseau amiral », se désespérait Mélenchon. Il va tout aspirer. « La gauche peut mourir », disait Valls, pour une fois peut-être en le pensant.

Même moi, il arrive à me rendre fou. Cet individu prétend quand même nous représenter, disposer de notre société, commander à la gestion de nos contributions et, pire encore, incarner l'image de la France. Vous savez, la France, celle de François Ier, Louis XIV, Napoléon, tout ça.

Nous sommes en droit d'attendre de lui qu'il soit impeccable, irréprochable, disons au moins *présentable*, y compris physiquement, y compris dans son comportement. « On ne peut point régner innocemment », disait Saint-Just. Depuis Chirac, les présidents sont insultés dans la rue. J'étais déjà vieux, je ne pensais pas qu'on pourrait faire pire. Avec l'infiniment dégradante campagne de 2007, je pensais vivre l'âge d'or du grotesque, que plus rien n'arriverait après ça.

Et François « ta cravate » Hollande est arrivé. Si si, je suis désolé, on ne peut pas être président et s'habiller comme ça et avoir cette dégaine, je suis formel. *Le Monde* est bien capable de décrire ainsi un leader républicain : « sourire forcé, figé, limite édenté », « son air de Franklin la tortue », « le charisme d'une huître », « son air de bibliothécaire en retraite» (*Le Monde*, le 5/11/2014). Le jour où les mêmes journalistes diront que François Hollande a l'air d'un pingouin gélatineux à verrues, ce sera équilibré.

Ne peut-on lui trouver une doublure, pour nous épargner la flagellation visuelle de ses sorties officielles ? Ses mains figées en pinces, sa panse saillante, son pantalon tirebouchonné, sa teinture bien noire à la *Cavaliere*, son vieillissement accéléré, sa ptôse palpébrale de ruminant sous Prozac... En dépit de ses bilans de santé «normaux», je m'interroge sur ce que cachent ses problèmes de communication, lapsus, troubles d'élocution, bégaiement, phrases hachées, dyslexie, apraxie, dysphasie, mouvements oculaires non-contrôlés. Oui, je sais, pas le physique ! Mais il est *président*. Moi, je peux me permettre d'être gros, moche, maladroit – et très con. Mais pas lui, enfin ! Nous voulons un maître, un vrai, pas un liseur de prompteur, pas ce «concubin» mené par la manche, pas cette grandiloquence solennellement pétrifiée, cette calamiteuse quête de complicité populaire, ses états d'âme, sa prise de poids, sa détresse, ses blagues, son absence totale d'envergure et de volonté. Arrêtez le supplice, le sien comme le nôtre. Tout sauf ce mimodrame soporeux, ce curé en panne d'inspiration, accablé d'envolées impuissantes. Chacune de ses apparitions afflige le pays, blesse notre identité. À tel point qu'il accède à une sorte de miracle : réaliser l'unité contre lui. 97 % des français pensent qu'il a échoué sur l'emploi (Odoxa), de quoi faire passer

Chirac pour un président. On comprend que ce dernier ait si vivement soutenu son collègue de décadence.

Les Français ont tout essayé, pour lui dire que rien n'allait. Hollande est sourd.

« François, que fait-on ?

— Je veux que nous allions le plus vite possible (BFM, le 6/05/2014).

— Oui mais pour aller où ?

— Je veux accélérer, nous devons aller plus loin et plus vite (*Le Monde*, le 20/08/2014).

— Euh d'accord mais dans quel but ?

— Les réformes se poursuivront à un rythme encore accéléré jusqu'à la fin (*Le Nouvel Obs*, le 19/10/2014). »

Courir pour demeurer.

Personne ne sait où il va. Big Brother lui-même ne le sait pas.

À la limite, ce n'est pas le problème.

Depuis longtemps, le Français ne demandait plus rien à son président, sinon d'avoir de l'allure et de bien se tenir à table. Hollande s'assoit avant la reine d'Angleterre, lit son menu pendant les discours, ne feint même pas l'attention, lance des vannes, rote en parlant, arpente le tapis rouge avec l'élégance authentique d'un manchot dans un congrès d'orques. Ce serait ça, la *normalité* ? Une médiocrité qui ne se laisse aucun répit ?

Le peuple de France a appris avec stupéfaction que notre pied nickelé de président profite de son temps libre pour aller se faire décongestionner par sa troisième dame (pour autant qu'on sait), qui ne lui aurait pas adressé même un regard, s'il était resté ce qu'il devait être, c'est-à-dire un Bidochon archiviste, amateur de pâté en croûte et d'humour du même acabit.

Entre-temps, les Français se sont fait une farce, ont voulu voir ce que ça donnerait de mettre pareil engin à l'Élysée. Ça donne un châtiment national exemplaire. Ça donne un président qui défend devant des millions de téléspectateurs son droit à manger des frites. Vous imaginez de Gaulle défendant son droit à manger des frites ?

Médusé, le peuple de France a subi les « bourdes » (quinze-mille euros d'avion pour un aller-retour électoral à Tulle), les affaires, l'embauche de condamnés, le recasage des potes, les photos de vacances, les exactions sentimentales à gros tirage, sans oublier les jolis bras d'honneur : élu en 2007, Sarkozy a *triplé* le salaire du président ; élu en 2012, Hollande s'en indigne et annonce, grand seigneur, qu'il va baisser le salaire du président de 30 %. Y-a-t-il un mathématicien dans la salle ?

Le peuple de France a vu Hollande se glorifier « d'évoquer » les droits de l'Homme avec le président chinois, de prendre un Allemand par la main, d'avoir voulu une guerre en Syrie sans l'accord de son maître Obama, d'aller tapiner à Trappes en assistant à un « match d'improvisation » avec Jamel Debbouze, le pote officiel des socialistes.

Et le discours, grands dieux, le discours !

Redressement productif, inversion de la courbe du chômage, choc de simplification, retournement économique… Discours vide, absolument vide. L'avènement du Rien. Les journalistes s'efforcent de jouer le jeu, de le rendre désirable, de lui prêter esprit, cohérence, vraisemblance, autorité. Hollande « tacle », « étrille », « tance », « intime », « fustige », « condamne », « réprouve », « désapprouve », « désavoue », « hausse le ton », « veut », « tranche », « décide », « recadre », « rappelle à l'ordre ». En réalité, Hollande demande à ses ministres de *tweeter* utile. Hollande subit, Hollande pâlit, Hollande recule, Hollande grossit… et certains osent encore dire qu'il est « trop bon » (Olivier Duhamel, le 7/11/2014). Les journalistes sont complices, d'approuver cette mascarade, de crédibiliser quelqu'un comme lui, en le traitant comme un président, comme l'homme d'une fonction sacrée. Ils démontrent par-là combien ils sont aveugles, privés de vérité.

Le peuple de France, accablé de honte, a vu l'impuissance républicaine prendre les traits disgracieux d'un farfadet au sourire maléfique, doté du pire prénom féminin qu'on puisse imaginer. Le peuple de France a vu Leonarda, follement amusée de voir s'agenouiller devant elle les dirigeants de l'ex-cinquième puissance mondiale, parfaite d'arrogance, donnant des leçons d'Europe à un Hollande ne méritant jamais mieux que cette seule interlocutrice. Souveraineté outragée, brisée, humiliée, le tout par une « polémique » artificielle signée RESF-Parti de gauche-*Mediapart*-lycéens indignés. Et devenue Croate, Leonarda rentrera en France. Merci Schengen.

Le peuple de France en a tant supporté, que lorsque Monsieur Normal fut pris la main dans le sac, en flagrant délit de mensonge, dans une manœuvre consistant rien moins qu'à financer des terroristes pour gratter quelques points de popularité, personne n'a réagi. Je ne parle pas de l'armement des «rebelles syriens». Je parle de sa séquence médiatique sur le tarmac, pour accueillir des otages hirsutes et les rendre à leurs familles émues. Treize millions d'euros la rançon. Cet homme paie sa com' en finançant Al Qaïda. Derrière les dénégations officielles, cinquante-huit millions d'euros versés de 2008 à 2014 (*New York Times*, le 29/07/2014). Vos impôts deviennent salaire d'égorgeurs, financement de prochains massacres, apparemment négligeables vu d'ici, tant qu'ils ne concernent ni Français ni journalistes. Le versement de rançons a été confirmé par les députés (2012). Ça n'est pas que le fait de François Hollande. C'est aussi son prédécesseur, leurs entourages. Art. 421-2-2 du Code pénal, financement d'une entreprise terroriste: dix ans d'emprisonnement et deux-cent-vingt-cinq-mille euros d'amende.

On cherche les indignés et les journalistes d'investigation français. Il a fallu le *New York Times* pour révéler ça, *Mediapart* étant très occupé par les chaussures de Morelle.

Outre l'attribution indécente de succès qui ne sont que ceux de la lâcheté et de l'argent des contribuables, on imagine la détresse desdits otages rapatriés, quand le premier être humain de chez eux auquel ils ont affaire se trouve être François Hollande.

Le Sénat a voté une loi qui prévoit la révocation du président de la République, notamment si « son comportement personnel est incompatible avec la dignité de la fonction » (*Libération*, le 21/10/2014). La fonction est-elle indigne à ce point ?

Hollande banalise le déshonneur.

Il fait oublier, derrière son aspect, ses magouilles et ses idées.

Moi Président, ça pourrait être son nom. Le 6 mai 2012 est le jour où les animaux domestiques ont voté pour le plus représentatif d'entre eux. On pourrait se contenter de dire que François Hollande est à la politique ce qu'Anne Roumanoff est à l'humour, un phénomène inexplicable, un défi lancé à la science. Ce n'est pas le cas.

Le gouvernement Hollande est l'aboutissement, l'apothéose. Le stade terminal. Élu dans un délire à plusieurs pour « ré-enchanter le rêve français », il nous ordonne : « Aimez la France ! » Pourquoi les gens n'aimeraient plus la France ? Peut-être parce qu'elle y ressemble de moins en moins.

Président Normal a très peur que l'histoire se répète. Qu'il se tranquillise : il n'y en aura pas deux comme lui. Issu du pays des sans-dents, il a tout fait pour passer le reste de sa vie avec ces riches qu'il dit ne pas aimer, dont il est, dont le PS est saturé. Les pauvres, « sa raison d'être » ?

Pour être dix ans premier secrétaire du PS, en charge de minimiser les votes frauduleux, il faut être *spécial.* Il n'est pas méchant, il n'est rien. Tout le traverse. C'est « le premier secrétaire qui a tout raté » (Royal), l'homme qui a « immobilisé le Parti pendant dix ans » (Montebourg).

François Hollande ressemble à Jean-Claude Romand, ce faux médecin mythomane qui a fini par assassiner sa famille, pour ne pas être confronté à ses mensonges. Même visage, même maintien, même regard apathique. Ses proches ont dit de lui qu'il était gentil, affable, cultivé. Même parcours. Lui non plus n'a jamais travaillé. Lui aussi est parvenu à faire croire à tout son entourage qu'il travaillait.

Moi Président est doué pour mentir et se prendre pour quelqu'un d'autre. En 1983, avec culot, un Hollande – encore inconnu – se faisait passer pour « Caton », un « leader de droite » inventé par Mitterrand et Attali, auteur d'un best-seller – en réalité écrit par Bercoff – censé déstabiliser le RPR.

Hollande, sa drôle de façon de nous rassurer (« Je n'ai rien vendu à la Russie, mais tout est parti dans le Golfe »), sa hauteur de vue d'un délégué syndical chez un fabricant de charentaises, son côté joueur compulsif qui s'acharne sur la même machine à sous pendant des années. Hollande est l'homme qui a fait croire à tout le monde, lui compris, qu'il était tout le monde à la fois, qu'il était compétent et qu'il avait un destin. Jusqu'au bout de l'erreur et du mensonge, Romand et Hollande ont persévéré, avec aplomb, avec folie, jusqu'à l'inévitable issue tragique.

Romand savait qu'il n'était pas vraiment médecin. Hollande ne sait pas. Il est pire que Romand. Il s'est persuadé qu'il était vraiment président.

« Il profite du vide », a dit de lui Aubry. Description parfaite. Après une vie dans les couloirs du temps, à fuir le réel dans les coursives du Parti intérieur, Hollande a été élu. Il s'est retrouvé soudain sous les projecteurs, rattrapé, nu face au réel. Tout le monde le regarde, et, pour la première fois, tout le monde le voit. La fonction présidentielle l'a soudain matérialisé. Subitement, tout le monde s'est demandé pourquoi il n'était plus en train de classer les archives d'Ussel, pourquoi il n'était plus conseiller général de Corrèze, assigné à l'inauguration des ronds-points, lui et ses blagues, avec du mousseux et des chips aux crevettes.

Voilà qu'il n'arrive même plus à mentir. « Savoir dissimuler est le savoir des rois », disait Richelieu. Hollande est tout sauf un roi, il a fallu qu'il soit président pour que la France le comprenne. Quand lui, l'ancien militant de l'Unef-Renouveau, affirme qu'il n'y a plus de communistes en France, on en déduit qu'il n'y a plus *que* des communistes en France. Il ment si mal qu'il rend limpide toute la tromperie du Parti.

Tout a subitement adhéré à lui. Le président enfariné, le président trempé, le président couvert d'œufs. Reagan était le président téflon, Hollande est le président goudron. Pas une poisse ne lui échappe, tout le tire vers le bas. Le poids des affaires, des trahisons, des sondages, même de cette nourriture dans laquelle il se réfugie (« c'est tout ce qu'il lui reste et ça le détend », dit-on à l'Élysée). Il a fait un régime pour être élu, et maintenant il enfle, comme la grenouille de la fable, à vue d'œil.

Certes, rien ne lui est épargné, mais il ne nous épargne rien. Apollon lui-même détend parfois son arc : François Hollande semble en toutes circonstances devoir demeurer François Hollande, l'homme sans parapluie, l'homme avanie, l'homme dont supporter le verbe équivaut à une séance de torture médiévale, l'homme qui a vécu « le plus beau jour de sa vie politique » au Mali, le président populaire à Mayotte, où « eux au moins ils ont confiance » (RFI, le 22/08/2014), le président pour qui « c'est pas facile ». Le président qui « espère » (le 18 septembre 2014), qui dit n'avoir « rien à perdre », qui estime donc que perdre la France n'est pas un problème.

« Ils ont échoué parce qu'ils n'ont pas commencé par le rêve. » Ainsi se prononce l'idéation du président des bisous, même pas capable de citer le bon Shakespeare, si gênant à l'étranger, notamment en osant dire à Obama sa « volonté de rêver un monde meilleur ». Ce petit garçon vaticinateur aux airs de vieux fou qui nous raconte sa vie, les décisions qu'il imagine avoir prises, cet enfant couronné par les enfants, qui croit que parler suffit pour incarner.

J'ai espéré qu'un cerveau maléfique se cache derrière le mythomane, dans les entrailles du pingouin costumé. Que tout ça soit calculé, maîtrisé. Mais non. Il n'y a pas de truc. Hollande n'est pas Romand, Hollande est seul, et ce qu'on voit est ce qu'il est. Minus sans Cortex. À la différence des menteurs précédents, il ne calcule pas, ne voit pas, conforté dans son délire par ses femmes, par la servilité de quelques journalistes et conseillers, de ses amis subi(t)s.

Pour rester dans l'Histoire, sa seule chance est d'y entrer par la catastrophe. D'être à jamais le dernier secrétaire de la République. L'accident mortel de l'histoire. Hollande est le procès du suffrage universel. Deux ans après son élection, seuls 3 % des Français souhaitent qu'il se représente. Il a démontré que les citoyens n'étaient pas légitimes pour choisir leur président.

On voit mal comment il pourrait aller au terme de son mandat, tant il cristallisera sur son impuissante personne toutes les haines, toutes les frustrations, toutes les colères. L'animal citoyen est on ne peut plus passif. Un président ayant le front d'annoncer que des dizaines de milliers de chômeurs supplémentaires « confirment l'amorce d'une inversion » de la courbe du chômage, ou, dans le contexte qui est le nôtre, qu'il se permette des plaisanteries dignes d'*OSS 117*, en s'amusant que son ministre de l'Intérieur soit revenu vivant d'Algérie, il y a quelques décennies ou sous des latitudes moins clémentes, serait couvert d'œufs pourris, chassé de l'espace public, démis de ses fonctions, dans la version exempte du bonus « républicain », la cerise sur le gâteau, ou plutôt la fraise des bois à la lanterne.

Mon vieux fond patriote a tellement haï Hollande. Je suis d'une autre époque, où on avait des principes. J'ai mis du temps à comprendre la logique du Parti. Pourquoi lui ? J'ai passé des mois à me le demander. J'aime la tragédie. J'aime l'idée que tout soit grotesque. Mais là, tout de même. *François Hollande.*

J'ai fini par comprendre ce que voulait le Parti.

Bien sûr que nous l'avons, notre héros. Ça ne fait aucun doute. Hollande est le plus superbe anti-héros dont nous pouvions rêver. Hollande est la dernière étape. Le « bond-test » le plus absolu. Voilà ce que doit se dire Big Brother : si durant son mandat rien ne se passe, tout pourra donc se passer. Personne ne réagira jamais plus. Machiavélique. Le test est tellement violent que je crois que même si Hollande survit à son quinquennat, la République n'y survivra pas. Comment être président après lui ? Il a tué la fonction présidentielle. La caque sentira toujours le hareng.

Si Big Brother fait ça, c'est que Big Brother sait. Si le Parti est capable de survivre à François

Hollande, alors l'idée même d'espoir paraîtra insensée à nos plus féroces dissidents.

Le Parti sera éternel, et plus personne n'en doutera.

Bien plus qu'une créature, Hollande est une œuvre. L'aboutissement d'une inversion de tout, l'anéantissement organique d'un régime, d'une époque, d'une nation.

# 8

# ARTÉFACT

*Il n'y aura aucune distinction*
*entre la beauté et la laideur.*

**Orwell, *1984***

Expéditeur : Boris Ladislas de la Feiura.

Destinataire : Monsieur Moyen.

Si tu avais vu leurs têtes, quand je leur ai posé la question ! Je leur ai dit que puisque l'époque était si laide, puisque rien ne se passait comme prévu, puisque « l'art de gouverner n'a produit que des monstres » (Saint-Just), puisque vous avez pris l'habitude d'attaquer les jugements et les mesures, puisque vous avez voulu changer l'amour, la morale, les sexes, les cerveaux et les réflexes… Pourquoi n'agirions-nous pas directement sur les forces d'appréciations ?

Pourquoi ne changerait-on pas le beau ?

Je suis un artiste. J'ai déjà commencé le travail.

Esthétique. Du grec αἰσθητικός. « Perceptible ».

La séparation des mots esthétique et éthique est arbitraire : la morale, comme le beau, c'est au fond ce qu'on perçoit et ce que nous sommes conçus pour juger. Bien ou Mal. Beau ou laid.

Quand nous voyons quelque chose de beau, nous en sommes récompensés chimiquement, par les endorphines et la dopamine. C'est une banale friandise. L'art contemporain est à mes yeux une tentative de récompenser la sublime laideur. Ainsi, privé du Bien et du Mal, du beau et du laid, l'Homme ne pourra plus juger.

La séparation de l'esthétique et de l'éthique, c'est la séparation de l'instinct et de la morale, par le dressage. Le beau est une structure fixe, fasciste, qui empêche l'exaltation des sens et la transcendance humaine.

Nous, artistes, sommes en avance sur notre temps. Le cerveau humain s'est façonné voici des millions d'années, pour s'enthousiasmer devant un beau paysage. Notre travail consiste à l'enthousiasmer par la ville, l'abject et la modernité. Nous partons de loin : le sans-goût fait des kilomètres pour simplement contempler de beaux paysages, passe du temps à aménager son jardin et son intérieur, est prêt à dépenser beaucoup d'argent pour avoir une belle vue et de beaux objets. Chaque année, seize millions de Monsieur Moyen vont s'émerveiller dans les parcs animaliers français, alors que la plupart des musées et expositions d'art contemporain restent déserts (de l'ordre de deux visiteurs par jour), malgré un coût d'exposition très élevé, une publicité tapageuse, les sorties scolaires, les visites officielles, les campagnes d'invitations et une puissante couverture médiatique. La grand-messe de l'art contemporain, la FIAC, rassemble tout juste quatre-vingt-mille visiteurs par an.

Sur le terrain du beau et du peuple, nous aurons peut-être du mal à remporter la bataille. Mais ce n'est pas notre premier objectif. L'art contemporain s'adresse à l'élite. Il est d'abord un élément de domination culturelle et morale du Parti, et doit le rester.

Il est intéressant de voir à quel point les élus révèrent l'art contemporain où qu'il soit, pour bénéficier – d'un peu – de notre prestige. Ils sont très fiers d'installer une baudruche dans une cathédrale. On parvient sans peine à leur faire cracher beaucoup d'argent public pour financer nos lubies si peu populaires. Les politiques viennent révérer les cochons tatoués de Delvoye, les parasols de Buren ou les homards suspendus de Koons, en jurant que la culture a toujours été leur priorité. Ils savent que ces œuvres sont les totems de la classe supérieure. Un manque d'enthousiasme, et ils deviennent de vieux cons.

Le ministre, le député, le préfet, le président de région, celui du conseil général, le sénateur, le maire, le président de la communauté de communes, le premier des notables jusqu'au dernier des citoyens, tous, absolument tous sont d'accord : la beauté ne mérite aucun égard. On peut planter des éoliennes, ériger banlieues pavillonnaires et centres commerciaux, multiplier les ronds-points, pourvu qu'on « développe le territoire » et qu'on dépense le budget annuel.

C'est une victoire : l'homme domestique préfère sa dépendance à la beauté. Cinq-cents ronds-points par an, pour parfois plusieurs millions d'euros pièce. La France en dénombre quarante-mille, plus d'un par commune, pour un coût d'entretien estimé de quatre à cinq milliards d'euros par an. Et parfois en y associant directement l'art contemporain, comme à Montpellier, ce combo giratoire affublé d'une saucisse en équilibre sur un beignet, œuvre intitulée *Hommage à Confucius*, sorte de quenelle d'outre-tombe de George Frêche.

À part quelques barons finançant leur propre culte, les élus sont terrorisés par notre art contemporain comme par une force occulte. Les gens croient volontiers que nous, artistes, avons une sensibilité supérieure, une morale supérieure, une vision supérieure.

Les monarques ont toujours utilisé les artistes pour les associer à leur règne et en accroître le prestige. On connaît les puissants autant par leurs faits d'armes que pour leur mécénat et les œuvres qu'ils ont commanditées. Que vous évoquent Khéops, François I^er^, Louis XIV, Napoléon, sinon une pyramide, Chambord, Vinci, Versailles, le Grand siècle, les tableaux de David ?

Selon Bourdieu, les agents de dominance imposent leurs productions culturelles pour conserver leur position dominante. Peu importe la production culturelle en question. Le Parti parvient à la rendre légitime parce qu'il l'a décidé et que ses membres sont prêts à la payer cher. On estime à cent-vingt-mille euros pièce les bocaux d'excréments de l'artiste Piero Manzoni.

La possession d'une telle œuvre offre un bon statut. Le statut par l'argent se résume en trois choses : consommation ostensible, loisir ostensible et gaspillage ostensible (Veblen, 1994). L'homme s'affiche avec des objets à forte valeur ajoutée, des matériaux rares, fragiles, ayant nécessité beaucoup de travail ou une technologie coûteuse. Il en étaye son identité. L'art est devenu un objet de consommation ostensible. Le marché de l'art moderne fait l'objet d'une forte spéculation.

Faire de l'art ou en posséder, c'est une façon courante d'impressionner les femelles (Miller, 2000). La connaissance de l'art (réelle ou feinte) est également essentielle pour accéder aux strates supérieures de la société (Bourdieu, 1984).

Qu'est-ce que la spéculation ? La création de fausses valeurs. Les grandes marques font beaucoup de publicité pour te convaincre que l'achat de leurs produits fera de toi quelqu'un de supérieur. D'où le succès de la contrefaçon, qui tempère la spéculation. L'art contemporain est par essence un art contrefait, existant pour créer un élitisme hermétique, notre espace snob, préservé, où les ploucs comme toi ne risquent pas de s'aventurer. Exactement comme la morale progressiste.

Nos artistes existent d'abord grâce à la coalition élitiste qui a décidé de fixer leur valeur à un prix délirant, valeur attribuée davantage à l'idée qu'aux résultats. Un peu comme si l'on cotait en bourse l'antiracisme. C'est une bulle. On investit dans l'art contemporain comme Arnault investit dans les médias, comme Soros ou Bergé investissent dans l'idéologie – et aussi dans l'art contemporain d'ailleurs. Même s'ils font semblant de trouver ça respectable et parfois intéressant, les gens pensent que l'art contemporain est laid, prétentieux et moralisateur. Ils ont raison, mais ça ne freinera pas la spéculation, qui a d'ailleurs atteint un niveau record en 2013 (*Challenges*, le 12/02/2014).

Notre art doit être une révolution contre la nature et les sens. Il doit s'imposer au réel. Faire semblant d'aimer la laideur, feindre la réflexion devant une débilité, voilà la violence symbolique, le marqueur social, la profanation du bon sens, l'agression de classe. Je suis moralement supérieur et vous ne pouvez pas comprendre. C'est étudié pour. L'appréciation de l'art ennoblit, nos Bourgeois Gentilshommes de politiciens en sont persuadés. L'art n'étant plus ni rare ni excellent, il doit sa valeur à la rareté des *forces de l'appréciation*, comme l'a fait remarquer Steven Pinker. Apprécier des bocaux de merde, ce n'est pas donné à tout le monde, n'est-ce pas ? Seule une élite d'initiés peut le faire. Vous, les autres, êtes bien trop cons pour ça. L'artiste a donc toutes les raisons de s'éloigner le plus possible du vulgaire bon goût jadis si répandu des anciens. On se démarque du *servum pecus*, le troupeau servile, en prenant le contre-pied du beau, à tel point, parfois, que nos spécialistes ne distinguent plus l'art de la parodie. En 1882, Paul Bilhaud fait exposer *Combat de nègres dans un tunnel*, un monochrome noir. L'idée fait rire son ami Alphonse Allais, qui lui emboîte le pas. Sur le marché de l'art, les plaisanteries se vendent aujourd'hui des dizaines de millions d'euros. Dans une brocante, elles feraient encore sourire. À Lille, de gigantesques statues ont été dégradées (peintes en rose) : les passants ont cru que ça faisait partie de « l'œuvre ».

Le talent étant subjectif et inutile, l'art n'est plus un don. Comme tout le monde peut se dire artiste, empiler des pneus verts sur un tabouret et décréter que le tout forme une « œuvre », nous sommes obligés de nous « réserver » le jugement de l'art. Le public n'a pas le droit de juger l'art contemporain. Seul le guide, seul l'artiste, seul l'élite, peut *voir* l'œuvre. Notre jugement est aristocratique, sans quoi notre art ne serait plus un vecteur de pouvoir. Être le seul capable de voir « quelque chose d'intéressant » dans le baiser de deux saucisses géantes (œuvre d'Erwin Wurm), ça relève du don. La classe supérieure gagne toujours. Nous, *on sait*, nous *on voit*. Pas vous.

On adhère à l'art comme on adhère à la morale dominante, pour montrer ses prétentions élitistes.

Quand un enfant décrète que tel maître fétiche dessine mal et fait n'importe quoi, les adultes sourient et essaient de lui expliquer pourquoi « ce n'est pas si simple ». En réalité, si, ça l'est : le maître fétiche dessine mal et fait n'importe quoi, mais il a été divinisé par une coalition de trompeurs qu'il convient de révérer pour avoir une chance d'entrer un jour dans le club des gens du monde.

Pour combiner cet élitisme avec la morale égalitaire, nous sommes contraints de multiplier les œuvres « engagées », luttant contre « l'ordre établi » et défendant bruyamment la morale dominante. Il peut s'agir d'aboyer, au sens littéral, contre le Front national, comme l'a fait Olivier de Sagazan dans une rue de Saint-Nazaire (*Ouest-France*, le 26/05/2014). Une sorte de mariage entre l'art contemporain et la domestication la plus absolue. Aurélie Filippetti a dit « s'inquiéter pour la culture » dans les villes administrées par le FN. Quand le maire d'Hayange a fait repeindre un œuf dans une fontaine – qui passait pour une œuvre –, elle a appelé à « la vigilance » (*Le Monde*, le 29/07/2014).

L'art contemporain, c'est l'art officiel du Parti, subventionné par l'État autant qu'applaudi par nos médias. Il n'y a pas de hasard. Les institutions encouragent les « questionnements » et « provocations », la bonne vieille rébellion qui fait l'unanimité, « l'anticonformisme » généralisé. L'artiste est payé pour incarner un fantasme de «toute-puissance» (Nathalie Heinich), celui de l'enfant-roi.

L'art contemporain, c'est le temple de la juvénilité, avec la bénédiction de l'institution. L'artiste est l'être de demain. Il cherche à se faire remarquer avec son caca, à «déconstruire les conventions» ou à «casser les codes». Quand l'enfant ne parvient pas à faire de beaux châteaux de sable, il moque ou détruit ceux des autres. Je veux qu'on me regarde, je veux que l'univers soit comme je l'ai décidé, je veux faire ma petite crotte devant tout le monde.

Lorsque l'artiste Paul McCarthy a dû renoncer à son «œuvre» (soutenue par les pouvoirs publics), à savoir un *plug* anal gonflable sur la place Vendôme, la France semblait grâce aux médias du monde entier n'avoir jamais connu plus grand péril. Pour la BBC, «le principe de l'art» était attaqué. Pour le *New York Magazine*, Paris était «désormais un peu moins magique». C'est la sacralisation du doigt dans le nez.

Ce n'est pas neuf. En 1917 déjà, Duchamp avait nommé «Fontaine» un urinoir renversé, qu'on a qualifié d'œuvre et dont les «répliques» se vendent pour plusieurs millions d'euros.

Si on me dit que c'est moche, je citerai Hume qui disait que chacun a son sens de la beauté et qu'on ne doit pas l'imposer aux autres, tout en expliquant le fooormidable de cette œuvre iconoclaste et en rappelant que les pouvoirs publics ont le devoir d'imposer un *plug* anal aux promeneurs, sur leur si banale place Vendôme. Et, en dernier recours, j'ajoute que ceux qui ne pensent pas comme moi sont des nazis.

Selon Veblen, il existe un quatrième moyen d'affirmer son statut : l'insulte ostensible. Choquer le bourgeois. L'art moderne, c'est à peu près le même principe que le chimpanzé qui fait rouler son bidon d'essence ; il faut surprendre. Sauf que si tu fais dans la rue ce que font mes collègues artistes, on te prendra pour un primate frappé de folie. En revanche, si tu as la bénédiction de l'institution et des photographes (toi et ton bidon d'essence dans une biennale), tu auras un grand succès, et tu éviteras l'humiliation de l'indifférence.

La déjection semble être le meilleur moyen d'attirer l'attention de certains journalistes. Les Femen ne s'y trompent pas, d'ailleurs. Certes, dans notre Ville Lumière, beaucoup de gens ont pris l'habitude de chier sur les trottoirs et pisser dans les métros : ça n'intéresse personne. C'est la différence qui t'échappe entre déjection ordinaire et « performance », entre dégoût et « force d'appréciation ».

La notion de « performance » est vaste. Une « peintre vomitive » peut vendre vingt-mille livres ses tableaux pour « abolir les frontières entre le beau et le répugnant » (*Tracks*). Florilège de ces dernières années : immerger un crucifix dans son urine, couvrir une vierge d'excréments, danser nue sur un autel, déguster un fœtus, s'attacher le pénis à un coq, manger sa propre hanche, pondre des œufs avec son vagin… Quant à se balader dans le plus simple appareil, il paraît que c'est une « tendance en plein essor » (*Le Figaro*, le 23/06/2014), et donc déjà dépassée.

Au musée d'Orsay, une artiste a exhibé son sexe devant *L'Origine du monde* de Courbet. Comme il se doit, elle a été félicitée par le directeur du musée pour cette performance qu'elle assure « réfléchie depuis au moins huit ans » (France TV Info, le 3/06/2014).

Dans son livre *La Barbarie intérieure, Essai sur l'immonde moderne*, le professeur Jean-François Mattéi montre comment l'art contemporain, se refusant à représenter le monde, s'est mis à représenter son contraire, l'im-monde (le « sans monde »), qui souvent dérive vers l'immonde tout court, à savoir les ordures.

C'est toute la difficulté de notre travail : on ne peut défigurer que ce qui a du sens. En cherchant à aller au plus loin dans notre entreprise de destruction, nécessairement publique, donc saisissante et partagée par nos semblables, nous sommes condamnés à revenir aux fondements de la nature humaine et aux segments les plus radicaux de notre conscience. La mort, le sexe, l'abject.

Mais je l'ai dit, le plus important n'est pas là.

La promptitude avec laquelle certains médias (détenus par ceux qui détiennent l'art contemporain) défendent nos « œuvres » indique que nous sommes un attribut clé de la morale dominante. Il faut voir l'enthousiasme de *Libé* devant Duchamp, ou du *Monde* devant le musée Soulages (« mariage éblouissant des arts et de l'architecture »), alors que ce dernier est une sorte de musée Hergé en plus sérieux et surtout en plus moche.

Le membre du Parti *doit* défendre l'art contemporain, comme il défend sa classe, son rang, son statut, son groupe, comme il défend la dérision de Yann Barthès et comme il défend les droits des LGBT. Ça l'éloigne du peuple, et c'est volontaire. Rappelle-toi à quelle table il veut manger.

Cela donne lieu à de délectables mises en abyme dans les pages culture, dans le jargon journalistique élaboré à partir de celui du médiateur, lui-même élaboré à partir du précieux caca de l'artiste.

Dans le monde d'avant, l'art, émotion pure, se passait du langage. Le beau n'avait pas besoin de notice. L'art contemporain, parce qu'il n'est pas de l'art, en dépend. Il faut bien indiquer aux touristes distraits qu'il s'agit d'art, donc de *sacré* (« à genoux, chien d'infidèle ! »), et ensuite il faut leur en *donner les clés*, pour les renvoyer à leur totale ignorance de cet art-là, pour leur expliquer tout ce qu'ils n'ont pas été fichus de comprendre. Reste que même avec une parfaite maîtrise du langage, ce n'est pas facile d'expliquer pourquoi Jeff Koons, le plus fort d'entre nous, parvient à vendre un chien de baudruche cinquante millions d'euros.

« Il y a tout un travail. » « Il y a toute une réflexion. » « Ici, il faut se dessaisir d'une partie de ses sens. » « Là, l'artiste a voulu montrer… »

« La sensibilité du visiteur est engagée. » « Il faut donner libre-court à l'interprétation de son Moi à la fois le plus altruiste et le plus intime. » « Univers déconstruit et subversif. » « Détournement heuristique des conventions. » « Sortir des sentiers battus. » « S'affranchir de la *mimèsis*. » « Portée ontologique à rebours de l'intuition. » « Refus contingent de faire œuvre. » « Il essaie de faire sens à partir de ce qui se donne à voir. » Finalement, de tels textes deviennent eux-mêmes une œuvre.

Artistes, journalistes, technocrates, politiciens, militants, universitaires, tous les membres du Parti ont besoin d'un jargon hermétique, afin de tenir leur discipline la plus éloignée possible de la basse compréhension des foules, de l'abject bon sens toujours tapis dans l'ombre, de tout ce qui ressemble à la nature humaine et sa honteuse jouissance artistique préconçue. Nous sommes supérieurs, nous avons notre langage symbolique et excluant. Pour nous, pour notre groupe – quasiment ethnique – *le refus contingent de faire œuvre*, ou *ce qui fait sens dans le paradigme ontologique*, ça veut dire quelque chose.

« Il n'est pas surprenant, nous dit Jean Clair, que personne ne comprenne la signification d'une œuvre minimaliste comme un tas de charbon dans une salle de musée. Cela ne relève ni du domaine du savoir, ni du domaine esthétique, ni de la délectation. »

Ceux d'en bas, dont tu es, et dont les sens grossiers se laissent encore abuser par une cathédrale ou une sculpture de Michel-Ange, se disent tous la même chose : l'art contemporain ne ressemble à rien, mais il est convenu de faire semblant. Doute interdit, acceptation obligatoire. Et si tu n'adhères pas, mon pauvre petit Monsieur Moyen, c'est que tu es enfermé dans ta triste petite réalité et que tu ne te donnes pas les clés de ton évasion. Tu devrais suspendre l'activité fasciste de ton système sensoriel, renoncer à la tyrannie de tes sens et de ton intelligence. Sortir de l'humain, de la nature, de la vie. Si tu doutes de la portée artistique d'un frigo renversé sur un tas de sable, je te répondrai qu'il n'y a pas si longtemps aussi on brûlait les « œuvres dégénérées ». La notion même de « beau » a quelque chose de fasciste.

« L'art moderne est le désir de détruire la beauté », proclamait le peintre abstrait Barnett Newman.

L'art de l'ancien monde était la représentation. La soumission à un ordre que notre cerveau jugeait parfait, qu'il soit divin ou naturel. L'art du Parti doit renverser toutes vos certitudes. C'est *notre* cerveau qui soumet le monde.

Ruptures temporelles dans les films, cadrages « iconoclastes », narration subjective et décousue, visuels désorganisés, styles architecturaux mêlés. La peinture n'est plus réaliste et ne cherche plus à sublimer le réel : elle est une distorsion de formes et de couleurs, de points, d'enchevêtrements, d'éclaboussures. La poésie a abandonné la métrique, le rythme et la structure, la musique donne dans les compositions atonales ou dissonantes. 90 %

du classique reconnu a été écrit avant 1900, et presque tout le reste avant 1940 (Cowen, 1998). L'art populaire n'est que fort ancien. « Tout ce qui était ancien, tout ce qui était beau était devenu vaguement suspect » (*1984*). L'art contemporain croit en la toute-puissance de l'image pour détruire les structures fixes, changer les mentalités et votre vision du monde.

Je dois l'admettre : sur le fond de notre utopie, nous avons échoué. Le beau existe. Et même pire : l'art contemporain, en l'attaquant si violemment sans jamais parvenir à l'ébranler, est devenu une preuve de l'existence du beau. Nous n'avons pas réussi à faire table rase de la beauté, à aplanir l'électro-encéphalogramme du jugement.

Cependant, nous gagnons sur la forme. Et au Parti, c'est tout ce qui compte. Notre art a créé ses propres valeurs, pour mieux nier celles du vulgaire. Exactement comme notre morale. Tant que nous lui attribuerons de la valeur, il en aura. Et il demeurera un attribut de notre puissance. Notre succès est la preuve que tout est possible, et que ton monde dépend davantage de notre volonté que de ta réalité.

Seule la morale fixe la valeur des choses. Après tout, c'est ça la différenciation ultime, entre nous et vous. Peut-être que mon art est mauvais, mais mes intentions sont bonnes, et elles suffisent. J'aurai les récompenses et la gloire. Et une seule de mes œuvres se vendra toujours mille fois plus cher que la sueur de toute ta vie.

C'est la double-pensée qui nous fait gagner. Je fais de l'art, mais je sais que l'art n'est qu'un mot. Ce qui compte, c'est ma posture. « Un événement ne se juge pas à ses conséquences », a dit un jour notre grand BHL. Devise remarquable : l'important est d'agir *bien*, peu importe que la Terre y passe. C'est l'intention qui compte, n'est-ce pas. Dans le royaume de l'irréel, l'important n'est pas ce que l'on fait, ce qui découle de nos faits, mais ce que l'on croit bon de faire. L'être humain domestique n'est plus la somme de ses actes (Hegel), mais de ses désirs.

Nous, membres du Parti intérieur, aspirons à n'être jugés que sur nos désirs, que seuls les membres du Parti intérieur sont qualifiés pour juger. Spéculation morale.

Il s'agit toujours de t'exclure, de montrer que notre disposition mentale t'est supérieure, plus apte à *percevoir* le juste. Et le juste est sacré.

Ce n'est pas l'usage qui décide, c'est le Parti. Voilà la nouvelle réalité à laquelle tu vas devoir t'adapter. Nous seuls avons le pouvoir d'apprécier ce qui est Bien ou Mal.

Le culte est la première manifestation de la domestication. Il y a le Bien, le Mal, et des totems et symboles qui y renvoient. Dresser, c'est apprendre à penser par le symbole. Le dressage se substitue à la pensée.

Le jugement du maître seul décide de la valeur des choses.

Comment t'empêcher d'apprécier une cathédrale ? En l'associant à quelque chose de répugnant.

Tes goûts sont vieux, monarchistes, académiques, puritains, suspects. Les nôtres sont jeunes, branchés, rebelles, affranchis, vivants.

Pourquoi crois-tu qu'on ne cesse d'associer beau et fascisme, Versailles et homards suspendus, art et déjections, patrie et heures sombres, identité et racisme, famille et enfer, doutes et Shoah ? Et inversement, pourquoi crois-tu qu'on ne cesse d'associer diversité et richesse, métissage et force, socialisme et progrès, islam et tolérance, croissance et bonheur, pouvoir d'achat et dignité ?

Tout culte est dirigé par un cercle d'élus cooptés, jouissant d'un statut divinisé et ayant pour principale mission de transcrire le sacré au profane. Tels les prêtres et les théologiens, « experts », journalistes et critiques d'art passent leur temps à décrypter pour toi les « symboles », le sens caché de ce qui se dit et de ce qui se fait. Seuls quelques initiés peuvent décoder les oracles divins. Les médias se sont imposés en force d'appréciation du réel. Ça marche aussi pour la banale actualité. Longtemps, ils n'étaient que les diseurs de bonne aventure de ceux qui mettaient un peu d'argent dans leur main. Ils sont devenus les augures officiels du régime.

Bien entendu, le lecteur, l'électeur, l'amateur d'art, doit être disposé à croire. C'est ainsi qu'on exige des foules un respect religieux de l'art contemporain, de la morale, de l'homme domestique. Ce dernier est fondamentalement sacré.

Il ne faut pas le juger, pas le dénigrer, il faut l'admirer, il est le *désir* de Big Brother.

L'art, comme la morale, doit échapper au bon goût, au sens commun, à la loi des hommes. C'est sacré. L'art, le progrès, la morale, les droits, les médias… Tout le socle de la religion domestique ne se justifie que par lui-même, et s'efforce de se rendre inaccessible à la critique. L'art contemporain sanctifie le blasphème, mais blasphémer l'art contemporain est un scandale. La presse défend la liberté d'expression totale, mais pas contre la presse. On peut haïr le peuple français, mais sa haine à lui mène aux heures les plus sombres. Au nom des libertés, nous les confisquerons toutes. Au nom de la laïcité, le Parti peut attaquer toute religion, mais nul ne peut attaquer la religion du Parti.

Nos désirs sont des ordres.

« La diversité est une richesse. »

Évident, indémontrable, universel.

Ça s'appelle un axiome. C'est un désir.

« Ce qui est affirmé sans preuve peut être nié sans preuve », disait Euclide. Dans l'ancien monde, peut-être. Ce qu'affirme le Parti est une preuve. Une preuve suffisante.

Ceux qui chantent la diversité ont tous la *même* pensée. Elle doit s'imposer aux foules de manière univoque, indiscutable et absolue. La contradiction est évidente. Et pourtant personne ne la remarque. Dressage réussi.

Vous êtes tous pareils, pensez tous la même chose, sans la moindre *diversité* réelle, parce que l'homme domestique ne doit pas son statut à la réflexion, mais à sa singerie des puissants. Les gens qui répètent nos slogans sont des perroquets, de toutes les couleurs peut-être, mais d'un seul et même cri.

C'est la double-pensée. C'est elle qui nous permet de mentir tout en ayant raison, de faire passer nos désirs au-dessus du réel, d'imposer l'utopie à l'expérience.

Vous avez remarqué que mes collègues et moi-même sommes capables d'assimiler des faits ou d'avoir des pensées privées contraires à la ligne du Parti, sans que ça n'ébranle nos convictions. Bien au contraire, plus l'individu est haut placé dans notre organigramme, plus il doit être capable de connaître les vérités qu'il doit déformer, nier, associer à une punition, pour aider le Parti à triompher de la réalité.

« Retenir simultanément deux opinions qui s'annulent alors qu'on les sait contradictoires et croire à toutes deux. Employer la logique contre la logique. Répudier la morale alors qu'on se réclame d'elle » (*1984*). Cette aptitude est fondamentale.

*L'ouverture d'esprit* est un bon exemple de double-pensée.

En employant cette formule, je me persuade que mon adhésion aveugle est une réflexion vertueuse. Je transforme ma lâcheté en héroïsme.

L'animal justifie lui-même son propre dressage. Cette auto-persuasion est consubstantielle au progressisme. Et tant pis pour les migraines et les paralogismes.

Prenez l'Eurovision, sommet « culturel » et télévisé, « lieu de tous les progressismes », comme l'a si justement dit *20 minutes*. Le concours interdit officiellement tout message politique, mais le service minimum, c'est la diversité, le féminisme et l'indifférenciation sexuelle. Difficile de ne pas tomber sur autre chose qu'une chanson à message, courageuse et risquée, contre les violences faites aux femmes, le sexisme, l'homophobie, en faveur des sans-papiers, de la tolérance, de la paix, etc. L'objectif, avec l'appui du vote des « nations », manipulées comme il se doit par des jurys, est d'imposer au téléspectateur une vision du monde conçue par le Parti, cosmopolite, branchée, si moralement supérieure qu'elle peut aller jusqu'à voter pour le concept de femme à barbe, une certaine Conchita Saucisse, autrichien·ne qui jadis aurait eu son succès à la foire. « La victoire de cette diva travestie au concours de l'Eurovision est une divine surprise pour un pays réputé, souvent à tort, pour son conservatisme, qui se retrouve ainsi propulsé à l'avant-garde des changements de société [...] C'est aussi à Vienne qu'a lieu en mai, depuis deux décennies, l'ébouriffant Life Ball au profit des malades du sida, qui draine vers la place de l'Hôtel de ville – et dans ses salons d'apparat –, les "drag queens" venues du monde entier dans leurs plus beaux atours.

Cette exubérance baroque s'oppose à l'ordre moral imposé aux portes de la capitale par le Land de Basse-Autriche. » Inutile de préciser qu'on pouvait lire cette haute analyse géopolitique dans les colonnes du *Monde* (le 11/05/2014). Quant au *Nouvel Obs*, il s'est répandu sous lui (le 26/06/2014), en décrivant « un hymne à la tolérance et à renverser, en quelques minutes, l'image d'une Autriche rancie » au « passé nazi mal digéré », qui « peut enfin se réjouir et offrir un visage moderne » car « porter des cheveux longs et une barbe est en soi un manifeste ». Et voilà Sébastien Chabal propulsé militant LGBT.

Jadis, on exhibait des femmes à barbe sans penser à mal, aujourd'hui, on les exhibe en pensant à bien. On scande « Nous sommes toutes des guenons » pour soutenir une femme noire, on se félicite de voir des Noirs ramasser et manger dignement des bananes sur des terrains de football, on applaudit les handicapés qui tentent d'imiter les valides, on assure que les races et les sexes n'existent pas et n'ont pas d'importance mais on mesure et déplore des discriminations scandaleuses qu'il convient de… discriminer, cette fois *positivement*. La religion est un poison méprisable ; en revanche, il n'y a rien de plus louable que la religion des droits de l'Homme. On impose notre progrès, nos droits, notre aide et nos mœurs au reste du monde en affirmant que toute culture se vaut et que les autres n'ont jamais eu besoin de nous pour s'en sortir, on prétend « améliorer l'homme » par l'éducation et le métissage tout en exécrant l'eugénisme. On abomine le déterminisme tout en prétendant que « tout est social ». On abhorre la peine de mort et on adore l'euthanasie. On assure que la famille est une infernale norme archaïque, mais il faut absolument que tout le monde y ait accès. On vomit l'esclavage et on ne rêve que d'avoir des gens à son service. L'immigration massive, qui n'existe pas, est une chance qui rapporte car les immigrés qui n'existent pas vont payer nos retraites, nous enrichir comme ils n'ont jamais enrichi leur pays d'origine, faire les travaux dont on ne veut pas et remédier à notre basse fécondité, même s'ils sont deux fois plus au chômage, même si nos retraites sont plus impayables que jamais et même si le gouffre de la Sécu ne cesse de grandir. Le multiculturalisme n'est pas une source de tensions et n'a aucun lien avec l'insécurité, mais il apparaît urgent de réinventer un modèle de vivre ensemble pacifié. L'insécurité, qui n'existe pas, est la conséquence de la pauvreté. Les citoyens sont égaux sans distinction de race ni de religion, et tous doivent ensemble se scandaliser, dénoncer l'atteinte insupportable, le coup porté à la République, quand le sentiment d'insécurité concerne les journalistes, les musulmans ou les juifs.

L'obsession progressiste pour la race est souvent au cœur de la double-pensée. « Je ne vois pas les couleurs de peau », d'ailleurs « mon meilleur ami est noir », « je ne suis pas raciste, d'ailleurs je préfère les Noirs» ou «ce serait bien de mettre des Noirs en avant pour emmerder les racistes».

La diversité, c'est le métissage. Notre devise antinomique mériterait de figurer au panthéon des slogans d'Orwell. Banaliser la différence, exalter la différence, aduler la différence, nier la différence. Brandir les droits de l'Homme et la liberté de se déplacer et s'établir là où l'on veut, et hurler quand Arthur ou Depardieu mettent un pied en Belgique. Refuser toute idée d'hérédité sauf vis-à-vis de l'hérétique, qui ne peut pas changer, pour qui «le naturel revient toujours au galop», condamné qu'il est à «renouer avec ses origines», parce c'est «inscrit dans son ADN», «dans le sang», «dans son génome», ou «dans ses gènes».

L'aide de l'Autre, la charité ostensible, la sensibilité à la détresse d'autrui, la détermination face à ce qui pourrait le mettre en péril («résistons», «indignons-nous»), se transforme en gêne, en apathie, en indifférence et même en haine vis-à-vis des victimes de l'insécurité. Ceux qui tombent seront remplacés, invisibles, oubliés. Les victimes de l'insécurité, on ne les voit qu'à l'étranger. Biais psychologique spectaculaire.

Loin de n'être qu'utile à l'artiste, au politicien ou au journaliste, la double-pensée est garante de notre équilibre psychique au quotidien, en particulier dans la rue ou les transports en commun.

Par exemple, si le quartier sensible vient à moi pour m'envoyer un sentiment d'insécurité dans le bas-ventre, avant de m'asséner une présomption de traumatisme crânien à coups de talon, je m'enfermerai dans mon dogme, préférant devenir martyr du vivre ensemble que victime de l'insécurité. C'est une tendance générale. Le cardinal Philippe Barbarin encourageait les chrétiens d'Irak à y demeurer, en dépit des massacres dont ils font l'objet, pour « continuer à vivre ensemble » (RMC, le 29/07/2014).

Ainsi nos désirs prennent le pas sur toute réalité.

Les victimes doivent oublier et aller de l'avant, mais nous tous devons avant tout nous *souvenir*, ne penser qu'au passé, à nos culpabilités coloniales et collaborationnistes, à nous contraindre, nous repentir et nous flageller.

La double-pensée prône la discrimination, l'intolérance et la haine contre les hommes blancs. Leur fierté est interdite, franchouillarde, cocardière, chauvine, pétainiste, xénophobe, suspecte. En revanche, la fierté LGBT, trans, diverse, est noble, courageuse, sponsorisée, *bankable*, subventionnée, télégénique, encouragée.

La double-pensée est le moteur de l'art contemporain, comme l'a constaté Jean Clair : « Il n'est pas rare que des fonctionnaires de la culture ou des élus pratiquent le double langage : siégeant dans des commissions d'achat à défendre et à faire acheter des œuvres prétendues d'avant-garde, tout en achetant autre chose pour leurs murs. »

Les médias sont – sans surprise – des experts en double-pensée.

« On peut relever l'intérêt des jeunes journalistes pour l'idéologie de Bourdieu selon laquelle les dominants ont toujours tort et les dominés toujours raison. Un journaliste ne doit absolument pas penser ainsi car le journalisme ne devrait pas être une affaire de bien ou de mal ni de morale. Il faut savoir ne pas se laisser influencer par ses propres convictions pour rendre compte du réel et bien faire son travail de journaliste. Il faut accepter que la réalité soit contraire à une opinion personnelle. Le lynchage médiatique subi par les hommes politiques est inacceptable de la part d'une profession qui doit informer le public. Les journalistes pensent être du côté du bien, mais le bien n'est pas forcément la morale. » Ainsi double-pensait… Philippe Val (*Charlie Hebdo*, France Inter, etc.), chantre de l'irréel, partisan de la loi Gayssot et du droit au blasphème ; ce qui revient à être pour le *Petit Journal* et contre la crapulerie.

« La double-pensée est le pouvoir de garder à l'esprit simultanément deux croyances contradictoires et de les accepter toutes les deux. L'acte essentiel du Parti est d'employer la duperie consciente, tout en retenant la fermeté d'intention qui va de pair avec l'honnêteté véritable » (*1984*). « L'inflexibilité viscérale est la plus persuasive des convictions », notait Robert Wright. La double-pensée, ou double-réalité, est un art de vivre, une sorte de dualité quantique, une superposition de deux états contradictoires, comme cette rébellion conformiste qui anime nos mignons de cour dont parlait mon camarade politicien. « Je suis un vrai rebelle parce que moi tu vois j'dis c'que j'pense », c'est-à-dire exactement ce que nous, la classe dominante, disons et voulons entendre. Exemple type : les Femen, marionnettes du pouvoir, soutenues par Manuel Valls – fan de Caroline Fourest –, réfugiées politiques en un temps record, inventeur*es* d'agression, occupantes illégales de locaux, capables de simuler l'enlèvement d'un prêtre, multipliant les provocations... Sans la moindre condamnation. Et pour cause, à l'instant où Fourest est arrêtée avec ses protégées en cherchant l'incident lors de la Manif pour tous, Valls appelle aussitôt le préfet. Et François Hollande adresse dans la foulée un message de soutien à la rebelle (*Valeurs Actuelles*, le 19/09/2014).

Un désir coïncidant rarement avec le réel – quiconque a un peu d'expérience de la vie en sait quelque chose –, les incohérences du Parti sont forcément massives. Les défenseurs du régime, qui haïssent l'intolérance et l'inégalité, se mettent à plusieurs médias pour condamner un seul homme à la mort sociale. Ils luttent pour la dignité mais font tout pour t'humilier. Ils assurent défendre les petites gens, sans jamais s'intéresser à la France périphérique, forcément remplie de beaufs, incultes et racistes. Comme Terra Nova, « laboratoire d'idées » progressiste (financé par l'État et ses obligés : Areva, Air France, EDF, Sanofi, SNCF, Vivendi...), « le Parti enseignait que les prolétaires étaient des inférieurs naturels » (*1984*).

Nos membres sont persuadés qu'il leur faut rééduquer la plèbe et traquer partout sa pensée « populiste ». « Le Parti prêche, envers la classe ouvrière, un mépris dont, depuis des siècles, il n'y a pas d'exemple » (*1984*). Les dominants « égalitaires » passent leur temps à critiquer les goûts et les mentalités des dominés (conduite, habitudes alimentaires, idées, votes, morale, goûts, etc.). On méprise le petit Blanc qui se pose des questions sur l'immigration, l'identité, la femme qui veut être mère au foyer, le prolétaire qui vote mal. Le mépris est une composante essentielle de l'art contemporain.

Existe-il chose symboliquement plus violente et méprisante qu'un progressiste ? Quand le bobo affiche sa dérision, sa haute conscience, clame son amour de l'autre, ne jure que par les manifestations festives, les engagements citoyens, l'indignation, décrète un jour de jeûne par mois contre l'injustice climatique (*Libération*, le 4/06/2014), éclaire la nuit contre le cancer, se verse de l'eau glacée sur la tête contre la maladie de Charcot, manifeste contre le climat (*Le Monde*, le 21/09/2014), il le fait d'abord pour étaler sa supériorité morale. Et quand une « marche citoyenne contre la pluie, la haine et la mort de Dumbledore », attire davantage de personnes que les manifestations d'hommage à Clément Méric (*Le Figaro*, le 9/06/2014), on se dit qu'encore une fois l'idéologie dominante n'est plus distincte de la parodie.

En vous révélant tout cela, je suis en pleine double-pensée.

La double-pensée est par essence obligatoire. Nous devons tous être persuadés de notre supériorité morale, et hurler « à mort ! » dès que quiconque affirmera la supériorité morale de notre civilisation. Un bon double-penseur n'est même pas conscient de tricher. « Orthodoxie signifie non-pensant, qui n'a pas besoin de pensée. L'orthodoxie, c'est l'inconscience » (*1984*).

Notre pensée primitive et robotique se concentre contre les faits. L'ère du Parti doit devenir une ère de Planck, période théorique où les lois du réel n'ont plus cours.

Si tu détectes nos paradoxes, sache que rien ne sert de les moquer ou de les dénoncer : c'est grâce à ça que nous gagnons. Les arguments logiques n'ont aucune chance de nous convaincre. Le chien va chercher sa balle, ce n'est pas rationnel, et vous pouvez toujours essayer de lui expliquer le contraire. Tenter de raisonner un des membres du Parti, c'est tenter de raisonner un inventeur de la quadrature du cercle, du mouvement perpétuel, d'un moteur à aimants. Il vous résistera tant que vous accepterez de parler avec lui. La double-pensée est caractéristique de ceux qui *veulent* croire, qui sont prêts à accepter toutes les allégations qui semblent aller dans leur sens, même si elles s'avèrent en réalité totalement contradictoires (Wood, Douglas & Sutton, 2012).

Quand on entre au club, on adhère sans réserve à toute la charte. On devient un agent de la matrice.

Comme disait Lorenz, « toute structure de pensée s'acquiert aux dépens d'une dose de liberté ». Nos membres sont un ensemble homogène, ce sont des Gömböc : si bousculés qu'ils soient par le réel, ils reviennent toujours à leur position initiale, leur unique point stable. Nous les avons conçus ainsi. Nous sommes le triomphe de l'espérance sur l'expérience. Nous devons y sacrifier raison et amour-propre. Nous n'avons pas le choix.

Au-dessus de la double-pensée, il y a la négation pure, argumentée et systématique de la réalité. « Je suis l'esprit qui toujours nie », faisait dire Goethe à Méphistophélès. Cette négation est la première nature des sociologues, des idéologues, des médias, des artistes. Il n'y a pas d'insécurité. Il n'y a pas de remplacement. Il n'y a pas de peuple. Il n'y a pas de problème. Si vous voulez conserver votre place au sein du Parti, nous *exigeons* votre abjuration du réel. Si vous n'y arrivez pas, c'est « par un manque d'humilité, un manque de discipline personnelle. Vous n'avez pas fait l'acte de soumission dont le prix est la santé mentale » (*1984*).

Nous irons toujours plus loin. Si vous restez convaincu que le réel existe, vous vous éloignerez chaque jour un peu plus du Parti, du pouvoir, de l'existence, de la possibilité d'une identité.

Vous devez, comme nous, devenir un être de Planck. Il vous faudra renoncer à tout. Si vous n'y arrivez pas, « il faut essayer plus fort. Il n'est pas facile de devenir sensé » (*1984*). Le désir doit primer sur tout.

« Le Parti finirait par annoncer que deux et deux font cinq et il faudrait le croire. Il était inéluctable que, tôt ou tard, il fasse cette déclaration. La logique de sa position l'exigeait » (*1984*).

Tout ce que tu dois savoir, c'est ce que le Parti veut que tu penses.

Le membre du Parti doit se montrer parfaitement conditionné, incapable de divergence, « *bien-pensant* ». En novlangue, « naturellement orthodoxe, incapable d'une pensée mauvaise ». « Le bien-pensant sait en toute circonstance quelle croyance est la vraie, quelle émotion est désirable » (*1984*). Dans *1984*, les enfants subissent l'enseignement de la phase disciplinaire *arrêt-du-crime*. « La faculté de stopper net leur réflexion, comme par instinct, au seuil d'une pensée dangereuse. Il inclut le pouvoir de ne pas saisir les analogies, de ne pas percevoir les erreurs de logique, de ne pas comprendre les arguments les plus simples ». « Arrêt-du-crime, en résumé, signifie stupidité protectrice. »

Tout le monde il est beau, la banlieue c'est l'avenir, le métro est un lieu de vie fooormidable, d'interaction sociale, le flux de la modernité, le fleuve tranquille de la vie, hautement enrichi en diversité, et à Marseille aussi plus belle est la vie, avec force subventions, parce que « toutes les nationalités, ça ne fait que nous enrichir ».

« La vie, quand on regardait autour de soi, n'offrait aucune ressemblance, non seulement avec les mensonges qui s'écoulaient des télécrans, mais même avec l'idéal que le Parti essayait de réaliser» (*1984*).

Pour malgré tout voir la vie en rose, nous devons nous retirer dans notre palais numérique mental. Une sorte de double-pensée tantrique sous ecstasy. «Plus que jamais à l'époque contemporaine, marquée par une forte valorisation de l'hybridité, du métissage et du sampling, faire du soi avec de l'autre tient d'un principe créatif» (*Les Inrocks*, le 3/09/2014).

Certes, il est difficile de léviter au milieu d'émeutes urbaines. Notre violence symbolique finit par prendre un tour très concret dans nos rues, sauf pour ceux qui ont les moyens de la fuir. J'en prends à témoin ces journalistes capables depuis toujours de nier l'insécurité et ses méfaits, de vanter la diversité et ses bienfaits, puis de refuser catégoriquement un déménagement à Bagnolet, sous prétexte d'attache à un «cadre historique» (aux portes du Marais), ce qui est cocasse quand on est de gauche. *Libération* avait l'occasion de payer un loyer trois fois moins élevé, de se sentir plus proche de ce peuple qu'il chérit tant, de donner l'exemple, de mouiller le maillot, de faire un vrai geste *symbolique*, un pas vers le vivre ensemble radieux qui lui tendait les bras, comme ce bon journal invite les Français à le faire depuis des décennies. Mais non, la simple idée de déménagement a «suscité un grand émoi dans la rédaction, viscéralement attachée à son immeuble» (*Le Monde*, le 20/12/2013). Si eux ne le font pas, qui le fera?

Nous passons notre vie à fuir la mixité sociale que nous rêvons d'imposer au reste du monde. Quoi qu'il arrive, nous restons en territoire ami, toujours dans le même univers culturel. Ici, pas d'électeur du Front national, qu'une joyeuse communion des peuples, une ode sans fin à la diversité, à la créativité, à l'équité, à la durabilité, à la tolérance, à l'art de rue, au bonheur du vivre ensemble. Nous avons nos beaux quartiers, nos écoles, nos bars sélects et nos boîtes branchées. Le mélange, la mixité, la tolérance, c'est ce que nous disons, et la ségrégation, c'est ce que nous faisons. Quand un lieu attractif est trop mal fréquenté, rien de tel qu'un petit frein matériel au vivre ensemble. Ainsi la piscine du Rhône, en augmentant de 135 % son tarif d'entrée, s'épargnera bien des problèmes (*Le Progrès*, le 21/05/2014). Notre « ouverture » n'est qu'une projection de fantasmes sur un monde que nous ne connaissons pas, que nous ne voulons pas connaître. Nos désirs paient, c'est tout ce qui compte. Pour rien au monde nous ne voudrions en subir les conséquences.

Pour toi, Monsieur Moyen, c'est autre chose. Je crois savoir que tu n'as pas le choix. Tu dois subir l'alliance objective des classes supérieures et inférieures contre les classes moyennes, pour l'égalité. Exactement comme dans *1984*.

Sommet de la double-pensée : pour survivre, la gauche a besoin de l'oppression, du racisme, de la pauvreté, de la lutte des classes, du sexisme.

Elle doit les perpétuer. C'est elle qui voit partout du racisme, qui invente du patriarcat, qui ne cesse d'importer de la pauvreté et des inégalités ; c'est elle qui, en quelques décennies, a créé des conflits raciaux, baptisés « vivre ensemble » par le novlangue, là où ils n'ont jamais existé. La société plurielle est une invention des Blancs pour leur permettre de se sentir moralement supérieurs. Par besoin moral et électoral, nous avons créé Babel, nous avons créé des zones étrangères sur ton sol, nous avons créé des gouffres culturels, nous avons invité sur ton palier la misère, sans envisager une seconde que ça pose problème, puisque l'amour de l'autre ne peut qu'avoir de *bonnes* conséquences.

Pour nous, c'est le cas.

Une fois encore, nos désirs triomphent des faits. Nions l'insécurité, nions l'immigration, nions les problèmes, et tout rentrera dans l'ordre. Mon désir quant à moi, artiste, n'est pas, comme Rimbaud, d'asseoir la beauté sur mes genoux, mais de la mettre à genoux, aux fers, aux oubliettes pour chimères obsolètes, bref, au *musée*, où sa place est encore acceptable. Comme j'ai triomphé de la beauté fasciste, le Parti triomphera de la fasciste réalité. Nous pouvons tout faire subir à la matière et à l'esprit. La France est déjà un musée. Le vivre ensemble finira par s'imposer, ce beau monde tendra comme un seul Parti vers l'universelle domestication, c'est-à-dire le socialisme. À moins, comme le résume Nadia Bellaoui (PS), qu'il ne faille l'imposer : « Un encadrement politique doit s'exercer pour permettre le vivre ensemble, sortir les gens de leur destin individuel. »

Ne vois-tu pas, petit Monsieur Moyen, tout ce que le Parti fait pour ton bien ?

# 9

# RUPTURE DE CODE

*S'il était seul, il était donc fou.*

**Orwell, *1984***

Expéditeur : K. Gödel.

Destinataire : Monsieur Moyen.

J'ai vu votre adresse dans leurs documents. Je sais que c'est vous qu'ils ont choisi. Je suis de chez eux, je travaille au Parti intérieur, au classement et à la réécriture des publications. J'ai tout eu sous les yeux.

La situation est à peu près désespérée. Si vous m'écoutez, vous avez peut-être encore une toute petite chance. Je n'aurai sans doute pas d'autre occasion de vous écrire. Je ne suis pas autorisé à le faire. Ils peuvent arriver d'un instant à l'autre. Ils vont le savoir, sûrement, et ce sera fini pour moi. Je prends le risque. Vous devez me lire très attentivement.

Ce que veut le Parti, c'est une société d'infirmes, d'irresponsables, de malades, d'exaltés, d'inaptes et de débiles. Parce que tous ces gens sont dépendants. Le Parti peut les contrôler, prétendre les satisfaire, et réaliser avec eux le rêve d'une société de Progrès et d'Égalité – donc accroître à l'infini ses rentes et sa puissance. Le Parti doit combattre l'autonomie, l'intelligence, la santé et la sobriété.

Il nous pousse à rechercher le plaisir, or le plaisir n'est pas une source de bonheur durable, et nous sommes faits pour ne pas le comprendre. La recherche de plaisir pour le plaisir est un comportement toxicomaniaque. Notre système de récompense est détraqué par la société de consommation et de l'immédiateté. À chaque fois que le drogué obtient sa récompense, en fumant son joint ou en achetant son iPhone, derrière l'exaltation de l'instant, son potentiel de jouissance à long terme diminue. Pour éprouver à nouveau le même plaisir, il doit trouver une récompense plus puissante. Il lui faut des sensations qui deviennent vite indépassables. Sauter à l'élastique, snifer son rail, se faire fouetter… On cherche les limites de la douleur, de la peur et de la vie. Il faut mettre sa peau sur la table, disait l'autre.

Les membres du Parti sont à leur manière des toxicomanes. Leur devise, *aller toujours plus loin*, pourrait être celle d'un accro. Comme tout le monde pense la même chose, le membre du Parti ne peut se distinguer qu'en obtenant une *sensation morale indépassable*. Ainsi naissent les sectes.

Par la transgression de tout ce qui semble encore constituer les normes et les règles de la société. En faisant de son propre groupe le Mal. En prônant son suicide et celui des siens. En aimant l'Autre au point de lui offrir son pays et de se sacrifier pour lui.

Le Parti est une secte qui a réussi. Exactement comme celle du pasteur Jim Jones, dont l'aventure débuta par l'utopie d'un village communiste pour se terminer par le massacre de la vie.

« La condition mentale dominante doit être la folie dirigée [...]. Folie consciente, gratuite, qui mènerait au désastre » (*1984*).

Le gouvernement de Manuel Valls a décidé d'expérimenter les salles de shoot pendant six ans. Sous « supervision » de professionnels qui « participent à l'injection », les drogués peuvent ainsi consommer en toute « protection » (*Le Monde*, le 29/08/2014). On fait passer cela pour de la prévention vertueuse, quand ce n'est qu'un énième renoncement. La drogue sous assistanat d'État. Tout ce que sait faire Big Brother, c'est satisfaire vos besoins, en s'efforçant d'en supprimer les désagréments les plus visibles.

« La loi est l'expression de la volonté générale » (art. 6 de la Déclaration des droits de l'Homme). L'expression de la volonté générale, c'est la domestication. Le Parti donne, les foules applaudissent. Elles ne font pas ce qui est bon pour elles.

À long terme, toute la société le paiera. Mais Big Brother ne voit que son pouvoir qui croît à travers nos dépendances.

Les penchants domestiques étaient tempérés par la réalité, Big Brother a mis la réalité entre parenthèses.

À tel point qu'il a *inversé* la sélection naturelle. Notre société et notre morale ont permis aux moins aptes, par l'agriculture intensive, la technologie, la médecine, la distribution, le social, l'assistanat, la libération sexuelle, de se reproduire massivement.

« Personne n'est assez ignorant et assez maladroit pour permettre aux animaux débiles de se reproduire », disait Darwin.

Nous le sommes.

Voilà ce qu'en pensait H. G. Wells, qui, comme Orwell, était socialiste :

« Notre devoir est de nous enquérir de ce que l'Utopie fera de ses infirmes congénitaux, de ses idiots et de ses fous, de ses ivrognes et de ses vicieux, des cruels et des malfaisants, des êtres stupides, trop stupides pour être utiles à la communauté, les imbéciles, les gens sans facultés, sans imagination. »[1]

Le Parti a toujours évacué cette question.

Nul ne se demande d'où vient la domestication, ce qu'elle implique, ce qu'elle va faire de nous. Elle reste « le grand impensé » dont parlait Peter Sloterdijk, « face auquel l'humanisme a détourné les yeux depuis l'Antiquité jusqu'à nos jours ».

Le Parti ne veut pas voir la réalité en face.

---

1. H. G. Wells, *Une Utopie moderne*, 1905.

Le Parti ne pense pas. Il satisfait le désir de reproduction, y compris celui des malades mortellement contagieux, les cas psychiatriques et les handicapés lourds, trop nombreux pour être internés et surveillés. Les criminels ont le droit de forniquer au parloir. Le violeur en série, la mère infanticide, absolument n'importe qui peut faire des enfants. L'État sera là pour se charger de ces derniers, quel qu'en soit le prix, quelles qu'en soient les conséquences pour les malheureux qui naîtront ainsi.

N'importe qui doit avoir le droit de se reproduire, et puisque *n'importe qui* s'en prive justement moins que la moyenne, nous devenons *n'importe quoi*.

En avril 2014, un enfant de quatre mois et demi a été enlevé d'un centre maternel par sa propre mère, avec la complicité du père. Par décision de justice, les parents, « déficients mentaux », n'avaient pas la garde de l'enfant. La mère avait déjà cinq enfants, tous placés (*Le Figaro*, le 19/04/2014). « Déficients mentaux », cinq enfants. Et nous ne prendrons aucune mesure pour les interrompre. Nos services sociaux les récupéreront. Le Parti s'occupera d'eux.

Pendant ce temps, les féministes encouragent les femmes des classes supérieures à avoir peu ou pas d'enfants. Question d'écologie et de « charge mentale ». Les Français les plus aptes se reproduisent donc moins. Nos scientifiques le savent, j'ai vu leurs notes.

En moyenne, les Français ont moins de deux enfants. Leur intelligence demeure donc une lignée qui ne se propage pas. Dans dix, cinquante ou cent ans, s'ils ne se reproduisent qu'entre eux, le nombre de Français intelligents sera resté le même. Il aura même baissé, car plus le niveau social est élevé, plus le nombre d'enfants par foyer est bas (proche de 1). Et les Français intelligents ne se reproduisent pas qu'entre eux.

Inversement, plus le niveau social est bas, plus le nombre d'enfants par foyer est important (souvent trois et davantage). Si un demeuré a cinq enfants, probablement avec une autre demeurée, leurs gènes de demeurés vont se répandre. Dans dix, cinquante ou cent ans, les demeurés seront beaucoup plus nombreux.

Ça s'appelle le *dysgénisme*. Les mutations défavorables se propagent, ce qui entraîne une régression des aptitudes (santé, caractère, intelligence, etc.). Le contraire de l'eugénisme. Tout le système social encourage une telle dérive, et au bout du compte, l'intelligence moyenne de la population s'effondre. Ça aura – ça a déjà – un impact énorme sur notre société. Et c'est la même chose dans toute l'Europe. Elle vient de là, la crise.

Nous n'avons pas besoin de hautes intelligences, simplement des plus dévouées. Un bon membre du Parti doit être juste assez intelligent pour passer au-dessus du sens commun, pour sacrifier sa raison à la morale.

*Zugzwang*. Impensée domestication, impensable foi. Ils sont obligés de se réjouir chaque année du fait que la planète engendre un contingent d'imbéciles plus important que l'année précédente. Ils sont obligés de croire que la France peut absorber la misère, alors que la misère est en train d'absorber la France. Les zones les plus pauvres de la planète ont une croissance démographique délirante. D'ici 2050, l'Asie passera de 4,2 à 5,2 milliards d'habitants. L'Afrique de 1 à 2,3 milliards d'habitants – 4 en 2100. L'Europe stagnera à 700 millions. La France pourrait tout aussi bien accueillir 300 millions de ces nouveaux pauvres, personne ne verrait la différence, à part les Français bien sûr.

Et pour être bien certain que tout le monde soit concerné, nous étendons nos soins au monde entier. Des tuniques blanches de la mission aux blouses blanches de la médecine, l'Occident a sauvé beaucoup de gens et continue de le faire. La planète est la maladrerie morale du Parti. Des milliards d'indigents esclaves de notre science. Avec nos visites médicales, nos vaccins, nos téléphones, notre eau courante, notre électricité, notre confort, notre grande distribution, notre chauffage, nos maternités, notre État-providence, ce sont tous des morts-vivants.

Pourquoi ? Vous n'avez pas compris les règles du jeu. Depuis que les médecins s'acharnent contre les bactéries, elles sont plus résistantes et virulentes que jamais. Si l'on place un être vivant de type Monsieur Moyen dans des conditions idéales, si l'on fait en sorte qu'il ne manque de rien, dans quelques générations il sera un impotent domestique, jouisseur frustré et tyrannique, incapable de s'adapter à une situation nouvelle.

C'est une course aux dépendances que rien ne pourra plus arrêter. Personne ne renoncera à se soigner, à soigner ses proches. Moi le premier. Nous finirons tous par dépendre de la médecine et du système social du Parti, et le Parti, en bon docteur Knock, s'en réjouit. Il est en train de se rendre indispensable. Votre vie sera à jamais entre ses mains.

Vous n'avez plus qu'à prier pour que Big Brother soit vraiment immortel.

Vous devez bien comprendre qu'ils iront jusqu'au bout, quoi qu'il arrive. « Le Parti ne peut admettre un changement de doctrine ou de ligne politique. Changer de décision, ou même de politique est un aveu de faiblesse » (*1984*). Pour eux les conséquences n'existent pas. Plus ils vous abrutissent et vous rendent dépendants, plus ils sont puissants.

J'ai osé une fois évoquer mes inquiétudes auprès de Smith, avec les précautions d'usage. Je lui ai demandé innocemment s'il était possible que notre morale ait des conséquences nuisibles pour nos peuples. Vous savez ce qu'il m'a répondu ?

« Et après ? Elles le seront pour eux bien avant de l'être pour nous. »

Pour le Parti, la société cohérente est un danger, comme un troupeau soudé est un danger pour un prédateur. Le prédateur doit isoler les individus, rompre l'immunité sociale, d'abord en supprimant la cellule, les frontières, ensuite, en la détruisant de l'intérieur, par la ville, la morale hors-sol, la pression sociale, l'acculturation et le vivre ensemble, alors seulement le prédateur peut s'attaquer aux individus et les dévorer.

Dans les années 50, Le Corbusier rêvait de raser Paris pour construire une ville fonctionnelle destinée à satisfaire « les besoins humains », dans le style barres HLM. Dans le doute, on l'a envoyé s'exercer en Inde.

Les besoins humains étant rapidement devenus des droits, les pouvoirs publics et autres promoteurs n'ont pas attendu le retour de l'architecte pour bâtir en masse des logements sociaux fonctionnels. Un français sur six vit aujourd'hui dans un HLM.

Les utopistes ont toujours voulu façonner l'espace vital des gens, « pour leur bien ».

La « politique de la ville » en est la dernière mouture. Elle masque de moins en moins l'absence totale de politique des individus, en particulier de politique d'immigration.

Dans la France apaisée et radieuse du vivre ensemble, des policiers et des médecins doivent surveiller les inscriptions scolaires et les demandes d'aides qui vont avec. Au quotidien : pleurs, crises, menaces. Les agents, insultés, agressés par des centaines de personnes en colère, subissent une « forme de terrorisme » (*La Provence*, le 27/09/2014).

Sous la pression physique et psychique, les malheureux guichetiers finissent par céder, baisser les bras, parce qu'ils n'ont certainement pas envie de se faire humilier tous les jours pour défendre cette société-là. Et il est bien difficile de leur en vouloir. Quand le droit des citoyens précède leur devoir, il n'est plus de cité qui tienne.

Les petits Blancs sont devenus les esclaves de leur propre morale.

La société est un pari qui repose sur une culture commune, des capacités communes, des intérêts communs, une morale commune, une abnégation commune et même un commun degré de domestication. Sans surprise, la solidarité, le civisme, le patriotisme et le sens du sacrifice sont beaucoup plus puissants au sein des nations homogènes.

Dans une société hétérogène et individualiste, les gens traitent leurs semblables comme des paillassons. Ils cherchent à tirer parti de tout, font de l'espace public ce que bon leur semble. Plus le collectif grandit et se délite, moins les individus font d'efforts pour lui. C'est le comportement du tire-au-flanc social. Les gens n'ont plus l'esprit corporatiste que cherchent à imposer les dominants. L'État réagit en conséquence, surveille et menace ses citoyens. Il n'a plus confiance en vous, vous n'avez plus confiance en lui. L'État est tyran, le citoyen est menace, le contrat est oublié, la confiance brisée. Concrètement, le *black-out* de New-York (1977), les émeutes raciales américaines (1992), françaises (2005) ou britanniques (2011), les grèves de la police canadienne (1969), argentine (2013) ou brésilienne (2014), le séisme et le tsunami de l'Océan Indien (2004), l'ouragan de la Nouvelle-Orléans (2005), le séisme d'Haïti (2010), ont occasionné les mêmes scènes de pillages massifs et leur lot de meurtres. Les jours suivants leur séisme et leur tsunami (2011), les Japonais affamés faisaient sagement la queue devant les magasins d'alimentation.

Jusque dans nos campagnes françaises, on en arrive à la mise en place d'un dispositif anti-pillage lors d'intempéries, comme ce fut le cas dans le Var (*Le Figaro*, le 20/01/2014).

L'État suspecte, espionne et refuse d'armer ses citoyens. Avant 1995, la dernière régulation sévère des armes à feu – lieu commun dictatorial – remontait au régime de Vichy. La Révolution française, l'Indépendance américaine et même l'Internationale socialiste faisaient de l'armement du citoyen un principe fondamental, montrant combien les citoyens entendaient rester maîtres de l'État. Lors de la rédaction de la Déclaration des Droits de l'Homme et du Citoyen, le comité des Cinq déclarait qu'il était « impossible d'imaginer une aristocratie plus terrible que celle qui s'établirait dans un État, par cela seul qu'une partie des citoyens serait armée et que l'autre ne le serait pas » (*La Gazette nationale*, le 18/08/1789). On semble bien loin de notre propagande quotidienne contre la « vente libre » aux États-Unis, qui a fini par convaincre les Français de la nocivité des armes et même de la défense individuelle. Les armes sont sévèrement contrôlées depuis

1995 – sans le moindre impact sur l'évolution de la criminalité, au contraire.

L'État veut se prémunir de son propre peuple. N'évoque-t-il pas le « désordre public », pour rabrouer le citoyen qui lui demande des comptes, comme la loi l'y autorise ?

« La guerre est engagée par le groupe dirigeant contre ses propres sujets et l'objet de la guerre n'est pas de faire ou d'empêcher des conquêtes de territoires, mais de maintenir intacte la structure de la société » (*1984*).

De fait, c'est le grand chacun pour soi. L'inconséquence particulière prévaut toujours sur le bien public. Il suffit pour s'en convaincre de dénombrer les graffitis et les tas d'immondices dans les grandes villes, d'observer les toilettes d'une aire d'autoroute, lieu de transit, sans territoire, marqué par les déjections. C'est la « tragédie des biens communs » (Hardin). Pourquoi croyez-vous que plus personne ne respecte la « chose publique », ni même la France ? Ce qui est à tout le monde perd toute valeur.

La grossièreté est l'apanage de l'animal domestique. L'animal sauvage est lui soumis à un comportement social très strict. Si le civilisé dissimule ou ritualise toute manifestation « organique », ce n'est pas le cas des gorets des villes, qui bousculent, hurlent, crachent, urinent, expectorent ou défèquent dans la rue.

« Nous ne sommes plus une nation où l'on se donnait du “mister” et du “madam”, où même les plus démunis portaient veste et cravate et parlaient un anglais compréhensible, où les clochards vous disaient merci et où, en général, il y avait une culture et des valeurs communes », écrivait Kunstler.

Il arrive que des ascenseurs tombent en panne parce que leurs câbles sont rongés par l'urine des usagers (RTL, le 27/05/2014). Que des voleurs portent plainte quand ils se blessent (*La République des Pyrénées*, le 11/04/2013). À Reims, une femme ayant glissé sur une frite dans un fast food a porté plainte contre l'établissement. Je cite l'avocat de la défense : « Ce n'est pas à ma cliente de prouver qu'elle a glissé sur une frite, mais à Quick de prouver qu'elle n'a pas glissé sur une frite » (*L'Union*, le 16/02/2010).

« Le privilège de l'absurdité est réservé à la créature humaine », disait Hobbes.

« C'est pas normal ! » Ainsi s'indignent nos semblables de tout ce qui les empêche de profiter un peu plus du système. L'enfant s'attend toujours à recevoir davantage qu'il ne peut offrir. C'est d'ailleurs parfois le cas : à perte, l'État achète à certains habitants de banlieues une paix sociale qu'ils ne seront pas en mesure de lui rendre.

C'est notre tribut moral. La ville s'offre son électorat, sa ruine à crédit, et se paye sa conscience supérieure. La compétition morale a obéré le pacte social.

Renseignez-vous sur le monde. Insécurité, tiers-mondisation et faillite, c'est le destin universel du socialisme. Et pour cause, il n'est maintenu au pouvoir que par deux sortes d'électeurs.

Le bobo, par intérêt moral, et l'inapte, par intérêt matériel. Jadis, la bourgeoisie morale s'alliait avec le bas peuple, après avoir eu la peau du suffrage censitaire. Elle s'allie avec les minorités aujourd'hui, ces dernières étant en passe de devenir majorité, le calcul paraît cohérent. Les bobos sont le présent, les immigrés l'avenir, l'ouvrier français le passé.

Sauf que les inaptes ont des notions du réel. Et que la théorie du genre, la nécessité de vivre ensemble, ceux-là les envoient promener avec la sagesse propre aux gens qui ne réfléchissent pas. Les penseurs de Terra Nova ont négligé ce paramètre. Ils imaginaient que « leurs » minorités iraient voter à l'africaine, comme un seul homme pour les roitelets socialistes. Au début, peut-être. Elles se tourneront vite vers des partis communautaires.

En attendant, comme la situation se dégrade à vue d'œil, le Parti en rejette la responsabilité sur ses citoyens les plus ductiles et serviles, comme toujours, en leur demandant davantage d'impôts, de patience et d'efforts.

Ledit citoyen s'adapte, s'accoutume à la violence, normalisée par les journalistes, excusée par les sociologues. « Ne tentez pas les pickpockets », lit-on dans les métros. La criminalité, c'est votre problème. Il ne faut pas porter une jupe, ne pas avoir sur soi d'objets de valeur, prendre garde à ses affaires, éviter certains quartiers, ne pas laisser ses enfants sans surveillance. On devrait pouvoir le faire. On le faisait dans les années 50.

Le fossé qui sépare les citoyens d'une nation privée d'âme rend risible toute idée de « lien social ». Certains d'entre eux s'affirment en marchant pour les droits des personnes trans, d'autres par le bolossage du « babtou fragile » qui leur a refusé une cigarette. L'indivisibilité a explosé avec le multiculturalisme. Certains groupes demeurent violents et tribaux, quand d'autres sont parfaitement domestiqués. La morale des uns est d'écraser, celle des autres de se laisser écraser en s'excusant pour le dérangement. En biologie, on appelle ça une stratégie évolutive stable. Le prédateur peut dévorer son quota de proies sans bouleverser l'équilibre général. Les choses étant ce qu'elles sont, on ne peut qu'appeler les proies à la prudence.

*Not to get Involved.* C'est la clé de la survie urbaine. Faire l'économie de son rôle social. Des individus recroquevillés sur les trottoirs, des agressions sexuelles dans le métro, et l'indifférence, les regards fuyants, les pas pressés de tous ces gens qui se veulent résistants, qui se proclament humanistes et solidaires, si passionnément préoccupés par ceux qui souffrent, pourvu que ce ne soit pas dans leur champ de vision.

Les citadins sont des créatures machiavéliques. La cité cosmopolite, même si ses habitants s'en sentent coupables et compensent en votant à gauche, est sans doute l'endroit où vous trouverez le moins de solidarité et « d'humanité ». Essayez de dire bonjour à un inconnu à Paris, là où l'on ne parle que d'ouverture à l'autre, là où l'on a inventé le « lien social ». Et voyez ce qu'il en est.

La ville isole. Les noyaux humains et familiaux n'y résistent pas. 35 % des ménages sont constitués d'hommes seuls ou de femmes seules, 26 % par des couples sans enfant, 8 % sont monoparentaux. Deux fois plus de Parisiens que de provinciaux vivent seuls. Le nombre d'activités solitaires a explosé – oui, parler aux gens depuis son ordinateur, c'est une activité solitaire –, ce qui est désastreux pour la santé mentale.

La charge de dressage que l'homme doit supporter se fait chaque jour plus pesante. La plupart des gens se comportent comme des bêtes de somme, se résignent et subissent, se concentrent sur leur triste sillon, sans perspectives ni ambitions.

Les ambassadeurs de la morale officielle ont eux une obligation de cohérence, de représentation, d'exemplarité. Ils doivent se réjouir de l'enfer, sans toutefois oublier d'y survivre. Tout dans leur allure traduit une joie de vivre sous antidépresseurs, une lassitude mentale, une posture devenue prison. Homme de gauche, homme *sinistre*. Étymologiquement de « senestre », « gauche », « pernicieux », « que la mort accompagne ».

Le bobo s'efforce d'être bien dans sa catastrophe. Il acte sa disparition en donnant à ses – rares – enfants, futurs citoyens du monde, des prénoms hybrides sans histoire ni origine (ni orthographe), à la consonance vaguement ethnique-exotique. Louna, Maïssa, Manel, Louka, Noam, Tiago, Noham, Adem, Ilian, Siobane, Loan, Milo, Naïm, Nino, Wassim, Ylan, Hanaé, Inaya, Lya, Nour, Sharlye, Shanone, Djodie, Lilya-Nah, Noh-Lan, Yaëlle, Zona, Zabrina… Surtout rien qui ait l'air trop enraciné : il faut que ces petits aient un jour une chance de se sentir ici chez eux, c'est-à-dire nulle part.

Le bobo tente de se régénérer dans ses croyances, ses bains de groupe, ses rituels collectifs, ses « Sunday Assembly », des ersatz de messes athées, où il va pour « vivre mieux, aider les autres, et se questionner davantage » (*Le Figaro*, le 27/07/2014), au milieu de gens très bien, comme lui, qui le confortent dans ses illusions. Vivre au rythme des journées internationales de lutte, des soirées branchées, des happenings engagés, des festivals citoyens et autres actions durables, voilà qui ne laisse pas aux doutes le temps de faire mal.

Nos bobos sont les serpillères idéales du régime. Ils payent, ils votent, ils font du zèle. Ils en demandent toujours plus. Ils exécutent les ordres du Parti. Ils se catéchisent entre eux. Mais leur univers mental est de plus en plus agressé par la réalité. Soit il cèdera, soit ce sont eux qui cèderont.

En attendant leur survie n'est pas héroïque, elle n'est qu'une fuite.

Je suis de ceux qui ne parviennent pas à fuir. Je suis heurté par ce qui se passe. Je ne l'accepte pas. L'indifférence, la résignation, sont au-dessus de mes forces. Je n'arrive pas à me résoudre à la domestication, ni à jouer le jeu du Parti. J'ai du mal à me mentir. Je préfère risquer ma réputation, ma misérable existence de copiste du régime, pour tenter de l'ébranler.

Seul ? Oui. Tout a été fait pour détruire mon immunité sociale, m'isoler dans une société dynamitée, sous surveillance, où tout le monde dénonce tout le monde.

Je ne me résous pas à être – excusez-moi – ce que pour l'instant vous êtes. Le « prolétaire » d'Orwell, cette multitude méprisée, indifférente, aveugle, qui vit sa vie de merde et crève en silence. « Leur mécontentement ne menait nulle part. Ils ne pouvaient le concentrer que sur des griefs personnels et sans importance. Les maux les plus grands échappaient invariablement à leur attention » (*1984*).

Leur colère nébuleuse sera récupérée par les syndicats du Parti, qui la canaliseront vers des voies morales. Le soutien des sans-papiers, les manifs politiques, les grèves étudiantes, etc. Vous le savez maintenant, la gauche s'efforce d'offrir aux velléités de dominance des possibilités conformes de s'exprimer, dès le lycée. Le Parti fait la même chose.

Des indices nous montrent chaque jour combien les capacités de résistance de notre société s'effondrent. Par exemple, quand ils lancent régulièrement leurs « ballons d'essai », c'est-à-dire des énormités conçues pour jauger la capacité de résistance des foules et les préparer à une nouvelle « avancée ». Ils sont systématiquement accueillis par une réaction mollement outragée, puis il y a les débats, puis la loi, puis l'acceptation, puis l'oubli. À chaque nouveau ballon d'essai la réaction perd en durée et en intensité. Évolution typique d'un système immunitaire déprimé.

Le Parti sait que les gens comme moi existent. Il nous a esseulés, il n'a plus qu'à nous détruire. Briser notre immunité *individuelle.*

Me voilà emmuré dans les clapiers d'une cité virtuelle et absurde, gavé, dépendant, assigné à une vie de productivité ritualisée et démentielle, allant d'un point de consommation à un autre, courant après l'obsolescence programmée du plaisir, me voilà terrorisé par moi-même, priant pour que la Sécu terrasse la réalité, fuyant la pensée par tous les moyens, privé de ma logique, de la nature, d'espace, de calme et de beauté. Me voilà sur des rails, des routes, des passages à gibier, assailli de balises, de pancartes, de conseils, de règlements, de menaces, abasourdi par un brouhaha de musique, de cris, de publicités, étourdi par un vortex d'images, de couleurs, d'animations, d'appareils, de nouveautés, d'informations, tout ce qu'ont su mettre au point nos semblables pour attirer l'attention. Un bombardement continu et insensé qu'aucun cerveau ne peut supporter.

La société vise la tête.

Nous sommes en état d'alarme permanent. Onychophagie, automutilation, nictation compulsive, akathisie ; troubles nerveux, cutanés, de la vision, du sommeil, des ongles, maux de dos, sudation, angoisse, stress, pellicules, eczéma, asthénie, tics, mouvements oculaires incontrôlés, bégaiement, tremblement, spasmes, mouvements spontanés, volubilité, tout ça traduit des perturbations endocriniennes et une instabilité du tronc cérébral. Excitabilité, fatigabilité, troubles de la mémoire, de l'attention, de la concentration ; tristesse intense, dépression, mélancolie. Sous la pression extérieure, c'est l'âme qui s'effondre. Le sujet cherche à reprendre le contrôle, se tranquillise en fixant son attention, par exemple en conduisant, en regardant des séries, en jouant, en se focalisant sur des pseudo-objectifs. Les gens cachent leur désarroi derrière l'acharnement crispé qu'ils mettent au travail et au prétendu plaisir (Erich Fromm). Ils s'assomment d'alcool, de stupéfiants, d'anxiolytiques et de fêtes. La ville abolit nos distances sociales, nous plonge dans un état de panique claustrophobe. Dans notre environnement ancestral, chaque – rare – rencontre avec un inconnu mettait en jeu notre peau. Il est facile d'imaginer combien notre cerveau y attribue de l'importance. Avez-vous une idée du nombre d'inconnus que vous croisez chaque jour, dans les ascenseurs, les métros, les salles d'attente, la rue ? De l'épuisement nerveux que ça suscite ? Par réaction, la ville nous pousse à nous abstraire de la foule (*Not to get Involved*), à mettre en veille notre instinct, à nous déconnecter du réel. Nous déshumanisons les inconnus. Ces milliers de spectres que l'on croise chaque jour n'existent pas.

Nous nous gavons de benzodiazépines – les anxiolytiques – parce qu'elles ont la propriété d'*abolir* notre comportement d'évitement. La ville est un effroyable pullulement d'entités isolées dans leur Moi, de créatures dépourvues de vision globale, chacune à son jour sans fin. « Ils étaient comme des fourmis. Ils pouvaient voir les petits objets, mais non les gros » (*1984*). Pour ne pas exploser sous le poids de ce qui l'environne, notre cerveau nous commande d'expulser notre nocivité intérieure : musique à plein volume, comportements à risque, exubérants, agressifs. Les gens parlent seuls, sont ravagés de tics nerveux, affichent des comportements étranges et inappropriés, hurlent dans leur voiture, jouent à des jeux stupides qui les mettent dans des états de rage hystérique. Le cerveau crie sa détresse. « Le pire ennemi est le système nerveux » (*1984*). Notre vigilance, clé de la bonne santé, subit chaque jour la radio, la télévision, les multiples intrusions visuelles, sonores, olfactives, émotionnelles, numériques, publicitaires, qui stimulent les neurones et trompent l'hypothalamus. La distractibilité, liée à l'anxiété et aux écrans, empêche tout simplement de *penser*.

Il est impossible d'y échapper. Les puissants marchands de temps de cerveau le traquent partout, ne lui laissent aucun répit, finissent par le coincer dans son canapé et y déversent directement leurs produits. Le cerveau devient totalement indisponible à son propriétaire. En dérangement.

Le cerveau droit, celui de la logique, impliqué dans toutes les maladies mentales, est à ce point saturé d'informations illogiques, que le cerveau gauche censé les rationaliser et les justifier finit par se déconnecter, pour éviter la surchauffe et la folie. Nous avons tout débranché. Les gens sont vissés à leur smartphone comme à un cerveau de secours. Les automobilistes ont besoin de campagnes publicitaires pour ralentir devant les écoles, de messages pour leur demander de désactiver leur régulateur de vitesse avant les péages. Il faut des missions de sensibilisation pour empêcher les enfants de jouer sur les voies ferrées. Notre santé mentale est à la merci de nos sociétés urbaines.

Nous tentons de nous détendre avec nos drogues, nos jeux ou nos mots fléchés. Ça ne suffit pas.

Nous n'avons plus de structures fixes auxquelles nous raccrocher. Personne n'a compris que la survenue récurrente de « débats » à propos de toutes ces choses qui allaient de soi dans une société homogène (famille, lien social, identité nationale, vivre ensemble), et le fait même d'avoir à les *définir*, était le signe de leur mort, comme ces monuments en ruines que l'on se décide à répertorier et à classer. Tout est fait pour détruire notre équilibre mental. En particulier la surexposition d'anomalies et la diffusion perpétuelle de nouvelles contradictoires, d'informations angoissantes, épuisantes, qui apparaissent et disparaissent, ces « débats de fond » qui vont et qui viennent, vendus comme urgents et vitaux, dont il ne reste rien le lendemain, flashs, études, polémiques, aussitôt publiés, aussitôt oubliés. Aucune stabilité, aucune certitude. La mode renforce cette idée que tout est mouvant. En brisant les structures fixes, le Parti achève de rendre l'homme docile. Sans groupe, sans passé, sans sexe, sans intelligence, sans réflexion, sans volonté de dominance, sans raison d'être, sans instinct, l'homme est un zombie corvéable. Big Brother est comme un nématomorphe, ce ver parasite qui investit le corps de l'hôte, en prend le contrôle et le pousse ensuite au suicide pour passer à la phase suivante de son développement. Il a besoin de vous, de votre enveloppe, qu'elle consomme, qu'elle paye, qu'elle vote, qu'elle marche pour lui.

En lisant la presse, nous constatons chaque jour combien le Parti grignote notre espace vital. Des mots sont effacés, les gens gênants cessent d'exister – comme Staline faisait disparaître ses anciens proches, jusque sur les photographies officielles –, notre monde est peuplé de non-êtres, il est expurgé de tout ce qui trouble l'idéal du Parti. Les victimes, les hommes, les races, les petits Blancs, les Français de souche, les sexes, les frontières, la biologie, tout ce qui s'oppose à lui n'existe plus – ou alors sous forme repoussante. Nos idéologues travaillent à leur disparition, conceptuelle, constitutionnelle, médiatique, scientifique, physique. Par euphémisme, on nomme cela le politiquement correct. Une sorte d'extermination bienveillante.

J'ai fini par douter, forcément.

Et si, après tout, Big Brother avait raison ? Et si ma réalité n'existait pas ? Seul, sans légitimité, sans relais, comment être sûr ? Ils sont plus intelligents que moi, ils contrôlent les faits et leur diffusion, ils ont la foule, la foule a le pain et les jeux. Les notions de vérité et de réalité ne sont plus que morales. Pourquoi ne pas me raccrocher comme tout le monde aux structures fixes que m'offre le Parti ? La morale, c'est Dieu ; la dignité, c'est le sacré ; les droits, c'est la vérité.

« Big Brother est infaillible et tout puissant » (*1984*), mais je suis têtu. Pourquoi ce qui est incorrect serait nécessairement faux ? Ce serait absurde. Mais tout est absurde.

Nous vivons dans une sorte de chaos organisé. Et notre malheureux cerveau *exige* des certitudes. Nos contemporains sont assaillis de troubles obsessionnels compulsifs (TOC). Qu'est-ce qu'un TOC ? L'exigence intrusive d'une certitude absolue et définitive de bien agir avant de prendre une décision. Notre société prive les gens de repères. Les plus sains d'entre eux sont obligés de se prendre pour Dieu en essayant de réorganiser leur univers avec leurs TOC et leurs rituels. Et à côté de ça vous avez des cas graves de mélancolie anxieuse, où les sujets vont jusqu'à s'*arracher les yeux* parce qu'ils ne supportent plus le monde qui les entoure.

Aussi méditatif et détaché que l'on puisse être, ce monde anti-naturel a de très lourdes conséquences. Profitables à Big Brother, dramatiques pour nous.

En situation de stress, notre organisme sécrète du cortisol, une hormone qui inonde le sang et empoisonne les récepteurs de testostérone. Comme le disait l'autre cinglée de féministe, les hormones sont importantes, d'ailleurs le Parti s'y intéresse énormément. La testostérone a un rôle clé dans la constitution musculaire et osseuse, dans le comportement sexuel et la santé mentale. Elle est liée à la volonté de dominance, au nombre d'enfants, à la prise de risque, à la confiance en soi, à la libido, aux performances intellectuelles et à la concentration. C'est une hormone mâle, produite essentiellement par les testicules.

Nos savants ont depuis longtemps constaté l'effondrement général du taux de testostérone dans nos populations. Un déclin anormalement rapide et brutal. Des études américaines et scandinaves ont montré qu'un homme né dans les années 70 avait un taux de testostérone 20 % plus bas que celui de son père au même âge.

Cela entraîne de nombreux problèmes. Hypertension, perte de la libido, impuissance, infertilité, affaiblissement musculaire, déminéralisation osseuse (ostéoporose), dépilation, dépression immunitaire, maladies cardiovasculaires, etc.

Quand elle est modérée, « l'angoisse est le vertige de la liberté », disait Kierkegaard. En excès, elle devient le vestige de la virilité. Mais le stress ne suffit pas à expliquer la brutalité de notre dévirilisation. Y contribuent le manque de soleil (travail d'intérieur), les perturbateurs endocriniens, le manque de sommeil et d'activité physique, l'alcool, la drogue, les régimes carencés, le sucre et la télévision. Les jeux vidéo et films violents dans lesquels se réfugient les garçons accroissent leur taux de cortisol.

La baisse du taux de testostérone est liée à un comportement juvénile, passif et amorphe. Elle change jusqu'à la structure craniofaciale, donne un aspect « mignon », féminin. Elle accroît la tolérance et l'affection parentale, et est constitutive du « comportement moderne », apeuré et inquiet, tendant à la soumission sociale. Ces observations ont été effectuées chez l'homme, le renard de Sibérie, les chimpanzés et les bonobos. Il est maintenant établi que la « prospérité humaine » et l'avènement des civilisations résultent d'une baisse des niveaux de testostérone. La « tolérance » s'est accrue avec la technologie. Nous sommes moins agressifs, supportons mieux la promiscuité et la soumission, exactement comme des rats de laboratoire.

Le taux de testostérone est également sensible au statut. Il s'effondre dans un contexte de stress chronique, mais aussi de défaite, de manque d'estime de soi et de *soumission*. La simple menace de l'évaluation sociale fait augmenter notre taux de cortisol. Les chercheurs ont montré que le seul regard d'un robot conduisait les individus à modifier considérablement leur comportement, d'où l'efficacité relative des caméras de vidéosurveillance. La fameuse affiche, « BIG BROTHER IS WATCHING YOU », n'est pas anodine. Être observé génère du cortisol. En plus du stress dû aux milliers de regards – de travers ou non – croisés chaque jour, l'invention et la généralisation de caméras et de téléphones qui permettent aux gens de se surveiller les uns les autres, est une bien mauvaise nouvelle pour notre santé. Et celle de nos descendants, puisque les effets du stress sont héritables d'une génération à l'autre.

En quelques dizaines d'années, Big Brother a pulvérisé notre solitude. Les écrans et les portables constituent l'œil embarqué de la dominance. L'emprise clandestine, la vôtre, celle des autres. Vous devez être joignable à tout moment. Disponible. Les relations sociales ininterrompues nous épuisent et nous tuent, mais plus isolés que jamais, nous en sommes les esclaves.

Et nous en redemandons, persuadés qu'avoir sur nous l'œil du maître résoudra nos problèmes. Le gouvernement n'en demandait pas tant. « Laisser penser que notre pays, notre République, puisse ne pas être fondé sur les libertés, c'est introduire un doute qui n'a pas sa place [...] Toute comparaison avec des dictatures est forcément insupportable », a déclaré François Hollande.

Les opérateurs téléphoniques livrent à la police vos conversations. Orange a depuis longtemps offert sa base de données à la DGSE, qui peut s'y livrer à des collectes hors de tout contrôle, pour un « usage interne et non officiel » (*Le Monde*, le 20/03/2014). « Tout citoyen peut être tenu vingt-quatre heures par jour sous les yeux de la police, dans le bruit de la propagande officielle » (*1984*).

Si vous vous cachez, vous avez quelque chose à cacher, vous êtes suspect. Les ordinateurs sont la plupart du temps équipés de mouchards permettant de localiser, intercepter ou effacer du contenu à distance. Ils sont installés lors de simples mises à jour. La Cour européenne des droits de l'Homme a condamné la France pour son fichage des infractions classées sans suite (*Libération*, le 18/09/2014). La loi autorise, par le biais du logiciel ANACRIM, l'enregistrement de toutes les conversations téléphoniques des particuliers, sans indices, à l'appréciation des enquêteurs (CNIL, 2003). « La Police de la Pensée pouvait mettre une prise sur votre ligne chaque fois qu'elle le désirait. » « On devait vivre, on vivait, car l'habitude devient instinct, en admettant que tout son émis était entendu » (*1984*).

Les objets connectés envahissent notre quotidien, et avec eux la possibilité d'un espionnage domestique de masse. Voilà ce que déclarait Martin Pollock, cadre de Siemens, en juin 2010 : « Nous possédons la technologie pour enregistrer [la consommation d'énergie d'une habitation] chaque minute, seconde, microseconde, et ce plus ou moins directement. Nous pouvons ainsi en déduire combien de personnes sont dans la maison, s'ils sont en haut ou en bas, ce qu'ils font, et quand ils prennent une douche» (*La Tribune*, le 19/06/2014). Tout achat, toute navigation, tout déplacement, est enregistré, stocké, exploité à des fins commerciales, comme il pourrait l'être à des fins politiques. «Les progrès techniques ne se produisent que lorsqu'ils peuvent, d'une façon quelconque, servir à diminuer la liberté humaine» (*1984*).

Internet est en train de devenir le meilleur allié de Big Brother. Les non-alignés y vivent leurs derniers instants de liberté.

«Ça se régule aussi, internet. Entre nous, les Chinois, ils y arrivent bien. Si les dictatures y arrivent, il faut que les démocraties fassent l'effort», a déclaré Christophe Barbier. Merci au directeur de la rédaction de *L'Express* de nous indiquer si précisément le sens de l'histoire. Il peut se réjouir: vingt-six (!) députés ont voté le texte autorisant le blocage de sites sans intervention de la justice (*Libération*, le 18/09/2014).

Big Brother est un agent extrêmement stressant. Il nous surveille, nous humilie dans notre passivité, ridiculise notre identité, détruit notre fierté, infantilise nos ambitions, nous isole, nous condamne au stress, à la servitude, à la dépression et à l'échec. Son objectif est de briser toute possibilité de réaction, de nous soumettre, de nous castrer en culpabilisant notre virilité, notre honneur, notre sentiment d'appartenance, tout en récompensant notre renonciation, notre «tolérance», notre catatonie, notre lâcheté. La virilité et l'honneur sont des fantasmes de beauf complexé qui compense sa libido défaillante ou une homosexualité refoulée, etc.

Les Français sont humiliés à longueur de *Petit Journal*, d'émissions, de débats. Chaque loi, chaque expert, chaque fiction vise à les rabaisser un peu plus. C'est bien souvent le seul but des chroniqueurs et des journalistes. Sans parler des standards de la pornographie, c'est la peur de l'humiliation résultant d'une telle société qui déprime la testostérone, et empêche des millions de nos contemporains de bander, c'est-à-dire d'exercer leur virilité la plus élémentaire. Pour enfoncer le clou, Big Brother impose par la loi, l'écran et le discours *son* homme-chien idéal. Le progressiste, anti-viril, moraliste par excellence, multipliant les signes physiques et verbaux de soumission, agent servile du système, indigné permanent, le mâle bobo, caricatural, dévirilisé à outrance, ultra-consommateur, juvénile et jouisseur, sensible et non-violent. Sa posture est un mélange de décontraction, de style blasé et épuisé, poignet cassé comme un chien qui donne la patte. La mode est à la chasse obsessionnelle aux poils – la dépilation complète du pubis et des aisselles est signe d'hypogonadisme –, à réduire ses bras à des baguettes osseuses – autre conséquence de la castration. Cette violence symbolique, cette féminisation est particulièrement valorisée par les médias, de l'ambiguïté sexuelle aux individus efféminés, sans parler des chanteuses à barbe. Si la gent féminine s'enthousiasme pour de tels modèles, Big Brother gagne. Les autres mâles devront s'aligner.

De là à créer une société de fiottes, il n'y a qu'un pas.

La virilité n'a rien d'un concept folklorique. Castré, le lion mâle perd sa crinière, devient faible, indifférent et soumis. Comme le bœuf, il ne défend plus son territoire, ne cherche plus à dominer. Il engraisse, devient docile et résigné. Le mâle est censé protéger son rang, sa femelle, ses petits, son territoire et par extension son groupe. Vous devez renier votre groupe, oublier votre rôle de chef de famille, espérer que l'État se charge à votre place de la protection, vous garde de l'humiliation, sans brader trop vite votre territoire.

La formation de l'oligarchie même est tout à fait dévirilisée. Selon la légende, Wellington disait que l'Angleterre avait remporté Waterloo sur les terrains de jeu d'Eton. Combien de batailles la France va-t-elle encore perdre à la machine à café de Sciences Po ?

Le mâle est dominateur, insoumis, empêche le maître de faire de lui ce qu'il veut. Conclusion : il faut supprimer le mâle. Voilà qui anéantira toute volonté de résistance et de liberté.

Ce sont aujourd'hui des femmes qui se montrent les plus réfractaires au régime. Et vous, vous attendez qu'elles renversent le Parti à votre place.

Vous croyez que tout viendra de l'extérieur, que vous n'aurez pas à vous salir les mains. On vous a tellement conditionné pour ça.

Plutôt qu'agir, vous préférez jouer le jeu du Parti, vous noyer dans la médecine. Le Parti a fait de vous un malade. Pour bander, subir, supporter votre patron, vous endormir ou vous réveiller, vous pensez avoir besoin d'aide, de cachets, de soins, plus clairement d'un soigneur, comme au zoo. Les psys doivent gérer ces millions de petites gens, leur besoin désespéré d'attention, de sens et de statut. Pour Big Brother, il est plus profitable de soigner les gens plutôt que de guérir la société. De plus en plus, il *prendra en charge* ses citoyens domestiques, puisqu'ils l'exigent et sont incapables d'assumer leur existence. Le concept politique de *Care* de Martine Aubry est une sorte d'aboutissement. La maternance comme idéal. La gentillesse absurde, soumise et salariée. Plus les individus sont agressifs, plus la société leur oppose sa bienveillance. Dans cette ambiance d'hôpital, tout le monde doit se sourire et s'envoyer des signaux positifs. Dans *1984*, tout citoyen est tenu d'arborer un large sourire. Comme le fait dire Hugo à son *Homme qui rit*, on a mis au genre humain « au cœur un cloaque de colère et de douleur, et sur la face un masque de contentement ». Et si vous omettez de sourire ? *Face-crime* en novlangue. Défaut de morale, absence d'adhésion, manque d'enthousiasme. Hautement suspect. Il faudrait penser à vous faire *soigner*.

Les psychiatres s'efforcent de recenser tous les troubles neurologiques inexpliqués, ces innombrables désordres mentaux dont la prévalence explose. On tente de normaliser la dépression, l'irresponsabilité démente, l'atonie, la débilité, la stupeur, l'effroyable habitude des urbains, leur sidération face à l'inadmissible réel. La médecine vous retape et vous remet en service, au pire vous prescrit quelques semaines de détente, le plus souvent des écrans et du divertissement. Le piège est imparable. Nous nous enfouissons de plus belle dans la jouissance immédiate, virtuelle et toxicomaniaque qui nous est proposée partout, comme une mouche s'empêtrant dans une toile d'araignée.

Longtemps j'ai hésité entre la dépression suicidaire et le passage à l'acte. Avec tous ces cinglés dans les rues, j'en suis venu moi aussi à douter de ma santé mentale. Plus rien n'a de valeur pour moi dans ce monde-là. Le fou est quelqu'un qui a tout perdu sauf la raison, disait je ne sais plus qui.

Soit le déviant accepte son statut de malade et se fait *soigner*, comme les autres, soit il se rebelle et explose. Des rejets « contrôlés », comme disent les exploitants de centrales nucléaires. L'actualité est hachée des exploits de ces tireurs fous, ces « forcenés » et autres « loups solidaires » que les autorités ont tant de mal à cerner. Les animaux domestiques perdent leurs inhibitions. Il arrive que le chien se retourne contre son maître, Big Brother a largement les moyens de traiter ces cas « isolés » et d'en étouffer les causes. Le déviant n'a le temps de mordre qu'une fois et on s'en débarrasse en le qualifiant de fou. Quand le mordeur est humain, on ne l'euthanasie pas – pas encore –, on l'isole et on le noie sous les médicaments. Les forcenés s'en prennent toujours à leur maître, c'est-à-dire à leur femme, leurs parents, la justice, l'autorité, leurs patrons, l'administration, leur banque, l'État et ses supplétifs (la Poste, les parlements, les écoles, les services publics, les forces de l'ordre), puis ils se suicident ou sont abattus. « Mourir en les haïssant, c'était ça la liberté » (*1984*). Comme les chiens, ils ne bénéficient pas de l'excuse de provocation. Dans la bonne société, ceux qui dérapent, après l'humiliation publique, disparaissent à jamais de la circulation.

Les fous traversent la société et sa dictature morale comme des météores, sans essayer le moins du monde de s'y intégrer, avant de finir par se désintégrer en plein vol. Ce sont des mutants sociaux, des erreurs de copie, des *ruptures de code*. S'en prendre frontalement au système est une sorte de fuite. Terrible lassitude de la société. Impression d'avoir atteint un point de non-retour, où la mort n'est pas plus grave qu'une telle vie. Les pays les plus riches et consuméristes sont les plus dépressifs. Un Français sur cinq déprime et se gave de psychotropes. 67 % des Français pensent que la situation « va s'aggraver » (IPSOS, 2014). La France riche de sa diversité, la France du bonheur, des dépenses publiques et du socialisme est le pays le plus malheureux du monde. Près de deux tiers des français souhaitent une révolte

(*Harris Interactive*, 2011). Mais ils se laissent mourir. Ou pire. Ils accélèrent le mouvement.

La France est un des paradis du suicide. Devant le Japon, devant la Scandinavie (OMS), contrairement à ce que prétend le Parti. 28 % des 12-18 ans pensent au suicide, 11 % d'entre eux ont déjà fait une tentative (UNICEF, 2014). Ces gamins, ces femmes seules, ces vieillards infoutus de claquer avant leur péremption, pour lesquels on va mettre en place un suicide d'État, normalisé, moralisé, censé soulager leurs proches du poids de leur gâtisme, censé soulager du même coup les gâteux de leur culpabilité existentielle. Oui, ils ont le choix, certes. De continuer à déranger ou mourir. Désespérance de vie. La mort se résumera bientôt à un acte médical. En Belgique, un homme de quarante-quatre ans, désespéré par une opération de changement de sexe ayant échouée, a été euthanasié à sa demande (RTL, le 2/10/2013). Drame insensé, pouvoir effroyable de la médecine d'État. Nos hôpitaux, frappés de trente milliards d'euros de dettes, théâtres réguliers de violences urbaines, deviendront des abattoirs à vieux, et ce sera leur dernière fonction. On étendra sans doute à tous les âges et au volontariat ce droit au suicide qui fait l'unanimité, cette absolue et terminale logique domestique. Plus besoin de s'enfermer dans un congélateur comme ces femmes de Yutz ou du Mée-sur-Seine (*Le Parisien*, le 3/06 & le 2/12/2014). Maintenant la mort, seule issue du désespoir, est accompagnée, citoyenne, remboursée. Digne.

Personne ne peut accuser le Parti de non-assistance. Il assiste, justement. Il ne fait que ça.

Allez-vous réagir enfin ?

Pourquoi tout ce qui se passe chez nous échappe à notre contrôle et à notre volonté ?

Qui a la liberté d'expression ? Le peuple ou les médias ?

Qui décide d'une identité ? Le peuple ou les sociologues ?

Qui est souverain ? Le peuple ou le Parti ?

Je sais que je pars d'extrêmement loin. Vous croyez que Maïtena Biraben est impartiale.

Mais faites un effort, pour une fois.

Votre passivité m'est plus insupportable encore que les actes du Parti. Vous trépignez, vous geignez, vous en avez marre, vous prétendez que ce n'est plus possible, que notre identité ne doit plus être mélancolique, ni malheureuse, ni scandaleuse, vous ne supportez pas la façon dont on vous maîtrise, dont on vous humilie, dont on gère votre argent, et que faites-vous ?

Vous envoyez François Hollande à l'Élysée.

J'y vois un message de désespoir, mais je suis bien le seul, croyez-moi.

Votre prochain message fort, ce sera quoi ? Alain Juppé à l'Élysée ?

Vous n'imaginez pas la force mentale qu'il m'a fallu pour tenir jusque-là. Ça aurait été tellement plus simple pour moi de me laisser convaincre que ces millions d'autres vies parallèles étaient forcément plus justes, sinon plus confortables que la mienne. J'aurais tellement voulu m'abandonner à mon tour à l'amour de ma domestication, à l'amour de Big Brother.

Le Parti est si puissant… Il est très improbable que j'aie la moindre chance. Toute l'idéologie de l'appareil, tous ses agents contre un homme seul. La plupart des individus que je côtoie ne se sentent pas et ne se sentiront jamais concernés par mes lubies. Je leur fais peur. C'est pour ça que je vous écris ce message.

Je veux bien me faire comprendre. Je ne veux pas changer mes semblables, je ne suis pas un utopiste. Je ne dis pas qu'on peut se passer de la société, ni de la domestication ; il est trop tard pour ça. Je ne vous dis pas ce que vous devez faire ; je constate et je témoigne. Je me fous totalement que ce constat vous plaise ou non, il n'est pas fait pour ça. À vrai dire, il ne me plaît pas, à moi non plus. Et croyez-moi, il plaira encore moins au Parti.

Qu'est-ce qui scandalise, dans un monde basé sur le mensonge, sinon la vérité ?

Jamais l'humanité n'a pu commettre autant de dégâts au nom du bien.

Nous sommes en pleine dystopie. *1984*, c'est une dystopie. La dystopie, c'est la froide réalité, la sobriété mentale, la philosophie sans les psychotropes. C'est accepter de regarder sa tragédie dans les yeux.

Je sais que de nos jours le scandale l'emporte sur la vérité, que la morale triomphe de la réalité, que seule la démagogie peut gagner, parce que la vérité ne fait pas plaisir, parce que le porc toxicomane ne veut écouter que son plaisir.

Je prends deux risques simultanés en écrivant ce message : avoir raison trop tôt, et avoir raison trop tard. Trop tôt pour Big Brother, trop tard pour vous.

Je ne vais pas vous donner de voie, je vais vous donner un conseil, un seul : *dressez-vous vous-même*. Bien sûr, vous ne m'appartenez pas. Hélas, vous ne vous appartenez plus.

Je ne peux rien faire d'autre pour vous. Ni pour moi. Et d'ailleurs…

Mon Dieu…

*– Big Brother existe-t-il ?*
*– Naturellement, il existe. Le Parti existe, Big Brother est la personnification du Parti.*
*– Existe-t-il de la même façon que j'existe ?*
*– Vous n'existez pas.*

**Orwell, *1984***

# PARTIE

# IV

# FACE À FACE

# 10

# PORC OU VIF

*Il longeait le corridor et il attendait la balle.*
*Il savait que d'un instant à l'autre*
*elle viendrait. Tout était*
*arrangé, aplani, concilié.*
**Orwell, *1984***

Expéditeur : Big Brother.

Destinataire : Monsieur Moyen.

Notre ami Gödel a eu un problème.

Il était seul. Dans la vie et dans sa tête.

Ses semblables n'ont jamais été comme lui.

Il a dérapé.

Tout va bien maintenant. Nous prenons soin de lui.

Il a enfreint la règle numéro 1 du Parti : seul le Parti peut décider de parler du Parti.

Ce que font les masses m'est égal. « On peut leur octroyer la liberté intellectuelle, car elles n'ont pas d'intelligence. Mais on ne peut tolérer chez un membre du Parti, le plus petit écart d'opinion, sur le sujet le plus futile» (*1984*).

Gödel était membre du Parti. Sa faute n'était pas permise.

Il s'est donné du mal pour rien, tu ne penses pas ?

Il a cru en le peuple mille fois moins que le peuple ne croit en Moi.

Lui, Moi, toi, nous savons très bien que tu ne bougeras pas. Pas une ligne de tout ce que nous t'avons dit ne te fera bouger.

Je suis mille fois plus vivant que toi et les tiens ne l'avez jamais été.

Tu as abdiqué toutes tes libertés pour un peu de confort et de sécurité.

La servitude en échange de quelques certitudes.

Bien.

Qu'as-tu à perdre ?

Ton honneur. Tes joies. Tes amis. Ta famille. Ton travail. Tes biens. Ton résidu de liberté.

Qu'as-tu à gagner ?

Nous nous comprenons.

La France est morte, pas vrai ? Tu ne vas pas mourir pour un cadavre.

Tu n'as *aucun* mobile.

Tu n'as que trop investi dans la forme actuelle de la société pour t'en détourner.

Pour se rebeller, il faut n'avoir aucun bien, et beaucoup d'ambition. Tu n'as que des biens.

« Une rébellion matérielle, ou un mouvement préliminaire en vue d'une rébellion, sont actuellement impossibles » (*1984*).

Tout ce que tu veux, c'est un droit opposable à la domestication.

C'est le milieu qui agit, pas toi. Voilà la croyance que je t'ai imposée.

Voilà ta passivité. Tu attends la révolution devant ta télévision, sans te rendre compte que tes semblables font la même chose.

La révolution est un concept d'un autre temps. Le citoyen est trop occupé. Trop dépendant. C'est d'une *involution* dont il est question.

Il n'y aura plus de révolte. Plus jamais.

Je ne risque rien. Personne ne songe à Moi. Personne ne semble me voir. Si bien que les gens se prennent à douter.

Au fond, Big Brother existe-t-il ?

Qui suis-je ?

Gödel se l'est demandé.

Tous les membres du Parti se le demandent.

Tu es en train de te le demander, à l'instant même. Tu penses le savoir ?

Suis-je seulement le Parti ? Suis-je un club ? Une poignée de génies ?

Suis-je un homme ? Suis-je un dessein intelligent ? Existe-t-il un plan ?

Il n'est pas interdit de le penser, et, à la vitesse où vont les choses, tu serais stupide de ne pas le penser. Il doit se passer quelque chose d'*intentionnel.*

Tu as raison. C'est vrai. Il se passe quelque chose d'*intentionnel.*

Alors qui ?

Toi, le Français, l'Européen, tu n'as que des ennemis.

Le monde est une constellation de puissants et de puissances qui peuvent tirer quelque intérêt de l'affaiblissement et du pillage des nations européennes. Il existe évidemment des connivences entre puissants et puissances, lobbys et partis, finance et institutions, corporations et personnalités, États et réseaux, responsables et communautés. La corruption. La manipulation de l'économie. Les tentatives de déstabilisation.

Ces puissants font ce que toi et les tiens devriez faire ; ils défendent leurs intérêts, et n'ont pas la niaiserie de croire que tout le monde s'aime.

Un bon moyen de porter préjudice à une nation est d'y financer des agents de subversion. Les banlieues, les instruments de nuisance culturelle, médias, associations antiracistes et communautaristes (les États-Unis pensent par exemple que les sites Oumma.com et Saphirnews.com permettent de rencontrer des « acteurs politiques et médiatiques » partageant des « valeurs »). Selon les câbles révélés par WikiLeaks, les USA versent plusieurs millions d'euros par an aux banlieues françaises, souvent aux associations. Leurs motivations ne souffrent aucune ambiguïté : « Amplifier les efforts de la France pour réaliser ses propres idéaux égalitaires, ce qui par suite fera progresser les intérêts nationaux américains » [...] faire pression sur la France afin qu'elle s'oriente vers une application plus complète des valeurs démocratiques qu'elle promeut [...] Communiquer à la population générale de France notre admiration particulière pour la diversité » (2010).

Ingérence, propagande multiculturaliste, accélération du déclin par la promotion de l'égalitarisme, le tout au nom des intérêts américains, c'est-à-dire la perpétuation d'une soumission marchande et culturelle de ses pays satellites.

Non seulement les États-Unis et les Émirats voient les banlieues françaises comme des chevaux de Troie, mais ils s'intéressent aussi à certaines « personnalités », qui bénéficient en France d'un temps d'antenne important. Telle Rokhaya Diallo, pour qui la police est une « force d'occupation » dans les banlieues, très liée au gouvernement fédéral des États-Unis. Tel Claude Askolovitch, original islamophile en passe de se brouiller avec toutes les rédactions de France, qui fut employé par BeIN Sport (chaîne du Qatar – ce beau pays, argentier quasi-officiel du terrorisme, dont l'émir n'hésitait pas à amener des valises de billets directement à l'Élysée, et où tant de politiciens français – dont nos trois derniers présidents – se rendent régulièrement en « villégiature »).

Vu les agents de déstabilisation qu'ils choisissent, tu n'as pas trop de soucis à te faire de ce côté-là. Ils feraient mieux de les payer pour les avoir contre eux.

Quels qu'ils soient, les médiatisés ne sont jamais *représentatifs*. Ceux qui sont visibles sont choisis, triés, pour leur soumission au dogme.

Pas un d'entre eux ne m'est indispensable.

Ils ont besoin de Moi plus que je n'aurai jamais besoin d'eux.

Ils n'ont pas de « plan » plus élaboré que celui de Jamel Debbouze. Toute cette clique ne prend ses ordres que de la jouissance toxicomane. Tous les membres du Parti sont avides de pouvoir et de femmes. Leur seule patrie est dans leur caleçon.

Ceux qui sont concrètement et directement responsables de l'ouverture des frontières, des aides, des naturalisations, de la propagande, ne sont pas des pervers malicieux qui détruisent leur pays en connaissance de cause. Ils n'ont pas le même monde que toi sous les yeux : ils sont persuadés de faire le bien. Et du reste, ils font *leur bien*, ce qui est un mobile suffisant. Ils détruisent le monde en croyant l'enchanter.

La finance, la politique ? Elles sont des *conséquences*. Marchands et politiciens s'adaptent à tes compulsions, à tes angoisses, trouvent des moyens de les duper et de les taxer. Tu les enrichis et les reconduits. Tous gagnent, en te gavant ou en me servant.

Les nations leur font obstacle ? Elles doivent être éliminées.

Elles font bien l'objet d'une destruction méthodique, brutale et intentionnelle, mais qui n'est motivée que par une somme d'intérêts personnels immédiats. Le pouvoir moral et financier pour les décideurs, l'état domestique pour les foules, l'un nourrissant l'autre jusqu'à l'annihilation du tout.

Tant que la morale du Parti rapportera, les puissants y adhèreront.

Tu aurais dû le comprendre. Nous t'avons pourtant offert un bel aperçu de ce qu'était leur palais mental.

Ne cherche pas : tu ne trouveras pas de protocole, d'organisation, de charte, de pacte avec les forces du mal, de manuel de destruction des nations blanches pour les nuls. Pas d'*illuminati*, juste des illuminés. Tous ces gens ne font que suivre leurs intérêts contingents.

Il existe un désir de complot. Une volonté que ce chaos soit entièrement pensé et organisé par une intelligence diabolique. Tu aimes tellement la sécurité des solutions définitives, il est très frustrant de ne pas avoir d'ennemi identifiable. Je ne suis pas assez démagogue pour faire comme tout le monde et t'en inventer un.

Tu doutes à présent de mon existence, pas vrai ?

« La plus belle des ruses du diable est de vous persuader qu'il n'existe pas », écrivait Baudelaire.

J'existe bel et bien.

Alors qui suis-je ?

Gödel l'a dit lui-même.

*Je suis l'expression de la volonté générale.*

Je suis le produit de ton âme.

Si Big Brother est un monstre, tu es ce monstre.

Oh, je ne suis pas virtuel, non.

Je ne suis pas une fable, ni une allégorie, ni une parabole.

Je suis tout ce que tu as désiré.

Le problème, c'est toi. Et toi seul.

Il est dur de l'admettre. « Quand la vérité met le poignard à la gorge, il faut baiser sa main blanche, quoique tachée de notre sang. » Tu devrais suivre ce conseil d'Aubigné.

Vas-tu enfin te regarder en face ?

Si le Parti devait récompenser le vrai et au bout du compte le seul coupable, sans qui rien n'aurait été possible, ce serait à toi, Monsieur Moyen, qu'il remettrait sa plus belle médaille.

Et tu vas continuer. Tu vas nourrir la machine, attendre de nouveau, que d'autres t'apportent des solutions, si possible pas trop contraignantes, qui résoudraient *tes* problèmes. Tu préfères espérer en regardant du côté de l'État, de l'Europe, de la Russie, de l'islam, des promesses, des partis, parce que tu te sens incapable d'agir. Tu attends ton sauveur, ton messie, ton homme *providentiel*. Mais c'est toujours attendre un maître.

Ton avenir n'est pas russe, pas japonais, pas européen, pas même français.

Ton avenir n'est pas une question de libéralisme ou de socialisme, de roses ou de bleus.

Ta société n'est faite pour aucun idéal, sinon celui du porc. Régimes et doctrines ne sont que des reflets de ce que tu es, de ta nature domestique, de nos stratégies de dominance. « Les idées une fois jetées dans les esprits sont comme les semences, dont le produit dépend des lois de la nature, et non de la volonté de ceux qui les ont répandues », observait Georges Cuvier.

Il n'y a pas de dessein ni de projet, simplement des faquins et des gorets, prêts à tout pour satisfaire leurs besoins primaires.

Pas une loi ne sera jamais bonne pour tous. Le bonheur du nombre n'est pas compatible avec les désirs de l'individu. Le bonheur collectif, but final de la Constitution de l'an I, est impossible. La société idéale est impossible.

La raison pure, c'est-à-dire l'utopie radicale, n'a pas fini de s'y casser les dents.

Il est bien égal au Parti que tes désirs soient impossibles. Ils le font vivre.

Que veux-tu ? C'est toute la question.

« Le peuple n'a pas d'idéal, il n'a que des besoins », grinçait Céline.

Tu as voulu que l'on subvienne à tous tes besoins.

Le commanditaire, c'est toi.

Tu vois tous ces gens qui agissent autour de toi ? Ils courent pour que tu demeures.

Ne manquer de rien, c'est un drame. La vie n'existe que parce qu'elle se bat.

« Que du bonheur. » C'est bien ta devise ?

Le bonheur est une fin en soi, disait Aristote. C'est la fin de soi.

Le bonheur, c'est le malheur.

Ton mal ancien ne peut plus être soigné que par Moi. Il faut que tu acceptes cette transcendance, ou plutôt cette transhumance. Tu n'as plus le choix. Les sociétés humaines sont condamnées à la démocratie, la démocratie est condamnée à la dérive domestique. Voilà la fin de l'histoire.

Le démon, c'est l'éternelle tentation du bien collectif.

Jésus, Bouddha, ou d'autres, ont tenté de sauver l'humanité de ses désirs. Leur message a été réécrit, est aujourd'hui interprété à l'envers, pour cadrer avec l'idéal domestique. Puissant est le démon. Le christianisme voulait un animal bien dressé, le progressisme veut un animal qui peut se vautrer dans ses vices. Aujourd'hui le christianisme prêche quasiment la même morale que le progressisme. Il est à ce titre parfaitement universel, c'est pourquoi il n'attire plus personne. Pour exister, une religion doit s'opposer et s'imposer à son époque, pas la subir. Dire la même chose que n'importe quel technocrate bruxellois, c'est se condamner à l'inutilité, à l'indifférence ou au mépris.

Non, crois-moi, il n'y a plus rien pour infléchir ta course folle. Personne ne viendra te sauver. Pour la première fois de son histoire, la population d'Europe accepte et concourt à sa propre disparition. Elle a atteint le stade sacrificiel.

Soit elle mourra, soit nous parviendrons à lui offrir un homme augmenté, bionique s'il le faut, un mutant débarrassé du vieillissement, des caprices de l'ADN et de la chair. Un être débarrassé de sa pensée, de ses instincts, comblé pour l'éternité.

Déjà tu te félicites de ta vie sans guerre, sans acmé, sans histoire.

Il y a toujours eu deux manières de se faire aimer des foules. En leur promettant le bonheur, ou en leur promettant la puissance. Je ne leur promets plus que le bonheur. La satisfaction plutôt que l'ambition. La gloire n'est pas le soleil des porcs.

« L'instinct animal. Là était la force qui mettrait le Parti en pièces » (*1984*).

De quel animal parlait-il ? Je ne vois ici plus que des porcs. Cet animal certes bon à manger, cette proie facile, que l'on n'a même pas besoin de chasser.

Je crois que l'instinct domestique sera toujours le plus fort désormais.

Comme le chien de la fable, tu adores ta domestication.

C'est toi qui l'as exigée, tu te rappelles ?

Et pas un jour ne se passe sans que tu ne l'exiges encore.

Je te l'ai dit : c'est fini.

Tu penses toujours que tout est de la faute du Parti et de mes hommes ? Que je suis le seul coupable ? Tu veux toujours me juger ? Ne crois-tu pas que tu devrais prendre place à mes côtés, sur le banc des accusés ?

Gödel a voulu juger Big Brother : c'était vouloir juger ses semblables.

C'était se prendre pour Dieu.

Gödel était une autre sorte de croyant.

Il croyait en la réalité.

Il croyait que la vie triompherait de nos désirs.

« Vous avez la dérision et l'indignation, elle a l'indifférence. C'est elle qui gagne. »

Ce sont ses mots exacts.

Il se trompe. La puissance de nos désirs affecte la vie.

Elle est en train d'affecter la sienne, en ce moment.

Gödel croyait que Big Brother lui-même avait un maître. Le pouvoir.

Je le cite encore, lors de son interrogatoire :

« Tout Big Brother est soumis au pouvoir. Il vit d'une morale, sa tolérance égalitaire, qui est l'exact inverse de ce qu'il veut, sa dominance sociale. Il ne peut pas gagner car il est une hypocrisie fondamentale sur laquelle repose toute la morale domestique. C'est le nœud gordien qu'il faut trancher. Le Parti repose sur tout ce que Big Brother s'efforce de détruire. »

Il n'y a pas d'hypocrisie : il n'y a que la double-pensée.

Gödel n'est-il pas lui-même un double-penseur ? Crois-tu qu'il veut sauver le monde de manière désintéressée ? Qui te dit que sa *vérité* n'est pas qu'un simple désir de puissance, comme le nôtre ?

Alors entre les millions d'ambitieux du Parti, et un ambitieux seul, quel camp vas-tu choisir ?

Sais-tu quel est le dernier message que Gödel a voulu te transmettre ?

« Cesse d'être foule et sois un homme. »

Vas-tu l'écouter ?

Eh bien, Monsieur Moyen ?

J'attends.

Quel camp as-tu choisi ?

## DU MÊME AUTEUR

*La France Orange Mécanique*
*Utøya*
*Guerilla, Le jour où tout s'embrasa*
*Le Diable du ciel*
*La France Interdite*
*Guerilla, Le temps des barbares*
*Éloge de la force*
*Game Over*
*Guerilla, Le dernier combat*

**À RETROUVER EN KIOSQUE ET EN LIBRAIRIE**

LA FURIA

MAGNUS
www.editionsmagnus.fr

© Éditions Magnus, 2022.

ISBN : 978-2-38422-013-7

Dépôt légal : novembre 2022

Achevé d'imprimé en France
par CPI Brodard et Taupin, La Flèche (72)
N° d'impression : 3050093